# 迈向AGI 时代

## AI产品经理方法论

叶林增 ◎ 著

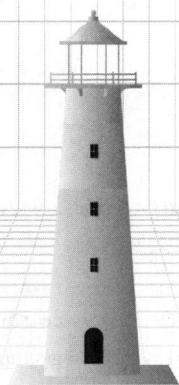

清华大学出版社

北 京

## 内 容 简 介

　　本书深入探讨了 AI 产品经理的转型与实践，覆盖从产品认知、技术理解到需求洞察、模型评估、产品设计、用户体验、团队协作及商业模式的全方位内容。书中不仅分析了 AI 对产品经理职责的影响，还详细介绍了大语言模型、提示词工程、智能体等关键技术，并结合实际案例讲解了如何挖掘用户需求、评估 AI 模型性能、设计有竞争力的 AI 产品及提升用户体验。此外，还探讨了 AI 产品团队的协作技巧、AI 产品的商业模式和盈利路径。

　　本书适合希望在 AI 领域获得发展的产品经理、技术经理及对 AI 产品管理感兴趣的从业者阅读，是应对 AI 时代挑战的实用指南。

**图书在版编目 (CIP) 数据**

迈向 AGI 时代：AI 产品经理方法论 / 叶林增著 . -- 北京：清华大学出版社，2025. 8.
ISBN 978-7-302-69728-2

Ⅰ . F49

中国国家版本馆 CIP 数据核字第 2025VD1522 号

责任编辑：杜　杨
封面设计：杨玉兰
版式设计：方加青
责任校对：胡伟民
责任印制：杨　艳

出版发行：清华大学出版社
　　　　　网　　　址：https://www.tup.com.cn，https://www.wqxuetang.com
　　　　　地　　　址：北京清华大学学研大厦 A 座　　　　　邮　　编：100084
　　　　　社 总 机：010-83470000　　　　　　　　　　　邮　　购：010-62786544
　　　　　投稿与读者服务：010-62776969，c-service@tup.tsinghua.edu.cn
　　　　　质 量 反 馈：010-62772015，zhiliang@tup.tsinghua.edu.cn
印 装 者：大厂回族自治县彩虹印刷有限公司
经　　销：全国新华书店
开　　本：170mm×240mm　　　　印　　张：13.5　　　字　　数：315 千字
版　　次：2025 年 9 月第 1 版　　　印　　次：2025 年 9 月第 1 次印刷
定　　价：69.00 元

产品编号：111591-01

# 前　言

2022 年 11 月 30 日，OpenAI 推出了一款革命性的对话式通用人工智能工具——ChatGPT。这款工具自发布以来，仅用 5 天时间便吸引了 100 万活跃用户，而在发布短短两个月内，活跃用户数更是飙升至 1 亿，这一增长速度远超历史上任何消费者应用程序。

随着 AI 进入"大模型时代"，这些大模型在预训练方面成为特定领域的超级专家，其生成内容的能力得益于庞大的预训练数据集，涉及多个领域，使得大模型的泛化能力极强，能够执行多种复杂的任务。

而在 2023 年国内才在 AI 领域掀起了创业风口。众多针对特定行业的 AI 模型如雨后春笋般涌现，应用层 AI 产品层出不穷。同时，传统行业公司也在积极寻求 AI 领域的合作，将 AI 技术整合到产品和服务中。

对于 AI 领域的企业来说，存在招不到符合条件的 AI 产品经理的痛点。一方面是企业需求大，创业者、投资公司普遍认为 AI 具有巨大的爆发潜力，成为"百年难遇的机会"，我国 AI 领域迅速掀起了创业风口。另一方面是招聘市场符合条件的 AI 产品经理不多。我国真正开启大模型时代也才几年时间，以往的 AI 技术和经验已不完全适用于当前的技术环境，导致以往的产品经理能力可能显得过时甚至不适用。因此，产品经理需要补充新的 AI 技术能力才能够符合企业要求。

本书正是为满足这样的需求而生，希望将自己过去的积累以更系统化、更完整的方式呈现出来，以帮助读者建立知识体系。相信这本书将拓宽你对 AI 领域的认知，掌握 AI 产品经理的核心能力，了解 AI 产品的落地过程，并构建 AI 产品经理的实操能力，帮助你迈出学习 AI 产品经理知识的第一步，达到职业历程的新目标。

希望你带着本书中的智慧和勇气，推动社会进步，迈向 AGI 时代。

叶林增

2025 年 3 月

# 目　录

# 第 1 章

## 产品认知——产品经理如何应对 AI 时代新挑战

本章知识导图如下。

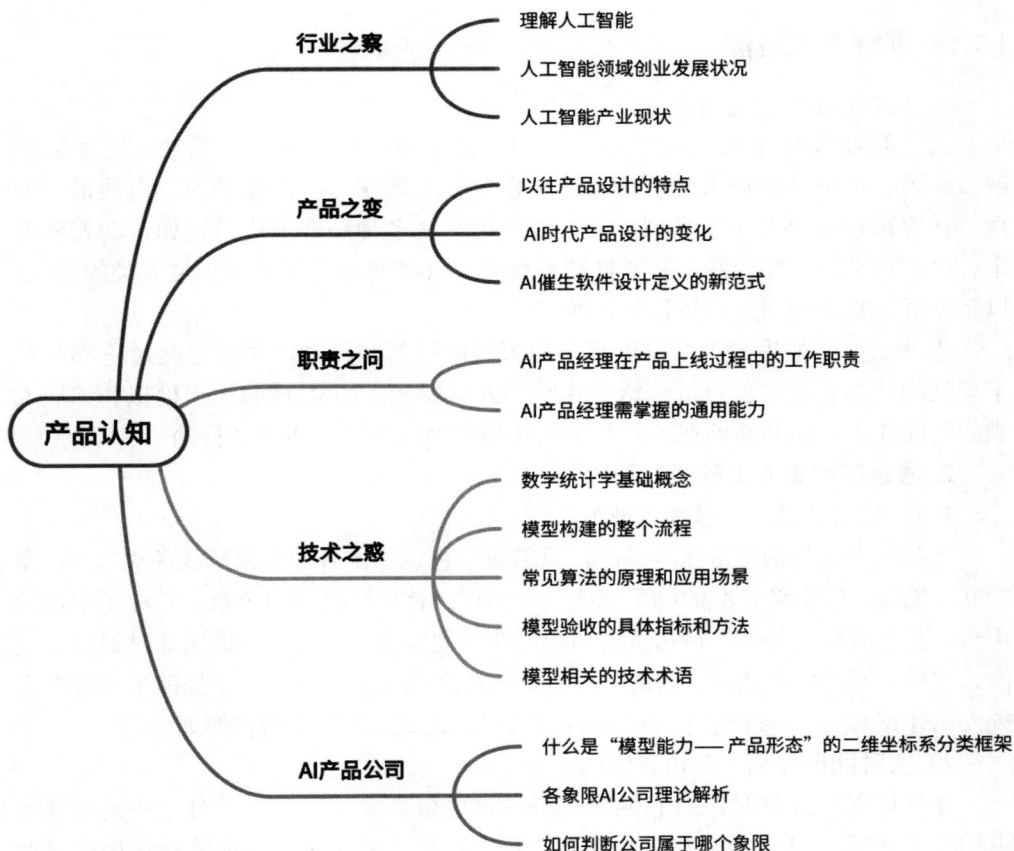

```
                        ┌── 理解人工智能
              行业之察 ──┼── 人工智能领域创业发展状况
                        └── 人工智能产业现状

                        ┌── 以往产品设计的特点
              产品之变 ──┼── AI时代产品设计的变化
                        └── AI催生软件设计定义的新范式

                        ┌── AI产品经理在产品上线过程中的工作职责
              职责之问 ──┤
                        └── AI产品经理需掌握的通用能力

                        ┌── 数学统计学基础概念
  产品认知              │── 模型构建的整个流程
              技术之惑 ──┼── 常见算法的原理和应用场景
                        │── 模型验收的具体指标和方法
                        └── 模型相关的技术术语

                        ┌── 什么是"模型能力——产品形态"的二维坐标系分类框架
            AI产品公司 ──┼── 各象限AI公司理论解析
                        └── 如何判断公司属于哪个象限
```

# 1.1　行业之察：产品经理眼中的人工智能行业是什么样的

*天下兴亡，匹夫有责。*

*——顾炎武（梁启超概括）*

在 AI 时代，人工智能已经渗透到我们生活和工作的方方面面，成为推动社会进步和产业变革的核心力量。对于身处其中的产品经理，深入了解人工智能领域，无疑是打造出成功 AI 产品的关键前提。

本节我将从理解人工智能、人工智能领域创业发展状况和洞察人工智能产业现状三个维度，一同展开探索。

## 1.1.1　理解人工智能

### 1. 人工智能的定义与内涵

人工智能（Artificial Intelligence，AI）是指由人制造出来的系统，它能够理解、学习、适应并实施人类的命令，通常包括机器学习、深度学习、自然语言处理、计算机视觉等多个子领域。人工智能可以在多种场合下应用，如自动驾驶汽车、语音识别、医疗诊断、智能推荐系统等。AI 的目标是模拟或扩展人类的智能，以帮助解决复杂的问题或执行特定的任务。

也就是说，如果一个系统能够模拟人类的思考和行动，并且这些过程都是基于理性的，那么我们就可以称这个系统为人工智能。AI 的核心在于模拟和扩展人类的智能能力，使其能够在各种复杂的环境中做出合理的决策和行动。

### 2. 通过实例看人工智能的魅力

1）手机语音助手（智能提醒）

当我们在清晨匆忙准备早餐时，只需对手机说"十分钟后提醒我关火"，AI 便能立即响应。它会像贴心的助手完成三个动作：首先过滤环境杂音，专注识别你的声音；其次理解"关火"特指厨房场景而非其他含义；最后自动调用计时器设定提醒。这种交互不仅能适应感冒时的鼻音，还能智能推算时间（如"提前半小时"无须人工计算），甚至夜间会自动降低回应音量，让生活提醒变得自然无感。

2）实时翻译耳机（跨语言沟通）

在异国餐厅点餐时，对着翻译耳机说"这道菜含坚果吗？"对方即刻听到地道的外语询问。AI 在此过程中扮演着"语言桥梁"的角色——在嘈杂环境中精准锁定你的声音，像专业翻译般理解整句话的意思（而非逐字转换），并自动添加礼貌用语使表达更符合当地习惯。无论是处理英文谚语的字面歧义，还是识别带口音的方言，都能实现准确传达，对话时还会自动切换翻译方向，让跨语言交流如同日常聊天。

3）相册智能管理（记忆重构）

当我们想寻找三年前的海边旅行照时，输入"沙滩日落"便能瞬间定位目标。AI如同细心的档案管理员，通过识别照片中的海浪、椰子树等元素，结合人物欢笑的情绪和景点建筑特征，甚至关联拍摄时的天气数据，精准归类生活点滴。它不仅能区分不同宠物的外貌特征，还能修复泛黄老照片的细节纹理，让数字记忆始终鲜活如初。

通过这些例子，我们可以看到AI不仅能够发现并满足我们的个性化需求，还能理解和执行我们的指令，这些都是AI技术的应用，也是其越来越受欢迎的原因。

**3. 认识当前AI技术的局限性**

尽管人工智能取得了巨大进展，但我们也要清醒地认识到其当前的应用范围和局限性。目前，AI技术主要在特定领域发挥作用，解决的是具有明确目标和限制条件的问题。比如，搜索引擎的推荐算法、机器翻译服务、人脸识别系统等，都是AI在特定领域的应用实例。

然而，与电影中描绘的"无所不能"的AI机器人不同，现实中的AI还远未达到通用人工智能（Artificial General Intelligence，AGI）的水平。AGI指的是能够在任何知识领域和任务中表现出人类级别智能的系统，这种AI能够理解、学习和应用广泛的知识和技能。但截至目前，AGI的研究还处于起步阶段，科学家们正在努力探索如何实现这一宏伟目标。

立足现实，解决问题，才能创造未来。作为AI产品经理，我们必须立足当下，专注于AI技术能够实际解决的问题。在产品设计过程中，充分考虑技术的实际应用场景和限制条件，确保AI产品的可行性和有效性。同时，也要时刻关注AI技术的发展趋势，提前布局，为未来更广泛的应用做好充分准备。

**4. 厘清人工智能领域的核心概念**

人工智能涵盖的内容丰富，机器学习和深度学习作为其中的核心概念，常常被提及，但很多人对它们的理解并不清晰。如图1-1所示，下面我们就来深入剖析这几个概念及其关系。

（1）人工智能（Artificial Intelligence，AI）：这是一个广泛的概念，指的是使机器能够模拟人类智能行为的技术。人工智能包括多种技术和方法，机器学习和深度学习都是其子集。

（2）机器学习（Machine Learning，ML）：机器学习是人工智能的一个分支，它使计算机系统能够从数据中学习并做出决策或预测，而

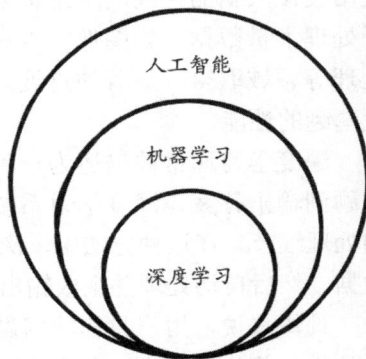

图1-1　人工智能领域的核心概念

无须对每一步都进行明确编程。机器学习依赖算法，这些算法可以从数据中提取模式和特征，从而提高系统的性能。

机器学习的核心是让机器从数据中学习和发现规律（模式），然后利用这些学到的规律对未来的数据或状况进行预测或决策。这听起来有点儿抽象，让我们通过一个例子来具体理解。

以天气预测为例，我们需要利用机器学习技术来预测未来几天的天气状况，特别是预测是否会下雨。为了做到这一点，我们首先需要收集过去一段时间关键的天气数据，比如平均气温、湿度、降水量等。接着，我们运用机器学习算法分析这些历史数据，以揭示其中的规律。

这个所谓的规律，被算法工程师称为"模型"。而机器发现这些规律的过程，就是我们所说的模型训练。一旦模型建立，我们就可以输入最新的气温、湿度等数据，来预测未来几天降雨的概率。

也就是说，机器学习就是让机器从大量的历史数据中学习，从而找出接近现实的规律，并利用这些规律对未知数据进行预测。在这个过程中，我们使用的历史数据被称为"样本"，而像气温、湿度这样的数据属性则被称为"特征"。过去某一天是否下雨，则是我们在建模时使用的"标签"（结果数据）。

在建模过程中，如果我们有这些标签并使用它们来训练模型，这被称为"监督学习"（Supervised Learning）；如果没有标签，则称为"无监督学习"（Unsupervised Learning）。像预测是否下雨，其预测结果是"是／否"的形式，属于分类问题。而如果预测的是具体温度，其结果是一个连续值，这就属于回归问题。

当然，这只是一个关于机器学习的简单例子。实际的数据分析和预测过程要复杂得多，而且实现预测的方法也不仅限于此，这只是为了帮助大家理解机器学习的基本概念。

（3）深度学习（Deep Learning，DL）：深度学习是机器学习的一个子集，它使用类似人脑的神经网络结构来学习复杂的模式和数据表示。深度学习特别适用于处理大量数据，如图像、声音和文本，并且在图像识别、语音识别和自然语言处理等领域取得了显著的进展。它在处理大量数据时，展现出了比传统机器学习更卓越的性能。

深度学习通常被描述为一种"端到端"的学习方式，这种表述意味着从输入问题到输出答案，深度学习系统能够直接处理整个过程，而不需要用户关心中间的处理细节。在这种方法中，深度学习模型可以被视为一个"黑盒"，它接收输入数据，然后自动处理并生成输出结果。

具体来说，用户只需将问题（如一张图片）提交给深度学习系统，系统便会自动进行识别和分类，比如判断图片中是否有人、动物、数字、车辆或植物等，并给出相应的答案。这种自动化的处理方式是深度学习的一大特点，它能够根据输入的问题自主地进行处理，并最终得出答案。

深度学习的兴起与互联网数据技术时代的到来紧密相连，大量的数据为其提供了"养分"，使其效果越发显著。不过，深度学习也并非完美无缺，它对计算资源的需求巨大，模型训练时间长。所以在实际应用中，我们要综合业务场景的需求、资源状况等因素，谨慎决定是否采用深度学习算法。

## 1.1.2　人工智能领域创业发展状况

2022 年 11 月 30 日，OpenAI 发布了一款全新的对话式通用人工智能工具——ChatGPT。该工具发布后，仅用 5 天时间就吸引了 100 万活跃用户，而在短短 2 个月内，其活跃用户数更是飙升至 1 亿，成为历史上增长速度最快的消费者应用程序！

这是什么概念？抖音国际版 TikTok 达到 1 亿用户用了 9 个月，而 Instagram 则花了两年半的时间。ChatGPT 成功的关键在于 AI 领域发生重大技术突破。

### 1. 国内人工智能领域创业状况

在 2023 年，国内在 AI 领域才掀起了创业风口。目前国内 AI 相关的创业风口可分为以下几类。

1）大模型方面

在 AI 大模型领域，国内已经经历了"百花齐放""百模大战"的时代。对标 GPT 领域，各大互联网公司如百度、阿里、腾讯等发布了各自的大模型产品，如百度的"文心一言"、阿里的"通义千问"、腾讯的"混元"等。此外，前互联网公司高管也纷纷进入大模型创业领域，成立新公司并迅速成长。如图 1-2 所示是自 2023 年以来的大模型创业公司及产品。

2）行业模型方面

针对特定行业的 AI 模型，如图像生成工具 HiDream.ai、音乐生成模

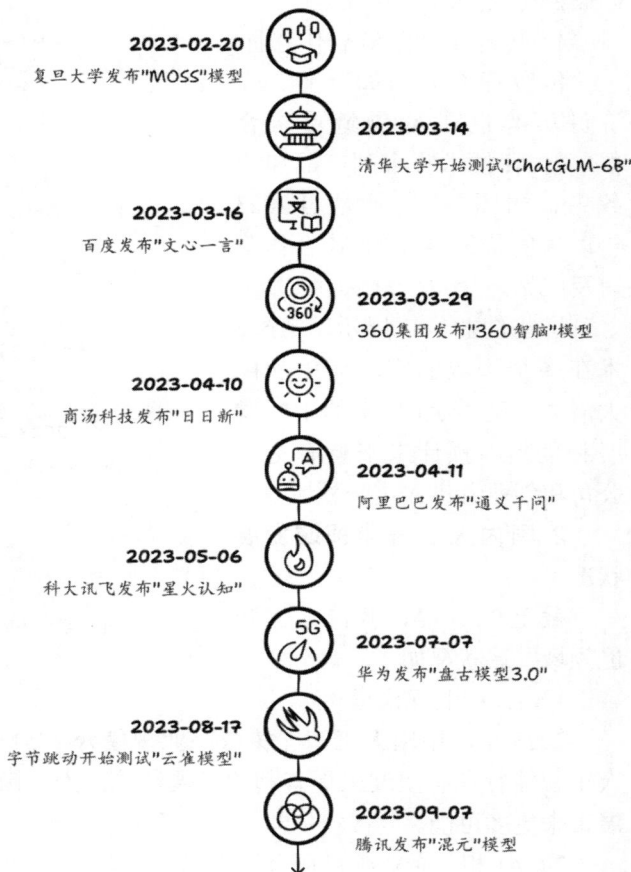

2023-02-20
复旦大学发布"MOSS"模型

2023-03-14
清华大学开始测试"ChatGLM-6B"

2023-03-16
百度发布"文心一言"

2023-03-29
360集团发布"360智脑"模型

2023-04-10
商汤科技发布"日日新"

2023-04-11
阿里巴巴发布"通义千问"

2023-05-06
科大讯飞发布"星火认知"

2023-07-07
华为发布"盘古模型3.0"

2023-08-17
字节跳动开始测试"云雀模型"

2023-09-07
腾讯发布"混元"模型

图 1-2　大模型创业公司及产品

型天工 SkyMusic、医疗大模型
"京医千询""灵医大模型"等，
由资深公司和创业者开发。如
图 1-3 所示是自 2023 年以来的
行业模型创业公司及产品。

3）应用层方面

诸多公司积极进行 AI 化转
型，如商汤的"元萝卜"、小冰
科技的"半藏森林"、智谱华章
科技的"智谱清言"、字节跳动
的"扣子"等，应用层 AI 产品
如雨后春笋般涌现。如图 1-4 所
示是自 2023 年以来的应用层 AI
创业公司及产品。

4）传统行业的 AI 合作方面

传统行业公司如奔驰、高
济健康等也在 AI 领域寻求合
作，将 AI 技术整合到产品和服
务中。如图 1-5 所示是自 2023
年以来的传统行业的 AI 合作公
司及产品。

这些创业风口展示了 AI 技
术在多个领域的广泛应用和巨
大潜力。随着 AI 技术的不断发
展和创新，预计未来将有更多
公司和创业者进入这一领域。

## 2. 国内人工智能领域发展状况

截至 2023 年，我国人工智
能领域发展状况如下。

1）AI 产业规模增长

2023 年，中国人工智能核心产业规模为 1751 亿元，同比增长 11.9%。未来，
人工智能行业有望迎来更有利的发展环境，为中国乃至全球的科技进步和经济发
展带来更多可能。

2）AI 相关企业数量居世界第二

截至 2023 年年底，中国的人工智能相关企业数量达到 9183 家，虽然与美

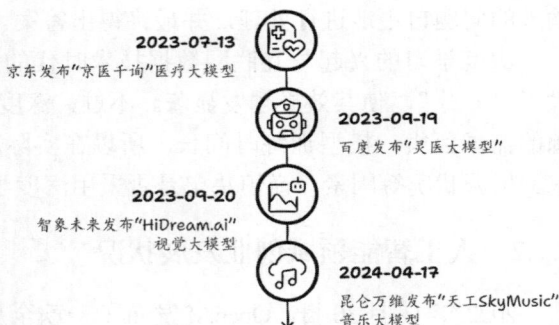

**2023-07-13**
京东发布"京医千询"医疗大模型

**2023-09-19**
百度发布"灵医大模型"

**2023-09-20**
智象未来发布"HiDream.ai"
视觉大模型

**2024-04-17**
昆仑万维发布"天工 SkyMusic"
音乐大模型

图 1-3　行业模型创业公司及产品

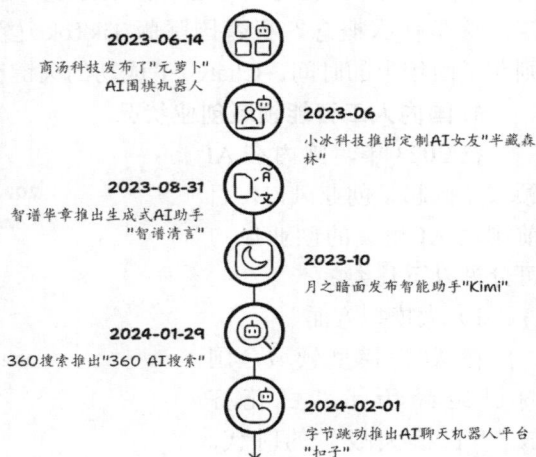

**2023-06-14**
商汤科技发布了"元萝卜"
AI 围棋机器人

**2023-06**
小冰科技推出定制 AI 女友"半藏森林"

**2023-08-31**
智谱华章推出生成式 AI 助手"智谱清言"

**2023-10**
月之暗面发布智能助手"Kimi"

**2024-01-29**
360 搜索推出"360 AI 搜索"

**2024-02-01**
字节跳动推出 AI 聊天机器人平台"扣子"

图 1-4　应用层 AI 创业公司及产品

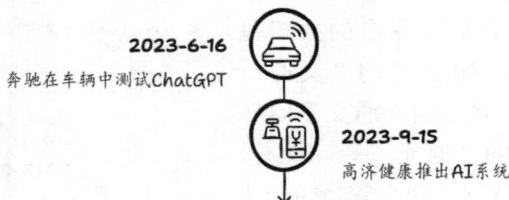

**2023-6-16**
奔驰在车辆中测试 ChatGPT

**2023-9-15**
高济健康推出 AI 系统

图 1-5　传统行业的 AI 合作公司及产品

国的 14922 家相比还有一定差距，但相较于其他国家如印度（3281 家）、英国（3136 家）、加拿大（1835 家）等，中国的数量遥遥领先。人工智能相关企业的聚集度表明中国在全球人工智能领域的竞争力和影响力。这一突出表现的背后是多方面因素共同作用的结果。首先是国家政策的支持，中国政府对人工智能的重视和扶持促进了人工智能产业的快速发展。其次，中国庞大的市场需求为人工智能企业提供了广阔的应用场景和商业机会。最后，中国对人工智能教育和研发的大力投入也为人工智能企业提供了丰富的人才储备和技术积累。

3）AI 融资总额居世界第二

截至 2023 年年底，中国人工智能初创企业的风险融资额达到 2333.5 亿美元，位居世界第二，这表明中国对人工智能行业的资金投入已经达到国际领先水平，有利于加速国内企业在该领域的研发和应用进程。

国内的 AI 领域已经掀起创业风口。这是一个千亿级的市场，无数创业者蜂拥而至，大模型领域更是形成"百花齐放""百模大战"的局面！

在此，我想强调：AI 不是短期风口，而是百年难得一遇的技术革命！AI 不是一个独立的行业，而是未来任何行业、企业和个人都需要具备的最基本能力和素质。

## 1.1.3　人工智能产业现状

### 1. 剖析人工智能产业链

人工智能产业链由基础层、框架层、模型层、应用层四个关键部分构成，如表 1-1 所示。

表 1-1　人工智能产业链

| 关 键 要 素 | 内　　　容 |
|---|---|
| 基础层 | 人工智能产业链的底层，主要包括计算能力（算力）、算法和数据。计算能力指的是用于训练和运行人工智能模型的硬件资源，如 CPU、GPU、TPU 等。算法是人工智能的核心，包括机器学习算法、深度学习算法等。数据则是人工智能系统的"燃料"，包括原始数据、标注数据和用于训练的数据集 |
| 框架层 | 主要指的是用于模型开发和训练的软件框架和工具，如 TensorFlow、PyTorch、PaddlePaddle 等深度学习框架，以及相关的编程库和开发工具。这些框架和工具提供了构建和训练人工智能模型所需的抽象层和接口 |
| 模型层 | 指的是人工智能的核心模型和技术，包括各种机器学习模型、深度学习模型〔如卷积神经网络（CNN）、循环神经网络（RNN）、Transformer 等〕以及大模型（Large Models），这些模型是人工智能应用的基础 |
| 应用层 | 人工智能产业链的最顶层，主要指的是人工智能技术在各个行业和场景中的应用，如自动驾驶、智能医疗、智能教育、智能制造、金融科技等。应用层将人工智能技术转化为实际的产品和服务，为用户提供具体的解决方案 |

### 2. 人工智能产业的三大趋势

"科学技术是第一生产力"，这句话在人工智能领域得到了淋漓尽致的体现。近年来，中国人工智能产业不仅实现了技术上的飞跃，更在商业化落地方面取得了显著成果。人工智能产业正在经历一场深刻的变革，呈现出三大核心趋势：技术突破、行业融合与国际合作，如图1-6所示。这些趋势不仅推动了技术的快速发展，也为产品经理带来了新的机遇与挑战。

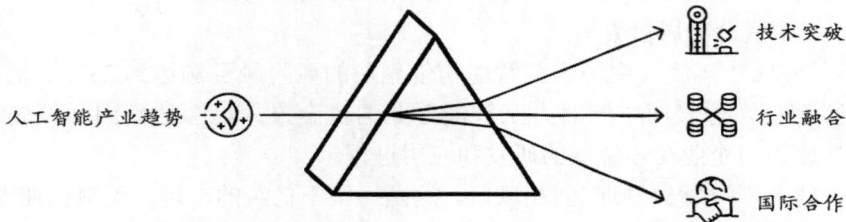

图1-6　人工智能产业的三大趋势

**1）技术突破：从单点优化到群体创新**

人工智能的多个细分领域，如自然语言处理、计算机视觉、强化学习等，正在实现群体式突破。以自然语言处理为例，大模型技术的进步让机器能够更精准地理解语境、生成内容，为智能客服、内容创作等应用场景提供了全新的可能性。而在计算机视觉领域，新算法让图像识别的准确率和效率大幅提升，推动了自动驾驶、医疗影像诊断等行业的快速发展。

对产品经理的启示：技术的群体突破为产品创新提供了更多可能性，但也要求产品经理具备更强的技术理解力，能够将复杂的技术转化为用户友好产品。

**2）行业融合：AI驱动的商业模式创新**

人工智能正在与各行各业深度融合，创造出新的商业模式和产品形态。

- **金融行业**：AI通过分析海量数据，帮助金融机构更精准地评估风险、预测市场趋势，甚至防范欺诈行为。
- **医疗领域**：AI辅助诊断系统能够快速解读医学影像，提高诊断效率，同时加速新药研发进程。
- **教育行业**：个性化学习系统通过AI技术，为每个学生量身制订学习计划，真正实现因材施教。

对产品经理的启示：AI的行业融合为产品创新提供了广阔的空间，但关键在于如何找到细分场景，解决用户的真实痛点。

**3）国际合作：全球化视野下的产品机会**

人工智能作为全球性的科技领域，国际上的合作日益紧密。各国在技术研发方面展开深度合作，共享科研资源和创新成果，加速技术的突破和创新。比如，在科研方面，不同国家的科研团队联合开展关于人工智能基础理论和关键技术的研究项目，汇聚各方智慧，共同攻克难题。在人才交流方面，国际上的学术交流活动频繁，优秀的人工智能人才在全球范围流动，促进了知识的传播和经验的分享。在企业层面也积极开展国际合作，通过建立战略合作伙伴关系、并购等方式，整合全球资源，拓展市场份额。这种深度协同的国际合作模式，有利于推动人工智能产业在全球范围内的快速发展，提升全人类对这一前沿技术的应用水平。

对产品经理的启示：在全球化竞争中，产品经理需要具备国际化视野，思考如何借助 AI 让产品适应不同市场的需求。

### 1.1.4　小结

综上所述，对于产品经理来说，全面理解人工智能的技术内涵并把握产业现状至关重要。理解人工智能能让产品经理更好地与技术团队沟通协作，确保 AI 产品的技术可行性和创新性；洞察产业现状有助于产品经理把握市场需求和发展趋势，明确 AI 产品的定位和方向。

机遇与挑战并存，成功与失败同在。随着人工智能技术的持续进步和产业的不断发展，AI 产品经理将面临更多的机遇与挑战。一方面，新技术的不断涌现为 AI 产品创新提供了广阔的空间，AI 产品经理有机会打造出更具竞争力、更能满足用户需求的 AI 产品；另一方面，产业的快速发展和复杂多变也要求 AI 产品经理具备更强的学习能力、创新能力和应变能力。

拥抱变化，才能成为时代的引领者。就像商汤时期的革新精神：苟日新，日日新，又日新。在这个充满变革和机遇的时代，AI 产品经理应积极拥抱变化，不断提升自身的专业素养和综合能力。这样才能在人工智能领域的浪潮中找准方向，引领 AI 产品走向成功，为推动人工智能产业的发展贡献自己的力量，同时也实现自身的职业价值。

## 1.2　产品之变：AI 对产品经理的影响究竟如何

祸兮，福之所倚；福兮，祸之所伏。

——《老子·道德经》

在科技浪潮汹涌澎湃的当下，AI 如同一颗投入平静湖面的巨石，在各个领域激起千层浪，产品设计领域自然也未能幸免。"AI 对产品经理的影响究竟如何？"这是每一位身处这个时代的产品经理都必须深入思考的问题。

本节主要探讨 AI 对产品经理的影响，并从 AI 颠覆产品设计的角度进行说明。

### 1.2.1　以往产品设计的特点

回溯过往，在 AI 尚未大规模涉足产品设计领域时，传统产品有着一套成熟且相对固定的设计模式。从需求定义开始，整个流程就如同精密的齿轮，一环紧扣一环，严丝合缝。需求收集阶段，产品经理们会尽可能详尽地梳理出各种需求，精确到每一个功能细节。研发阶段，开发团队依据既定的需求文档，按部就班地编写代码，确保产品功能的实现。而运营阶段，也是围绕着预先设定好的产品模式进行推广和维护。

这种传统产品设计的需求场景极为具体，有着明确的限制范围。在需求文档里，对产品的每一个功能、每一项特性都有细致入微的描述。比如，某个功能具备什么样的特征，有哪些具体要求，在哪些场景下可以使用，哪些场景下禁止操作，一切都被清晰明确地记录在案。这种设计方式使产品从一开始就有清晰的轮廓，开发和运营过程中不容易出现大的偏差；但其也存在明显的局限性，就像被束缚在一个固定框架内，缺乏灵活性和应变能力。

当我们踏入 AI 时代，产品设计领域可谓发生了翻天覆地的变化。而其中，大语言模型无疑是引发变革的核心力量，它对产品设计的颠覆堪称是革命性的。

## 1.2.2　AI 时代产品设计的变化

大语言模型带来的巨大影响，核心在于"应用开发范式的重构"。这一重构对 App 形态和开发规范产生了深刻变革，接下来我从几个关键要素详细讲解并举例说明，如图 1-7 所示。

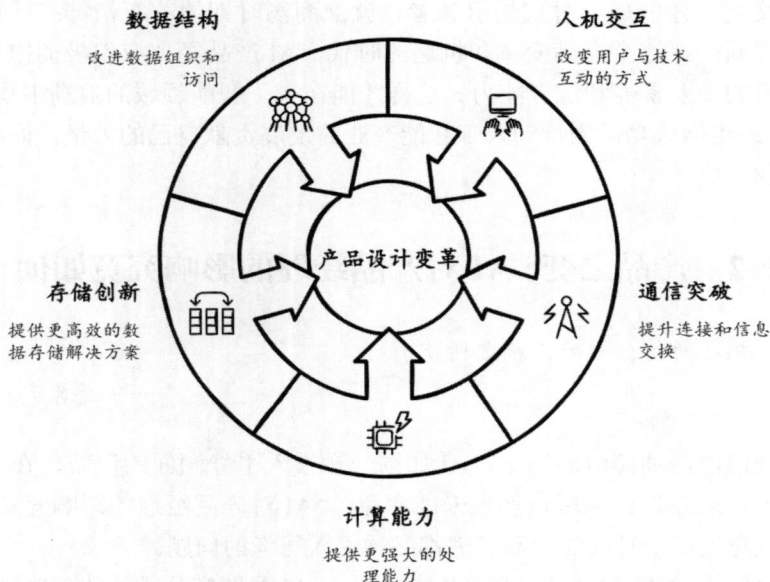

图 1-7　AI 时代的产品设计变革

### 1. 人机交互方式的变革

在早期阶段，图形用户界面（Graphical User Interface，GUI）占据主流地位。

比如日常使用的传统办公软件，用户若要进行文字排版操作，需通过鼠标精准单击菜单栏里诸如加粗、倾斜、字号选择等功能按钮，以及通过滑动滚动条浏览文档内容。这种交互方式虽直观易懂，用户容易上手，但操作相对单一，用户需适应软件既定的操作模式。

当下，"语言用户界面（Language User Interface，LUI）+GUI"的新型交互方式被开发出来。如今的智能办公软件，用户除了能像以前一样使用鼠标单击操作，还能直接对着软件发出指令，如"帮我把这段文字加粗，字号改成三号"，软件可迅速识别并执行该指令，这便是自然语言交互带来的便利。它让产品能够理解人类复杂多样的语言表达，不再局限于特定的操作流程，极大提升了用户体验和操作效率。

### 2. 通信方面的突破

早期，互联网通过超文本传输协议（Hyper Text Transfer Protocol，HTTP）连接不同 Web 站点，构建起庞大网络。以早期的电商平台为例，借助 HTTP 将商家的商品页面、用户的购物车页面、支付页面等链接起来，实现了基本的购物流程。然而在一些精细的底层任务处理上，如处理不同格式订单数据（结构化数据）和商家上传的商品描述文本（非结构化数据）之间的通信，还存在一定困难。

如今，大模型在复杂的技术生态中宛如一个功能强大的桥梁，能跨越多种技术领域与数据结构，实现顺畅交互与协同。以智能物流调度系统为例，它涉及订单系统（不同格式数据结构）、仓库管理系统（不同数据结构）、运输路线规划系统（不同数据结构）等多个领域。大模型可以打破这些不同领域和数据结构之间的壁垒，将各个环节打通，形成全新的工作流。比如，订单系统收到新订单后，大模型能快速把订单信息传递给仓库管理系统安排库存，同时传递给运输路线规划系统规划配送路线，各个环节紧密协作，构建起复杂高效的通信网络。

### 3. 计算能力的飞跃

早期的计算机在处理结构化数据方面表现出色。比如财务软件，能够快速准确地处理财务报表里的数字数据，进行加、减、乘、除等运算。但面对非结构化数据时则力不从心，比如财务人员想要分析大量客户反馈的文本信息，了解客户对产品的满意度，传统计算机很难从中提取有效信息。

当下，大模型凭借深度学习能力实现了质的飞跃。以智能客服系统为例，它不仅能快速理解客户咨询的文本语义，给出准确回答，还能通过语音识别技术理解客户的语音咨询。比如，在电商场景中，客户反馈"我买的衣服尺码不合适，想换货"，智能客服系统能马上理解并引导客户完成换货流程，这充分体现了大模型在非结构化数据处理和语义理解上的强大能力，为产品赋予了更智能的"大脑"。

### 4. 存储领域的革新

早期，计算机在向量化存储和检索能力方面存在明显不足。比如，传统的文件存储系统，当存储大量图片、音频等多媒体文件时，查找特定文件需要耗费大量时间和资源，很难快速精准定位。

如今，大模型对存储产生了巨大影响。比如，一些知识图谱类应用，将海量的知识数据进行压缩并存储在模型参数中，模型成为一种高效存储方式。这促进了向量化存储技术的发展，如今不少企业使用的向量数据库，在存储和检索海量数据时效率极高。比如，在图像搜索场景中，用户上传一张图片，系统能迅速从海量图片库中找到相似图片，这就是向量化存储和检索能力提升带来的成果。

### 5. 数据结构方面的变化

早期，不同类型数据结构之间交互融合困难。比如，在一个企业里，销售部门使用的客户关系管理系统的数据结构和研发部门使用的项目管理系统的数据结构是不同的，两个系统的数据很难直接共享和交互，导致信息流通不畅。

现如今已打破了这种壁垒。以一款某大厂的办公套件为例，它整合了多种数据结构的应用，文档数据、表格数据、任务数据等不同数据结构之间可以方便地进行关联和协作。比如，在一个项目文档中，可以直接关联相关的任务安排和人员信息表格，不同数据结构之间畅通无阻地连接，为产品创新提供了广阔空间，员工可以基于整合的数据进行更高效的工作和创新。

## 1.2.3　AI 催生软件设计定义的新范式

每一次技术的变革，都是对现有秩序的一次挑战。大语言模型带来的影响远不止于此，它还催生了软件设计定义的新范式。在以往，产品体验的设计如同被模具固定的铸件，缺乏灵活性。因为一切都由预先编写好的程序决定，开发者需要提前设想所有可能出现的情况，并为之编写相应的代码逻辑。这无疑是一项艰巨且烦琐的任务，不仅开发周期长，而且难以应对复杂多变的用户需求。

以一个简单的内容发布产品界面为例，在传统设计模式下，为了满足用户保存草稿和发布内容这两种不同的需求，我们只能在界面上设计两个明确的按钮，一个用于保存草稿，另一个用于发布内容。系统本身无法自动判断用户的意图，所以需要用户主动、明确地做出选择，以此来澄清他的意图，从而实现与系统的交互。这种设计方式虽然能够确保功能的实现，但用户体验较为生硬，缺乏智能性和灵活性。

然而，进入 AI 时代后，情况发生了巨大的改变。现在，借助大语言模型（Large Language Model，LLM）强大的自然语言理解能力，用户可能只需要说出一句简单的指令"帮我存成草稿"，系统就能迅速理解用户的意图，并自动执行相应的操作。这一变化看似微小，实则蕴含着产品设计理念的重大转变。它不再局限于用户去适应固定的产品交互模式，而是产品主动去理解和响应用户的多样化需求。

这种新范式使产品体验更加流畅、自然，极大地提升了用户的满意度。同时，也为产品经理带来了新的机遇与挑战。一方面，产品经理有了更多创新的空间，可以突破传统设计的束缚，为用户创造出更具个性化、智能化的产品体验；另一方面，他们需要深入理解 AI 技术的特点和潜力，学会如何将 AI 能力与产品需求有机结合，以设计出符合时代发展趋势的优秀产品。

## 1.2.4 小结

机遇是初学者的启航帆，挑战是成长者的磨刀石。对于初级 AI 产品经理而言，这些变化既充满了诱惑，也布满了荆棘。一方面，他们正处于职业生涯的起步阶段，思维相对活跃，更容易接受新事物，能够快速跟上 AI 时代产品设计的变革步伐；另一方面，由于经验的相对不足，他们在面对 AI 带来的复杂变化时，可能会感到迷茫和无所适从，如表 1-2 所示是关于产品设计的几点建议。

**表 1-2 产品设计的建议**

| 关 键 要 素 | 建 议 |
|---|---|
| 人机交互设计 | 在人机交互设计工作中，要巧妙融合 LUI 与 GUI，打造契合用户习惯且具科技感的交互方式 |
| 通信环节处理 | 深入了解不同领域的数据结构和业务逻辑，借助 AI 大模型构建高效工作流 |
| 计算能力运用 | 充分挖掘 AI 大模型处理非结构化数据的优势，持续探索实践以提升产品智能水平 |
| 存储技术跟进 | 紧跟存储技术发展趋势，合理运用新型存储方式优化产品存储性能 |
| 数据结构优化 | 关注数据结构领域新进展，通过合理运用新型数据结构提升产品整体性能 |

面对 AI 时代的挑战，AI 产品经理需要秉持《荀子》开篇所言，"学不可以已"。首先，要加强对 AI 技术的学习，不仅要了解其基本原理，更要关注技术的发展趋势和应用场景。只有深入掌握技术，才能在产品设计中充分发挥其优势。其次，要注重用户体验的研究。AI 时代产品的核心依然是用户，无论技术如何发展，满足用户需求、提升用户体验始终是产品经理的首要任务。最后，要培养跨领域的沟通协作能力。由于 AI 打破了不同领域之间的界限，产品经理需要与开发、算法、运营等多个团队密切合作，良好的沟通协作是确保项目顺利推进的关键。

所有产品都值得用 AI 重做一遍。因为 AI 对产品设计的影响是全方位、深层次的。AI 颠覆了以往的产品设计模式，带来了应用开发范式的重构和软件设计定义的新范式。只有深刻理解这些变化，不断提升自身的知识技能，积极投身实践，才能在这个快速发展的领域中站稳脚跟，创造出具有竞争力的产品，实现自己的职业价值。

## 1.3　职责之问：AI 产品经理的职责与能力框架是怎样的

> 将来真正的成功的 AI-Native 产品经理，很可能不是某一类人，而是各类人的综合。
>
> ——李彦宏

AI 产品经理作为推动 AI 技术落地应用的关键角色，肩负着将前沿技术与实际业务需求深度融合的使命。那么，AI 产品经理究竟需要履行哪些工作职责，又应具备怎样的能力呢？这不仅是初入该领域的新人迫切想了解的问题，也是行业资深人士不断探索精进的方向。

本节围绕 AI 产品经理展开，阐述其在产品上线各环节的工作职责及需掌握的通用能力，并强调相关要求的重要性。

### 1.3.1　AI 产品经理在产品上线过程中的工作职责

AI 产品经理在产品上线过程中需要主导的节点包括定义产品方向、设计产品方案、跟进产品开发和产品验收评估。下面我们将重点关注这四个步骤，如图 1-8 所示。

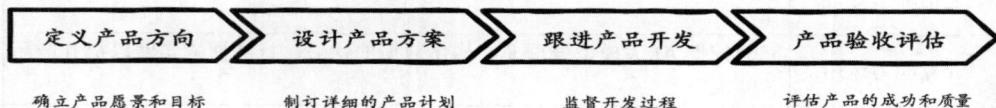

| 定义产品方向 | 设计产品方案 | 跟进产品开发 | 产品验收评估 |
|---|---|---|---|
| 确立产品愿景和目标 | 制订详细的产品计划 | 监督开发过程 | 评估产品的成功和质量 |

图 1-8　产品上线过程中需重点关注的四个步骤

#### 1. 定义产品方向

在着手开发 AI 产品时，无论该产品属于基础设施层、框架层、模型层还是应用层，AI 产品经理的首要任务均是明确界定 AI 产品的范围。这要求 AI 产品经理深入分析行业动态，识别 AI 技术能够有效解决的问题领域，并具体确定 AI 产品的应用场景、所需投入的成本以及预期的商业价值。

为了有效履行这一职责，AI 产品经理不仅需要具备扎实的互联网产品管理基础知识，还必须深刻理解 AI 技术的局限性及其能够解决的问题范围。这样才能确保 AI 产品的定位准确，满足市场需求，并创造价值。

#### 2. 设计产品方案

产品设计方案因 AI 产品的形态各异而展现出不同的侧重点。对于硬件和软件结合的 AI 产品，如智能穿戴设备，设计方案不仅要关注软件功能的实现，还要兼顾硬件的外观、结构设计，确保产品的易用性与美观性。以智能手表为例，外观需符合人体工程学，佩戴舒适，同时内部结构要合理，以便集成各类传感器和芯片，实现健康监测、运动追踪等功能。

机器学习平台类产品则更注重交互设计。良好的交互设计能让数据科学家和工程师更高效地使用平台进行模型开发、训练和部署。比如，简洁直观的操作界面、便捷的任务调度功能、实时的数据反馈机制等，都能提升用户体验，提高工作效率。

而模型类产品，如推荐系统和用户画像，设计方案着重关注模型上线所需满足的业务指标。以电商推荐系统为例，关键指标包括点击率、转化率、用户满意度等。产品经理要与算法团队紧密合作，明确这些指标，并确保模型的设计和优化围绕提升指标展开。

在这一过程中，产品经理对市场主流算法的深入了解不可或缺。以开发新推荐系统为例，面对众多算法选择，若模型开发团队计划采用复杂的深度学习模型，产品经理需从技术难度、训练时间、计算资源需求以及业务可解释性等多方面综合考量。在推荐系统设计初期，简单实用的协同过滤和逻辑回归算法或许是更优选择。

这就要求产品经理具备一定技术知识，在技术需求和业务目标间找到完美平衡。掌握统计学、概率论以及主流算法的基本原理和应用场景，能使产品经理更好地与算法团队沟通，理解他们的建议，进而有效指导产品设计，确保产品既满足技术要求又契合业务目标。

### 3. 跟进产品开发

产品进入开发阶段，AI产品经理如同肩负重任的船长，承担起部分项目经理的职责。监督项目进展，协调和管理项目资源，每一项工作都关乎项目的成败。

对模型构建过程的基本了解是产品经理掌控全局的关键。模型构建涵盖设计、训练、验证、测试和部署等关键步骤。产品经理只有熟悉这些步骤，才能准确判断项目进度。比如，在模型训练阶段，了解训练数据的质量和规模、训练算法的选择以及训练时间的预估，能及时发现是否存在数据偏差、算法效率低下等问题。

同时，产品经理要清晰把握模型构建过程中各个节点及其产生的成果，以及这些成果之间的上下游关系。比如，模型设计阶段确定的架构会影响训练阶段的参数设置和计算资源需求；训练得到的模型需要通过验证和测试来评估性能；验证和测试的结果又决定了模型是否需要调整优化，最终才能进行部署上线。这种清晰的认知有助于产品经理在协调资源时，明确产品在当前阶段的具体需求，当某个环节出现资源短缺或进度滞后时，能够迅速做出决策，调配资源，保障项目各部分紧密协作、顺利推进。

这一阶段，AI产品经理不仅要有对技术的理解能力，更要具备出色的项目管理能力，通过有效的沟通协调，确保项目按时、高质量交付。

### 4. 产品验收评估

在产品开发接近尾声时，产品经理迎来了重要的验收评估环节。这一阶段，对模型评估的深刻理解成为产品经理确保产品质量达标的核心能力。

产品经理要全面掌握如何评估一个模型。首先是评估模型的关键指标。不同类型的 AI 产品和应用场景有不同的关键指标。比如在信用风险评估模型中，准确率、召回率、F1 值等指标至关重要，它们反映了模型预测结果与实际情况的吻合程度以及对风险的识别能力；在图像识别模型里，识别准确率、误识率等是衡量模型性能的关键。

其次，了解评估过程的具体步骤也不容忽视。从数据准备、模型加载到评估指标计算，每一个环节都需要产品经理进行严格把控。数据准备过程中，要确保数据的代表性、完整性和准确性，否则评估结果将失去可靠性；在模型加载环节，要保证模型的正确导入和运行环境的稳定；计算评估指标时，要熟悉所使用的工具和算法，确保结果的准确性。

产品经理还需明确评估结果在何种范围内是合理的。这需要结合业务目标和实际应用场景来判断。以广告投放模型为例，如果模型的点击率在特定时间段内低于预期，产品经理需要分析是模型算法问题，还是广告素材、投放策略等外部因素导致的。只有准确判断评估结果，才能确定产品是否满足预定的业务需求。

通过对这些评估指标和过程的深入了解，产品经理能够从技术和业务两个维度全面评估产品的性能和有效性，确保产品在商业上可行，符合用户的期望。

### 1.3.2　AI 产品经理需掌握的通用能力

无论处于哪个层级的产品经理，除了具备互联网产品经理的基础能力外，还需要掌握以下能力，如图 1-9 所示。

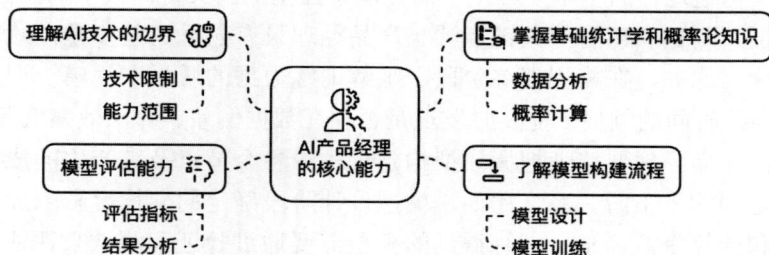

图 1-9　AI 产品经理的核心能力

### 1. 理解 AI 技术的边界

理解 AI 技术的边界意味着 AI 产品经理要清楚地认识到 AI 技术的能力范围以及存在的局限性。AI 虽然在很多领域展现出强大的能力，如自然语言处理中的机器翻译、图像识别中的人脸识别等，但并非无所不能。

比如，目前的自然语言处理技术在处理复杂语义、上下文理解和情感分析等方面仍存在不足；在一些需要高度创造性和抽象思维的任务中，AI 也难以达到人类的水平。

产品经理只有明确这些范围，才能在产品规划和设计中合理应用 AI 技术，避免提出不切实际的需求，确保产品的可行性和稳定性。

**2. 掌握基础统计学和概率论知识**

基础统计学和概率论知识是 AI 产品经理理解市场上主流算法原理及其适用场景的基石。许多 AI 算法都基于统计学和概率论的原理，比如线性回归、逻辑回归、决策树等算法都涉及数据的概率分布、均值、方差等统计概念。掌握这些知识，产品经理能够更好地理解算法如何从数据中学习模式、做出预测，以及算法的性能和局限性。在与算法团队沟通时，能够用专业的语言进行交流，准确传达业务需求，共同探讨如何选择合适的算法来解决实际问题。

**3. 了解模型构建流程**

再次强调了解模型构建流程的重要性，这是 AI 产品经理把控产品开发全局的关键。从数据收集、预处理，到模型选择、训练、优化，再到最终的评估和部署，每一个环节都紧密相连。理解模型构建过程中各阶段的产出物及其上下游关系，有助于产品经理在不同阶段与技术团队进行有效的沟通和协作。在数据收集阶段，产品经理可以根据业务需求和模型要求，指导团队收集高质量的数据；在模型评估阶段，能够根据评估结果提出针对性的改进建议，确保模型不断优化，产品性能逐步提升。

**4. 模型评估能力**

掌握评估模型的标准、方法和合理结果范围是 AI 产品经理必备的能力。不同的 AI 产品和应用场景有不同的评估指标和方法。产品经理要熟练掌握这些评估工具，能够对模型的性能进行全面、客观的评价。同时，要结合业务目标和实际情况，判断评估结果是否合理。如果模型在某些指标上表现不佳，但在其他方面具有独特优势，产品经理需要综合考虑，权衡利弊，决定是否对模型进行调整或继续推进产品开发。

## 1.3.3 小结

综上所述，AI 产品经理的工作职责涵盖了从产品规划到上线的各个关键阶段，而所需具备的能力也是多维度、跨领域的。这些工作职责和能力要求并非孤立存在，而是相互关联、相互影响，共同构成了 AI 产品经理职业发展的坚实基石。AI 产品经理各工作环节关键要求如表 1-3 所示。

技术的进步是推动社会发展的引擎，而产品经理则是将技术转化为用户价值的艺术家。随着 AI 技术的不断创新和应用场景的日益拓展，AI 产品经理的角色将愈发重要。这不仅要求持续学习 AI 技术的新知识、新应用，掌握产品管理的新方法、新技巧，还要在实践中不断积累经验，提升解决实际问题的能力。面对复杂多变的市场环境和技术挑战，要保持敏锐的洞察力和灵活的应变能力，不断调整和优化自己的知识体系与工作方法。

表 1-3 AI 产品经理各工作环节关键要求

| 工作环节 | 内　　容 |
|---|---|
| 定义产品方向 | 考验 AI 产品经理专业素养，需敏锐捕捉市场与技术趋势，依赖行业洞察、产品管理知识及 AI 技术理解 |
| 设计产品方案 | 关键是在不同产品形态下平衡技术与业务，产品经理要跨领域运用知识技能，满足技术与业务需求 |
| 跟进产品开发 | 进一步考验 AI 产品经理能力，需具备项目管理能力进行进度监控与资源协调，把控模型构建等技术细节 |
| 产品验收评估 | 要求产品经理以专业严谨态度对待，体现其项目管理和技术细节把控能力，熟悉模型构建与精准判断评估指标 |

技术的边界是由想象力决定的，而产品经理的任务就是拓展这个边界。AI 产品经理充满了无限的可能性。每一款成功的 AI 产品背后，都离不开产品经理的精心策划与全程推动。

## 1.4　技术之惑：AI 产品经理需要掌握哪些关键技术

创新推动社会进步，技术是创新最大最持久的驱动力。

——陆奇

产品经理与技术团队之间的默契，源于对技术知识的共同理解。AI 产品经理一定需要懂技术，这就像其他类型的产品经理需要了解研发技术一样重要。虽然学会编程并非成为 AI 产品经理的必要条件，但理解编程思想和架构是重要的。在 AI 产品经理的工作中，关键在于能够清晰地提出需求，并与算法和研发团队有效合作。

而我们需要明确的是，AI 产品经理应该掌握哪些技术，以及需要掌握到什么程度。我会从 AI 产品经理的角度出发，帮助你理解应该学习哪些技术，以及需要学到什么程度。这样，你就能与算法工程师顺畅沟通，知道如何管理 AI 项目的进度，并最终具备牵头主导 AI 项目的能力。

总的来说，AI 产品经理需要掌握五个方面的技术知识：数学统计学的基本概念、模型构建的整个流程、常见算法的原理和应用场景、模型验收的具体指标和方法，以及与模型相关的技术术语，如图 1-10 所示。其中，模型构建的整个流程、算法的技术知识，以及模型的验收标准是 AI 产品经理必备的核心能力。

图 1-10　AI 产品经理需要掌握五个方面的技术知识

## 1.4.1　数学统计学基础概念

你可能会感到疑惑，为什么产品经理需要学习数学？

这是因为当今各种 AI 技术都是基于数学模型构建的，因此，掌握必要的数学和统计学知识是理解人工智能的基础。

作为 AI 产品经理，虽然不需要深入了解数学公式及其背后的逻辑，但了解数学统计学的基本概念及其应用是非常重要的，工作中可能常接触到数学和统计学概念。这些知识可以分为两大类：一类是线性代数中的基础名词，如标量、向量、张量、矩阵等；另一类是概率统计中的常见分布，如正态分布、伯努利分布，具体如图 1-11 所示。接下来，我们首先从线性代数中的基础名词开始介绍。

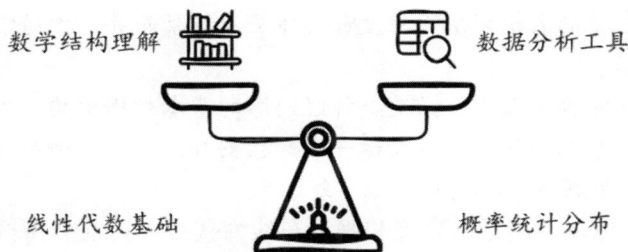

图 1-11　理解数学概念的应用

### 1. 线性代数

在线性代数中，标量、向量、张量和矩阵是几个基础且重要的概念。以下是对这些概念简洁而通俗的解释。

1）标量（Scalar）

● 定义：标量是一个单独的数，可以是整数、实数或复数，没有方向，只有大小。

● 示例：温度、距离、重量等都是标量的例子。在线性代数中，常用小写字母表示标量。

2）向量（Vector）

● 定义：向量是一组有次序的数，这些数既有大小也有方向。向量可以看作标量的扩展，给标量增加了一个维度，使其变成了一个数组。

● 表示：向量通常用方括号括起来，如 $[x_1, x_2, x_3, \cdots, x_n]$ 表示一个 $n$ 维向量。向量可以是行向量或列向量，但在未加声明的情况下，一般默认为列向量。

● 示例：在二维平面上，一个向量可以表示为一个箭头，箭头的长度表示向量的大小，箭头的方向表示向量的方向。

3）矩阵（Matrix）

● 定义：矩阵是一个二维数组，由多个向量组成。每个向量（行向量或列向量）都是矩阵的一行或一列，矩阵中的每个元素都是一个标量。

● 表示：矩阵通常用大写字母表示，如 $A$、$B$ 等，元素则用 $a_{ij}$ 表示，其中 $i$ 表示行号，$j$ 表示列号。

● 示例：一个 2 行 3 列的矩阵可以表示为 $A$=[1 2 3; 4 5 6]，其中 $a_{12}$=2，$a_{21}$=4。

应用：矩阵在图像处理、AI 等领域有广泛应用，常用于表示和处理大量的数据。

4）张量（Tensor）

● 定义：张量是一个多重线性映射，可以看作对矩阵的扩展。张量给原始的矩阵增加了一个或多个维度，使其变成一个多维数组。

● 表示：张量的表示方法因维度和具体应用场景而异，但通常可以用多维数组来表示。

● 示例：在深度学习中，张量是神经网络的基本数据结构，用于存储和传递数据。一个三阶张量可以表示一个彩色图片，其中三个维度分别对应图片的高度、宽度和颜色通道（红、绿、蓝）。

综上所述，标量、向量、矩阵和张量在线性代数中扮演着不同的角色，但它们之间又存在密切的联系。标量是构成向量的基础元素，向量是构成矩阵的基础元素，而矩阵则是构成张量的基础元素。这些概念在机器学习、图像处理、深度学习等领域有着广泛的应用。

### 2. 概率统计

在概率统计领域，理解和掌握概率分布是至关重要的。概率分布是用来描述随机变量取值的规律，它可以帮助我们理解和预测数据的行为。比如，在预测用户评分（如购买倾向或信用评分）时，我们通常期望这些评分结果遵循正态分布，因为正态分布是一种常见的、具有良好数学性质的概率分布。

如果模型的预测结果不符合预期的正态分布，这可能是模型存在问题的一个信号。在这种情况下，产品经理或数据分析师应该要求算法团队提供合理的解释，并可能需要对模型进行调整。

为了有效地利用概率分布，AI产品经理需要熟悉常见的概率分布类型，并了解业务场景中特征数据和模型结果的分布特性。这样，他们才能将概率分布的知识应用于日常工作中，比如评估模型性能、进行风险分析等。

随机变量的类型决定了其概率的分布方式。随机变量主要分为两种：离散型随机变量和连续型随机变量。

（1）离散型随机变量：这种随机变量只能取有限个或可数个值。比如，掷一个六面骰子得到的点数就是一个离散型随机变量，它只能取1～6这6个整数值。离散型随机变量的概率分布通常用概率质量函数（Probability Mass Function，PMF）来描述，它给出了每个可能取值的概率。离散型随机变量的概率分布如表1-4所示。

表1-4 离散型随机变量的概率分布

| 概 率 分 布 | 内　　容 |
| --- | --- |
| 伯努利分布 | 这是最简单的离散型概率分布，描述的是一次二项实验（即只有两种可能结果，通常记为0和1）的概率分布。比如，在电商抽奖游戏中，用户是否中奖就符合伯努利分布 |
| 二项分布 | 描述的是固定次数的独立重复伯努利实验中，成功（记为1）出现次数的概率分布。比如，抛$n$次硬币，正面朝上的次数就符合二项分布 |
| 泊松分布 | 用于描述在固定时间或空间内，某事件发生的次数的概率分布。该事件发生的次数是离散的，且事件之间是相互独立的。泊松分布常用于预测稀有事件的发生次数，如一定时间内到达服务台的顾客数 |

（2）连续型随机变量：这种随机变量可以在一个连续区间内取任意实数值。比如，一个人的身高就是一个连续型随机变量，它可以在一个很大的实数范围内取值。连续型随机变量的概率分布通常用概率密度函数（Probability Density Function，PDF）来描述，它给出了在某个区间内取值的概率密度，而不是具体的概率值。因为连续型随机变量有无限个可能的取值，所以单个具体值的概率总是0。连续型随机变量的概率分布，如表1-5所示。

表1-5 连续型随机变量的概率分布

| 概 率 分 布 | 内　　容 |
| --- | --- |
| 正态分布 | 这是最常见的连续型概率分布，形状呈钟形，对称分布，均值和方差决定了其形状和位置。人的很多特质，如身高、体重等，都符合正态分布 |
| 均匀分布 | 在连续区间内，每个值出现的概率是相同的。比如，在一个长度为$L$的线段上随机选择一个点，这个点落在线段任何位置的概率都是相等的 |
| 指数分布 | 常用于描述事件发生的间隔时间的概率分布，如顾客到达服务台的时间间隔。指数分布是无记忆的，即未来事件的发生与过去无关 |
| 其他连续分布 | 还有如卡方分布、t分布、F分布等，这些分布多用于统计学和数据分析中，用于假设检验、方差分析等场景 |

需要注意的是，虽然上述分布是离散型和连续型随机变量中最常见的几种，但在实际应用中，还可能遇到其他类型的分布，具体选择哪种分布取决于数据的特性和业务场景。

## 1.4.2    模型构建的整个流程

在模型构建的过程中，理解建模流程的各个阶段以及涉及的角色、职责、产出物和工作周期是非常重要的。一个典型的模型构建流程包括以下五个阶段，如表 1-6 所示。

表 1-6    模型构建流程

| 关 键 步 骤 | 内        容 |
|---|---|
| 模型设计 | 在这个阶段，数据科学家或算法工程师会根据业务需求和问题定义，选择合适的算法和架构来设计模型。这个阶段的产出物通常包括模型的设计文档和初步的算法选择 |
| 特征工程 | 特征工程是模型构建中非常关键的一步，它涉及从原始数据中提取、选择和构造对模型预测有用的特征。数据工程师和数据科学家通常负责这个阶段的工作，产出物包括特征列表和特征处理流程 |
| 模型训练 | 在这个阶段，数据科学家会使用已经准备好的数据来训练模型。包括选择合适的训练集、调整模型参数以及进行初步的模型评估。产出物是训练好的模型和初步的训练报告 |
| 模型验证 | 这个阶段涉及使用验证集来评估模型的性能，包括准确性、召回率、精确率等指标。这个阶段可能需要数据科学家和业务分析师的协作，以确定模型是否满足业务需求。产出物是详细的模型评估报告 |
| 模型融合 | 在这个阶段，可能会将多个模型的预测结果结合起来，以提高整体的预测性能。这个阶段可能涉及更复杂的技术，如集成学习。产出物是最终的模型和融合策略 |

完成这些阶段后，模型将被部署到产品端。整个建模过程不仅需要技术知识，还需要对业务场景的深入理解。作为 AI 产品经理，需要了解当前的技术发展，掌握不同机器学习算法的应用场景，以及每种算法适合解决的问题类型。这样，产品经理才能更好地与数据科学团队合作，确保模型的成功构建和有效应用。

## 1.4.3    常见算法的原理和应用场景

算法知识对于产品经理来说，是区分其专业能力的重要标志。掌握算法知识，可以帮助产品经理更好地理解和利用数据，从而在产品设计和决策中发挥关键作用。算法知识主要包括聚类分析、分类问题和回归问题，如表 1-7 所示。

表 1-7 常见算法知识

| 常 见 算 法 | 内 容 |
|---|---|
| 聚类分析 | 聚类分析是一种无监督学习技术，它根据数据本身的特征将数据分为不同的组。常用的聚类算法包括层次聚类、原型聚类（如 K- 均值聚类）和密度聚类（如 DBSCAN）。聚类分析的主要应用场景是用户分组，如构建用户画像，帮助产品经理更好地理解用户需求和行为 |
| 分类问题 | 分类问题是监督学习的一种，它通过学习已标记的训练数据来预测未标记数据的类别。常用的分类算法包括 K- 近邻（K-NN）、朴素贝叶斯、决策树、随机森林和支持向量机（Support Vector Machine，SVM）。分类问题的应用场景广泛，包括文本分类、图像分类、行为预测（如点击率预估、推荐系统）以及标签预测（如商品标签、用户标签） |
| 回归问题 | 回归问题是监督学习的另一种类型，它用于预测连续值。常用的回归算法包括一元线性回归和多元线性回归。回归问题的应用场景主要是连续值的预测，如预期价格、销量和库存等 |

此外，随着技术的发展，深度学习算法在许多领域也取得了显著的成果。比如，卷积神经网络（Convolutional Neural Network，CNN）在图像识别领域表现突出，循环神经网络（Recurrent Neural Network，RNN）在处理序列数据方面有显著优势，而 Transformer 模型则在自然语言处理领域取得了突破。

综上所述，算法知识对于产品经理来说至关重要。掌握这些算法，不仅可以帮助产品经理更好地理解数据，还可以在产品设计和决策中发挥关键作用。

### 1.4.4 模型验收的具体指标和方法

模型验收是确保模型性能满足业务需求的关键步骤。这个过程涉及几个重要方面，如表 1-8 所示。

表 1-8 模型验收的具体指标和方法

| 关 键 要 素 | 内 容 |
|---|---|
| 模型评估指标 | 这些指标用于衡量模型的性能，包括但不限于准确率、召回率、精确率、F1 值、ROC-AUC 等。选择合适的评估指标取决于模型的类型和应用场景 |
| 指标计算逻辑 | 理解每个评估指标的计算方法是至关重要的。比如，准确率是指模型正确预测的样本数与总样本数之比，而召回率是指在所有正样本中，模型正确预测为正的样本数与总正样本数之比 |
| 模型验收测试 | 模型验收测试通常涉及使用测试集来评估模型的性能。选择合适的样本进行测试是关键，这通常涉及样本的代表性和独立性。测试集应该能够很好地代表整个数据集的多样性，并且与训练集不重叠，以避免过拟合 |

在模型验收过程中，还应该考虑模型的泛化能力，即模型在未知数据上的表

现。这可能涉及交叉验证、留出法或其他评估方法，以确保模型不仅在测试集上表现良好，而且在实际应用中也能保持稳定和可靠的性能。

综上所述，模型验收是一个复杂的过程，需要综合考虑多个因素。掌握模型评估指标、指标计算逻辑和选择合适样本进行测试的方法，对于确保模型的成功部署和应用至关重要。

## 1.4.5　模型相关的技术术语

掌握算法领域的技术术语对于与算法工程师进行顺畅的交流至关重要。这不仅有助于提高我们之间的合作效率，同时对于保障项目质量和实现项目目标也具有积极影响，如表 1-9 所示。

理解这些技术术语和概念对于 AI 产品经理来说至关重要，它们不仅有助于与算法工程师有效沟通，还能提高项目的成功率和效率。

表 1-9　模型相关的技术术语

| 技 术 术 语 | 内　　容 |
| --- | --- |
| OOT 测试 | OOT（Out of Time）测试是一种模型验证方法，用于评估模型在时间上的稳定性。如果 OOT 测试的 KS 值低于训练时的 KS 值，可能表明模型存在过拟合或时间稳定性问题 |
| KS 值 | KS 值（Kolmogorov-Smirnov 值）是衡量模型区分能力的一个指标，通常用于信用评分模型。高 KS 值表示模型能够很好地区分正负样本 |
| 偏差和方差 | 偏差是指模型预测的平均值与真实值之间的差异，而方差是指模型在不同数据集上的预测结果的波动程度。高偏差通常与欠拟合相关，而高方差与过拟合相关 |
| 过拟合 | 过拟合是指模型在训练数据上表现太好，以至于捕捉到了噪声和异常，导致在未知数据（如测试集或实际应用中）上的表现不佳 |
| 欠拟合 | 欠拟合是指模型过于简单，未能捕捉到数据中的关键特征，导致在训练集和测试集上都表现不佳 |
| 特征清洗 | 特征清洗是数据预处理的一部分，涉及去除重复数据、纠正错误数据、填补缺失值等，以提高数据质量 |
| 数据变换 | 数据变换是将原始数据转换为更适合模型训练的形式，如归一化、标准化等 |
| 训练集、验证集和测试集 | 这些是机器学习中的数据集划分。训练集用于训练模型，验证集用于调整模型参数，测试集用于评估模型性能 |
| 跨时间测试和回溯测试 | 跨时间测试（OOT 测试）评估模型随时间变化，而回溯测试是在历史数据上评估模型性能 |
| 联合建模与联邦学习 | 联合建模涉及使用多个数据源构建模型，而联邦学习是一种保护隐私的分布式学习方式，允许在不共享数据的情况下进行模型训练 |
| LLM | LLM（Large Language Models）指的是一类参数规模巨大、能够执行复杂自然语言处理任务的语言模型 |

| 技 术 术 语 | 内　　容 |
| --- | --- |
| Prompt | Prompt 是在使用大语言模型时用于指导模型生成特定输出的输入文本或问题，它是影响模型表现的关键因素之一 |
| AI Agent | AI Agent 描述的是一种自主的软件实体，它能够在特定环境中执行任务，这通常涉及某种形式的机器学习或人工智能 |
| RAG | RAG（Retrieval-Augmented Generation）是一种特定的技术，它结合了信息检索和文本生成，用于提高生成文本的质量 |

## 1.4.6　小结

技术是 AI 产品经理的工具，而不是障碍。在接触技术知识时可能会感到困惑，AI 产品经理更需要的是对技术知识有一个基本的了解。因为 AI 产品经理的职责是利用技术作为工具和手段来推动业务目标的实现。我们学习这些技术知识的目的是更好地沟通和推进工作，而非深入研究它们的细节。对于 AI 产品经理所需掌握的技术知识，以下是一些建议，如表 1-10 所示。

表 1-10　掌握技术知识的建议

| 关 键 要 素 | 内　　容 |
| --- | --- |
| 数学统计学基础 | 对于数学统计学的基础知识，我们只需掌握讨论的概念和定义即可。这些基础知识为理解更复杂的模型和算法提供了基础 |
| 模型构建过程 | 对于模型构建的整个流程，包括模型设计、特征工程、模型训练、模型验证和模型融合，AI 产品经理需要有深入的理解，包括了解每个阶段的具体内容和原理 |
| 算法知识 | AI 产品经理需要了解一些常见的算法类型及其应用场景，如聚类分析、分类问题和回归问题。这些知识有助于 AI 产品经理与算法工程师有效沟通 |
| 模型验收 | 对于模型验收涉及的评估手段和指标，评估指标的计算逻辑，以及选择合适样本进行测试的方法，AI 产品经理需要有清晰的理解 |
| 模型相关的技术术语 | AI 产品经理需要理解并掌握一些常用的技术术语，如过拟合、欠拟合、偏差、方差等。这些名词的理解有助于 AI 产品经理在实际工作中与算法工程师进行有效的沟通 |

当然，这些技术知识也需要不断精进。因为不懂技术的 AI 产品经理，就像不会游泳的救生员。但在具体业务场景下，AI 产品经理会有更明确的学习方向。同时，有了算法工程师的帮助，学习效果也会事半功倍。

# 1.5 从互联网到AI时代：一张"模型和产品关系图"，找到适合自己的AI产品公司

> 读万卷书，行万里路。
>
> ——董其昌

在互联网浪潮逐渐退去，AI时代汹涌而来的当下，AI领域成为众多从业者追逐的热门赛道。然而，AI行业涵盖范围广泛，公司类型多样。对于那些渴望投身AI产品领域的人来说，找到一家适合自己的AI产品公司至关重要。而基于"模型能力—产品形态"二维坐标系的分类框架，为我们提供了一张明晰的AI公司分类定位图谱，借助这张图谱，我们能够更精准地找到方向。

本节讲述基于"模型能力—产品形态"二维坐标系的分类框架，为你打开选择适合自己的AI产品公司的大门。

## 1.5.1 什么是"模型能力—产品形态"的二维坐标系分类框架

在剖析AI公司类型时，我构建了一个基于"模型能力—产品形态"的二维坐标系分类框架，如图1-12所示。以横轴代表模型能力，从左到右以通用到专用进行划分。通用模型具有广泛的适用性，能够在多个领域发挥作用；而专用模型则是针对特定领域或任务进行优化设计的。纵轴表示产品形态，从下到上以技术平台到应用终端展开。技术平台类产品主要为其他开发者或企业提供基础的技术支持和开发环境；应用终端类产品则是直接面向用户，为用户提供具体服务或功能的产品。

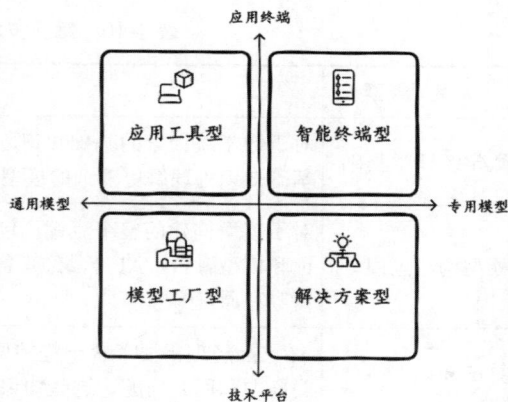

图1-12 "模型能力—产品形态"的AI公司分类框架

基于这个二维坐标系，我们划分出了四个象限，分别对应不同类型的AI公司，如表1-11所示。

表1-11 AI产品公司分类

| 象　　限 | 类　　型 | 内　　容 |
| --- | --- | --- |
| 第一象限 | 智能终端型 | 采用专用模型，但产品形态是应用终端，即将模型深度集成到硬件产品中 |

| 象　限 | 类　型 | 内　容 |
|---|---|---|
| 第二象限 | 应用工具型 | 利用通用模型，通过开发应用终端产品，将模型能力以用户友好的方式呈现给大众 |
| 第三象限 | 模型工厂型 | 这类公司具备高模型能力，以通用技术平台为产品输出形式，它们的核心业务在于专注基础模型研发 |
| 第四象限 | 解决方案型 | 拥有专用模型，以技术平台为产品形态，主要为特定行业提供定制化解决方案 |

这种分类方式具有显著优点。对于 AI 从业者而言，它清晰地展示了模型的应用范围和产品形态的差异，使从业者能够根据自身背景（无论是技术专长还是产品经验，以及个人兴趣是倾向于基础研究还是应用开发）精准地选择适合自己的公司类型，为职业发展规划提供有力指引。

## 1.5.2　各象限 AI 公司理论解析

### 1. 模型工厂型

模型工厂型公司的核心特征在于对基础模型研发的专注，它们的产品主要表现为模型能力的输出。这类公司往往是 AI 技术创新的先锋，致力于探索和突破 AI 基础技术的边界。在技术层面，其技术护城河主要体现在参数量级、训练成本和算法创新上。参数量级的大小在一定程度上决定了模型的学习能力和表达能力，更大的参数量能够使模型学习到更复杂的模式和规律。然而，大规模的参数训练需要极高的计算资源和海量的数据支持，这意味着巨大的训练成本，这也成为进入该领域的一道高门槛儿。同时，算法创新也是这类公司保持竞争力的关键，新的算法能够提高模型的训练效率、准确性和泛化能力。

适合这类公司的人群，通常对底层技术突破充满热情，具备扎实的技术功底和深厚的学术背景，能够承受长达 3 ~ 5 年的长研发周期。他们往往在相关领域有学术研究能力，这些人才在公司中是推动基础研究前进的核心力量，通过不断探索新的算法和模型架构，为公司在全球 AI 技术竞争中赢得领先地位。比如，一些在深度学习领域取得重大突破的公司，其核心研发团队成员大多是在学术研究上有卓越成就的专家，他们凭借对底层技术的执着追求，为公司打造出具有竞争力的基础模型。

### 2. 解决方案型

解决方案型公司的核心在于垂直领域模型定制，这些公司深入了解行业痛点和需求，将 AI 技术融入其中，为客户提供量身定制的解决方案。技术护城河中，领域数据壁垒是关键因素之一。特定行业的数据往往具有独特性和稀缺性，经过长期积累和深度挖掘的行业数据，能够为模型训练提供丰富而有针对性的信息，使模型在该领域表现出更高的准确性和适应性。此外，模型微调效率也至关重要，能够根据客户需求和新的数据快速对模型进行微调优化，确保解决方案的及时性和有效性。

适配这类公司的人群，需要兼具技术理解和行业洞察能力。他们不仅要熟悉AI技术的原理和应用，还要深入了解特定行业的业务流程和需求特点。在实际工作中，他们擅长将客户提出的模糊需求转化为具体的模型优化指标，协调技术团队进行模型开发和优化。比如，在医疗行业的解决方案中，产品经理需要了解医学知识和临床流程，同时掌握AI技术在影像诊断、疾病预测等方面的应用，将医生对于疾病诊断准确性和效率的需求转化为模型训练中的参数调整和算法优化方向，从而开发出更符合医疗行业需求的AI解决方案。

### 3. 智能终端型

智能终端型公司的核心特征是将模型深度集成到硬件产品中，形成智能体实体。如今，我们看到的智能音箱、智能手表、智能摄像头等产品，都是这种模式的典型代表。在这类产品中，模型不再是独立运行的软件，而是与硬件紧密结合，共同为用户提供智能化服务。

技术护城河体现在软硬协同能力和实时推理优化上。软硬协同能力要求公司能够精确地将模型算法适配到硬件平台上，充分发挥硬件的性能优势，同时确保软件与硬件之间的高效通信和协作。比如，在智能驾驶领域，汽车的传感器硬件收集大量的路况数据，模型需要实时处理这些数据并做出决策，这就需要硬件能够快速传输数据，软件能够高效处理数据，二者协同才能实现安全、准确的驾驶决策。实时推理优化则是在有限的硬件计算资源下，对模型进行优化，使其能够快速完成推理过程，减少响应时间，提升用户体验。

适配这类公司的人群需要熟悉硬件开发生命周期，从硬件的选型、设计、制造到测试，都需要有深入的了解。同时，他们需要具备在模型精度和计算资源约束之间进行平衡的能力。在智能手表的开发过程中，硬件资源相对有限，产品经理需要与技术团队合作，在保证心率监测、运动追踪等功能准确性的前提下，对模型进行优化，减少计算资源的占用，以延长手表的续航时间。

### 4. 应用工具型

应用工具型公司的核心特点是调用外部模型能力，通过出色的用户体验封装，将AI能力转化为面向大众的实用工具。这类公司不需要投入大量资源进行基础模型研发，而是善于利用现有的模型技术，专注于应用场景的创新和用户体验的提升。

其技术护城河在于场景创新和数据飞轮构建。场景创新是指发现和开拓新的AI应用场景，将看似抽象的AI技术与人们日常生活、工作中的具体需求相结合。比如，在智能安防领域，AI技术被创新性地应用于视频监控系统。传统的视频监控只能进行实时画面的记录，而借助AI技术，系统具备了行为分析和异常预警功能。数据飞轮构建则是通过产品的广泛使用，收集大量用户数据，这些数据又可以反馈到模型中进行进一步训练和优化，从而提升产品性能，吸引更多用户，形成良性循环。

适合这类公司的人群通常具有强大的用户洞察力，能够敏锐地捕捉到用户在不同场景下的潜在需求，并将 AI 能力巧妙地转化为具体的功能点。他们追求快速迭代产品，以满足不断变化的市场需求。比如，一款智能图像处理应用的产品经理，通过观察用户对于照片美化、特效添加等的需求，不断引入新的 AI 算法，开发出各种新颖的图像处理功能，并且根据用户反馈迅速优化产品，使应用在市场上保持竞争力。

### 1.5.3　如何判断公司属于哪个象限

接下来，我将分享如何判断某家公司属于哪个象限的要点，如图 1-13 所示。

图 1-13　判断公司属于哪个象限的要点

#### 1. 收集公司信息

要判断一家公司属于哪个象限，首先需要全面收集该公司信息。公司官网是获取信息的重要来源，官网上通常会详细介绍公司的业务范围、核心技术、产品与服务等内容。比如，有些公司会在官网展示其自主研发的模型架构和技术优势，这有助于我们了解其模型能力。此外，招聘信息也能透露出公司的人才需求和业务重点，从招聘岗位的技能要求和职责描述中，我们可以推断出公司的产品形态和技术方向。社交媒体上的行业动态、公司官方账号发布的内容等，也能为我们提供一些补充信息。

#### 2. 分析模型能力

在收集到公司信息后，我们需要对其模型能力进行分析。研究公司公开的技术成果是一个重要途径，比如公司发表的技术论文、获得的专利等，这些成果可以直观地展示公司在模型研发方面的实力。与科研机构的合作情况也能反映公司的模型能力，与知名科研机构合作开展研究项目，往往意味着公司在模型技术上有一定的前瞻性。判断模型是通用还是专用，可以从公司产品的应用领域和适用范围来推断。如果公司的产品能够广泛应用于多个行业，那么其模型可能更偏向通用型；如果公司的产品主要针对某一特定行业，如金融风控、医疗影像诊断等，那么模型大概率是专用型。同时，我们还可以参考行业内对公司模型能力的评价，对比同类型公司的模型性能指标，来综合评估其在行业内的水平。

#### 3. 剖析产品形态

剖析产品形态时，要重点关注产品面向的用户群体和应用场景。如果产品主要是为开发者提供开发接口、工具包，或者为企业提供云服务平台，那么它很可能属于技术平台类产品。比如一些提供 AI 算力租赁、模型训练框架的公司，其产品是面向技术开发者，帮助他们更高效地进行 AI 开发，属于技术平台范畴。而如果产品是直接面向普通消费者，如手机上的 AI 拍照应用、智能家居设备等，则属于应用终端产品。另外，产品的功能和特点也能反映其产品形态。技术平台类产品通常注重开放性和扩展性，提供丰富的 API 和工具，方便开发者进行二次开发；应用终端产品则更强调用户体验，注重界面设计、操作便捷性等方面。通过详细分析这些要点，我们能够准确判断产品形态。

**4. 综合判断**

在对模型能力和产品形态分别进行分析后，接下来要将两者的分析结果相结合，依据二维象限图来确定公司所属象限。在这个过程中，要避免一些常见的判断失误。比如，不能仅仅根据公司名称或表面业务就轻易下结论。有些公司可能涉足多个领域，其产品既有面向企业的技术平台，也有面向消费者的应用终端。这时，就需要综合考虑其核心业务和主要营收来源，以及在不同业务上投入的资源和精力。同时，对于一些新兴公司，可能其业务模式和产品形态还在不断发展和变化，需要持续关注其动态，以便做出准确判断。

## 1.5.4  小结

成长是一场没有终点的旅程。对于 AI 从业者来说，职业发展路径并非一成不变，如表 1-12 所示。

**表 1-12   个人职业发展与象限选择**

| 职 业 阶 段 | 适合的公司类型 | 发 展 重 点 |
| --- | --- | --- |
| 初期 | 应用工具型公司 | 积累项目经验，提升产品意识和用户思维 |
| 中期 | 解决方案型 / 智能终端型公司 | 深入行业应用，提升技术能力和行业洞察力 |
| 后期 | 模型工厂型公司 | 参与底层技术研发，推动 AI 技术边界拓展 |
| 个性化因素 | 兴趣、价值观、学习能力 | 影响职业路径选择，跨象限发展需结合个人兴趣与行业需求 |

在职业生涯初期，对于那些刚踏入 AI 领域，技术基础相对薄弱但对 AI 充满热情的人来说，应用工具型公司可能是一个不错的选择。这类公司通常更注重产品的用户体验和市场推广，对技术要求相对没有那么高。在这里，从业者可以快速了解 AI 在实际应用中的场景和需求，积累项目经验，提升自己的产品意识和用户思维。

随着经验的积累和技术能力的提升，AI 从业者可能会渴望接触更深入的技术研发和行业应用。此时，解决方案型或智能终端型公司可能更符合他们的职业目标。在解决方案型公司，从业者能够深入特定行业，与行业专家合作，将 AI 技术与行业知识相结合，提升自己的行业洞察力和技术应用能力。而在智能终端型公司，从业者可以学习到硬件开发和软硬协同等方面的知识，拓宽技术视野。

当从业者在技术和行业经验上都达到一定高度后，模型工厂型公司可能成为他们追求底层技术突破和创新的理想选择。在这里，他们能够参与最前沿的基础模型研发工作，为推动 AI 技术的发展做出贡献。比如，某位 AI 产品经理在职业生涯初期从应用工具型公司起步，积累了用户需求分析和产品运营的经验；之后进入解决方案型公司，深入了解了行业的业务流程和 AI 应用，提升了行业专业能力；最后，凭借扎实的技术和行业背景，进入模型工厂型公司，参与到通用模型的研发项目中，致力于推动人工智能技术的边界拓展。

个人的兴趣爱好、价值观等因素同样会对职业路径产生重大影响。有些人对特定行业有着浓厚的兴趣，比如某些人无论处于何种职业阶段，他们都更倾向于在与医疗相关的 AI 公司工作，利用 AI 技术为改善医疗服务和人类健康贡献力量。即使在不同象限的医疗 AI 公司之间变换角色，他们也能凭借对行业的热爱和积累的专业知识，实现职业的稳步发展。

此外，个人的学习能力和适应能力也至关重要。在 AI 这个快速发展的行业，技术和业务模式不断更新换代。具备强大学习能力和适应能力的从业者，能够更快地掌握新技能、适应新环境，无论在哪个象限的公司，都能更好地应对各种挑战，实现职业的转型和晋升。

综上所述，通过这张"模型和产品关系图"，我们不仅能够清晰地剖析不同类型的 AI 公司，还能为个人在 AI 领域的职业发展提供有力的指导。正如《荀子》中的箴言：不积跬步，无以至千里；不积小流，无以成江海。面对行业的未来发展趋势，我们需要不断学习，适应变化，加强合作，共同推动 AI 行业迈向新的高度。

# 第 2 章

## 技术理解——掌握 AI 大模型的关键技术

本章知识导图如下。

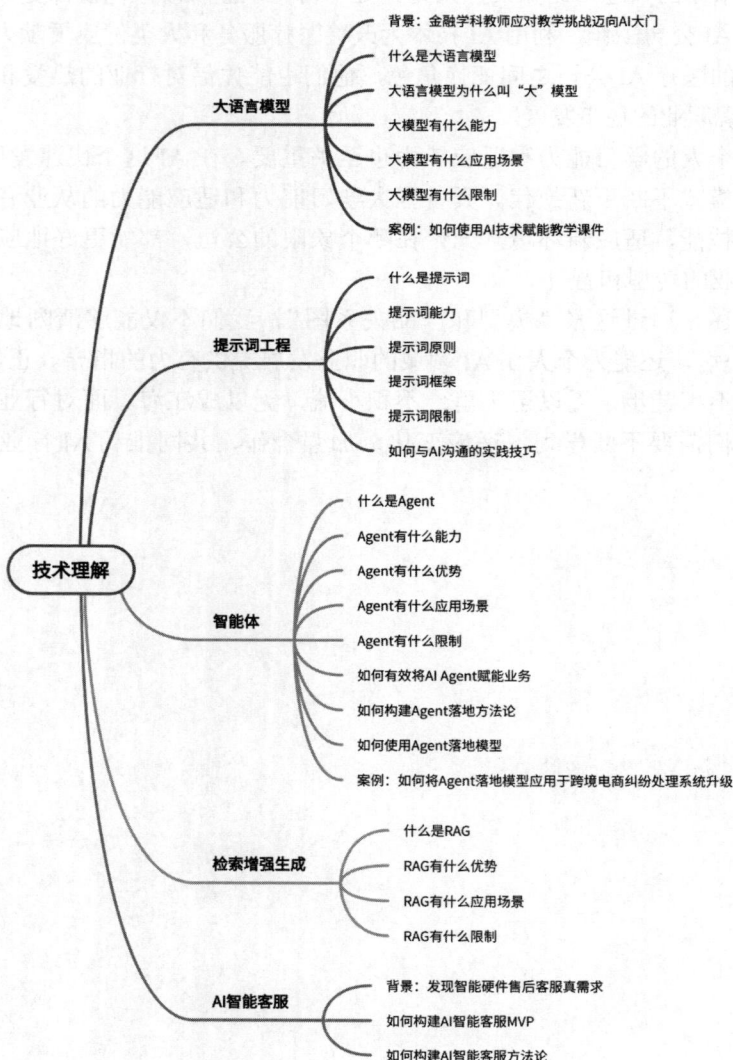

大语言模型
- 背景：金融学科教师应对教学挑战迈向AI大门
- 什么是大语言模型
- 大语言模型为什么叫"大"模型
- 大模型有什么能力
- 大模型有什么应用场景
- 大模型有什么限制
- 案例：如何使用AI技术赋能教学课件

提示词工程
- 什么是提示词
- 提示词能力
- 提示词原则
- 提示词框架
- 提示词限制
- 如何与AI沟通的实践技巧

技术理解

智能体
- 什么是Agent
- Agent有什么能力
- Agent有什么优势
- Agent有什么应用场景
- Agent有什么限制
- 如何有效将AI Agent赋能业务
- 如何构建Agent落地方法论
- 如何使用Agent落地模型
- 案例：如何将Agent落地模型应用于跨境电商纠纷处理系统升级

检索增强生成
- 什么是RAG
- RAG有什么优势
- RAG有什么应用场景
- RAG有什么限制

AI智能客服
- 背景：发现智能硬件售后客服真需求
- 如何构建AI智能客服MVP
- 如何构建AI智能客服方法论

# 2.1 深入理解大语言模型的能力边界与应用场景

河冰结合，非一日之寒；积土成山，非斯须之作。

——王充

人工智能技术在教育领域也掀起了一股新的浪潮。在一所民办大学的财经学院，金融学科的老师们接到了学校教学研讨会的请柬，需探讨和分享 AIGC 技术在教学领域的应用实践，以提升教学质量和效率。然而，对于长期专注于金融教学的老师们来说，AI 如同一个神秘的未知世界，充满了挑战与机遇。

本节以一个金融学老师迈向 AI 大门的例子，探讨大语言模型的能力限制及应用场景。

## 2.1.1 背景：金融学科教师应对教学挑战迈向 AI 大门

这所民办大学财经学院的某位金融学老师对 AI 一无所知，该如何开启对这个新兴领域的探索，以满足学校教学研讨会的要求呢？

她深知自己带领着几百名学生，如果不能尽快掌握这些知识，不仅会影响课题的进度和质量，还可能影响教学工作的顺利开展。

于是，老师找到我咨询 AI，经过我仔细讲解分析，直接打开她迈向 AI 的大门。

其实，大语言模型作为人工智能的重要分支，凭借其强大的语言处理能力，正在改变着我们的生活和工作方式。但对于许多人来说，大语言模型仍然是一个神秘的存在，其能力限制和应用场景并不十分清晰。

那么，该如何了解大语言模型呢？通过深入理解大语言模型的能力限制与应用场景，对于我们更好地利用这一强大的技术工具具有重要意义。

## 2.1.2 什么是大语言模型

大语言模型（Large Language Model，LLM）是一种高度复杂的人工智能模型，其训练过程涉及对大量文本数据的分析。这些文本数据可能包括但不限于书籍、学术论文、网页内容、社交媒体帖子以及对话记录等。训练的主要目的是使模型能够学习并理解语言的规则、词汇的运用、句子的构造以及在各种语境中语言的表述方式。

大语言模型是利用深度学习技术构建的，并采用了变换器架构（Transformer）。这种架构使得模型能够通过处理海量的文本数据，从而获得对自然语言的理解和生成能力。

深度学习是机器学习的一个分支，它通过构建多层的神经网络来模拟人脑处理信息的模式。深度学习模型能够自动地从数据中识别和学习复杂的模式和特征，这一过程通常无须人工干预。

人工智能模型是通过特定的算法来模拟人类智能行为的计算机程序。在大语言模型中，这些程序被专门设计用于处理自然语言——人类在日常生活中所使用的语言。

通过这种方式，大语言模型能够执行包括文本生成、翻译、摘要、问答等在内的多种自然语言处理任务。

而 LLM 的一系列神奇能力就是经过大规模数据训练后，模型本身参数规模大到一定程度后"涌现"出来的。

什么是涌现？涌现（Emergence）是一个在物理学、生物学、认知科学、哲学和其他多个学科中使用的概念，它描述的是通过个体成分的相互作用，在更高层次上出现的新的性质、行为或结构，这些性质、行为或结构在个体的层面上并不明显或不存在。

以社会昆虫为例，单只蚂蚁的行为是基于一系列简单的规则或本能，如蚂蚁可能会根据信息素的强度来决定移动的方向。当蚂蚁外出寻找食物时，它们会随机四处移动，并在找到食物后留下信息素。其他蚂蚁通过跟随这些信息素，最终形成了一条从食物源到巢穴的直接路径。这个过程不需要中央控制，而是通过个体之间的简单交互实现。

也就是说，单只蚂蚁的行为相对简单，但整个蚁群却能展现出复杂的集体行为，如寻找食物。

在人工智能领域，涌现性可以用来描述当大量简单的计算单元（如神经网络中的神经元）通过学习大量数据后，整体上展现出高级的认知功能，如语言理解、图像识别等。这些功能并不是单个计算单元所具备的，而是在整个网络层面上"涌现"出来的。

## 2.1.3 大语言模型为什么叫"大"模型

大模型如同人多力量大、大力出奇迹。大语言模型之所以被称为"大"模型，主要是因为具有以下几个方面的特点，如图 2-1 所示。

### 1. 参数数量大

大语言模型的参数数量极为庞大，通常在数十亿到千亿之间。参数是模型内部的可调整变量，它们在训练过程中被优化，以便模型能够更准确地捕捉数据中的模式和规律。参数数量的增加使得模型能够存储和处理更

模型容量
模型存储信息和学习的能力

参数数量
模型中用于学习的可调值的数量

计算资源
处理训练所需的硬件和能源

训练数据量
用于训练模型的数据体积

图 2-1　定义大语言模型的特征

多的信息，从而提高其理解和生成自然语言的能力。比如，OpenAI 的 GPT-3 拥有 1750 亿个参数，这使得它能够存储和处理大量的语言信息，从而在理解和生成自然语言方面表现出色。

**2. 训练数据量大**

大语言模型的训练需要海量的文本数据。这些数据集通常包含数万亿甚至更多的单词，来源于多种文本资源，如书籍、文章、网页、对话等。比如，GPT-3 的训练数据包括几乎整个互联网可用的英文文本，这样的数据量帮助模型学习到了广泛的语言特征和使用场景。

**3. 计算资源需求大**

训练如此大规模的模型需要大量的计算资源，包括高性能的 GPU 或 TPU 集群，以及大量的存储空间和内存。这种资源密集型的训练过程是大模型的一个显著特点。比如，GPT-3 的训练使用了大量的云计算资源，包括成千上万的 GPU，这样的计算资源需求是小规模模型所无法比拟的。

**4. 模型容量大**

由于参数数量和训练数据量的增加，大语言模型的容量（即模型能够学习和表示的复杂度和细节程度）也相应增大。这使得模型在处理复杂的自然语言任务时表现出色。比如，GPT-3 的巨大容量让它能够理解和生成非常复杂的文本，甚至能够创作诗歌、小说和编写代码。

## 2.1.4 大模型有什么能力

**1. 理解自然语言**

理解自然语言是指模型能够解析输入的文本，并从中提取意义和信息，包括对文本中的词汇、句子结构、语境以及隐含意图的深入理解。以下是理解自然语言的具体方面。

- 实体识别：模型能够识别文本中的特定实体，如人名、地点、组织、日期等。在"金融学老师在 2024 年找叶林增咨询 AI，真努力"中，模型需要识别以下实体：
  - "金融学老师"是职业或角色。
  - "2024 年"是时间。
  - "AI"是技术领域或主题。
  - "叶林增"是人名。
- 关系识别：模型能够理解文本中实体之间的关系。在这个例子中，模型需要理解"咨询"是金融学老师与叶林增之间的关系，即金融学老师是在 2024 年向叶林增寻求关于 AI 的知识或建议。
- 情感分析：模型能够判断文本的情感倾向，如正面、负面或中性。对于这个句子，模型应该识别出"真努力"表达了一种正面的情感，意味着对金融学老师主动学习 AI 知识的努力给予了积极的评价。

### 2. 生成自然语言

生成自然语言是指模型能够根据给定的上下文或提示，创造性地构造出连贯、有逻辑的文本。如果问题是"什么是产品经理？"模型可能会生成以下解释性答案。

> 产品经理是负责指导产品从构思到市场推出整个过程的专业人员。他们的主要职责包括理解市场需求、制定产品愿景和策略、协调跨部门团队的工作，以及确保产品按时按质完成。产品经理通常需要具备市场分析、用户研究、项目管理和技术理解等方面的能力。他们的目标是确保产品能够满足用户需求，并在商业上取得成功。在不同的组织中，产品经理的具体职责可能会有所不同，但核心目标是确保产品的成功和持续改进。

## 2.1.5  大模型有什么应用场景

大模型有多种应用场景，可以服务不同的行业和需求。如表 2-1 所示是一些常见的应用场景。

表 2-1  大模型常见应用场景

| 应用场景 | 说　明 |
|---|---|
| 自然语言理解（Natural Language Understanding, NLU） | 在语音识别和命令解析等应用中，大语言模型帮助理解用户的意图和需求。比如，智能家居设备通过 NLU 理解用户的语音指令，如开关灯、调节温度等 |
| 机器翻译 | 大语言模型能够将一种语言的文本翻译成另一种语言，提供快速和相对准确的翻译服务。比如，Google Translate 利用这些模型实现实时翻译功能，帮助用户跨越语言障碍 |
| 内容创作与编辑 | 可以用于编辑和改进现有文本，提供语法修正、风格调整和内容优化的建议。比如，这些模型能够自动生成文章、报告、新闻稿和博客帖子等文本内容，节省时间和资源 |
| 情感分析 | 在社交媒体分析、市场研究等领域，大语言模型可以用来分析用户评论和反馈的情感倾向。这有助于企业了解消费者对其产品或服务的感受 |

这些部分应用场景展示了大语言模型的多样性和潜力，随着技术的进步，它们的应用范围还将继续扩大。

## 2.1.6  大模型有什么限制

大模型虽然功能强大，但也有一些限制和挑战，如表 2-2 所示。

表 2-2 大模型的限制

| 限　制 | 说　明 |
|---|---|
| 数理计算 | 大语言模型在处理数理计算问题时可能会出现错误，这是因为它们的核心设计目标是理解和生成自然语言，而不是进行数值计算。LLM通过识别和处理语言中的模式来生成回答，而不是通过执行数学运算。因此，当涉及需要精确数学计算的问题时，模型可能会因为缺乏对数学概念和运算规则的深入理解而给出错误的结果 |
| 逻辑推理 | 逻辑推理是指根据一系列前提或假设，通过严格的规则和明确的步骤从而得出结论的过程。LLM在逻辑推理方面可能不够精确，因为它们通常不是基于形式逻辑系统构建的。相反，它们依赖从大量文本数据中学习到的模式和关联，这可能不总是遵循严格的逻辑规则<br>虽然目前LLM在复杂数理计算和逻辑推理分析方面存在局限性，但这些局限性并不是不可逾越的。随着技术的发展，这些挑战可能会被逐渐克服，从而扩展LLM的应用范围和能力限制 |
| 偏见和歧视 | 大语言模型在学习语言模式时，可能会吸收并放大训练数据中的偏见。如果数据集中存在性别、种族、文化等方面的不平衡或偏见，模型在生成文本时可能会表现出这些偏见。比如，如果一个模型在简历筛选中倾向于推荐男性候选人（因为它在训练时更多地看到了以男性为主的成功案例），这就会导致性别歧视 |
| 误导性信息 | 由于模型并不总是能够完全理解信息的准确性，它们可能会生成看似正确但实际上错误的信息，尤其是在它们不熟悉的领域。比如，模型可能会错误地声称某种常见食物可以治愈癌症，如果用户不进行事实核查并据此采取行动，可能会对健康造成危害 |
| 隐私泄露 | 如果模型在训练过程中接触到了包含个人信息的敏感数据，它可能在生成文本时会不小心透露这些信息。比如，模型可能会在对话中提到某个人的全名或地址，这些信息可能是它在训练时学到的，但未得到披露的授权 |
| 道德和法律问题 | 模型可能会被用于生成违反道德或法律的内容，如侵犯版权、生成虚假广告等。比如，模型可能会被用来模仿知名作家的风格创作小说，这可能会侵犯原作者的版权 |

为了克服这些限制，研究人员正在探索各种方法，比如让模型能够持续学习新信息、提高它们的逻辑推理能力、减少偏见、增加模型的透明度等。

## 2.1.7　案例：如何使用AI技术赋能教学课件

我经过了解发现，该金融专业老师在制作教学课件时特别耗时，于是可以采用AI工具进行提效。接下来将演示当下主流的AI解决方法。

1）用DeepSeek提取教案要点，生成内容大纲

向DeepSeek提供主题和需求，让它帮你生成PPT的逻辑框架和内容。如图2-2所示。

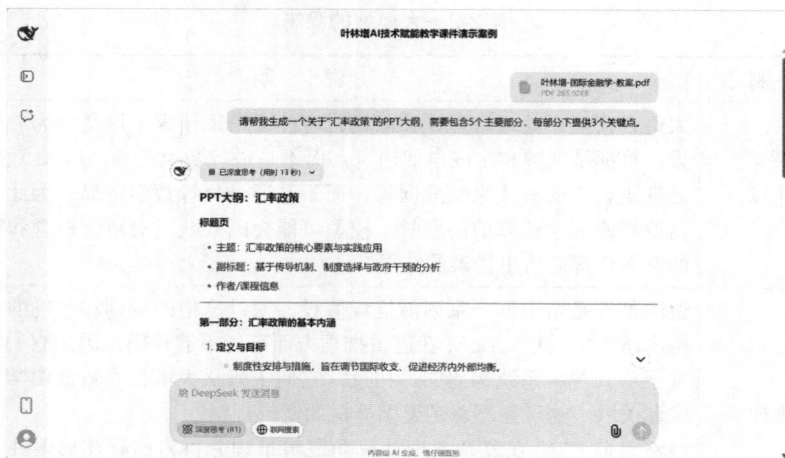

图 2-2　DeepSeek 生成 PPT 的逻辑框架和内容

2）将内容转换为 PPT 脚本

让 DeepSeek 将大纲中的每个要点优化为适合 PPT 的简洁文案，并建议排版风格。

3）使用 PPT 工具制作

（1）粘贴大纲：登录 Kimi 官网，进入"Kimi+"中的 PPT 助手，如图 2-3 所示，将 DeepSeek 生成的 Markdown 大纲内容粘贴到输入框中，单击"发送"。

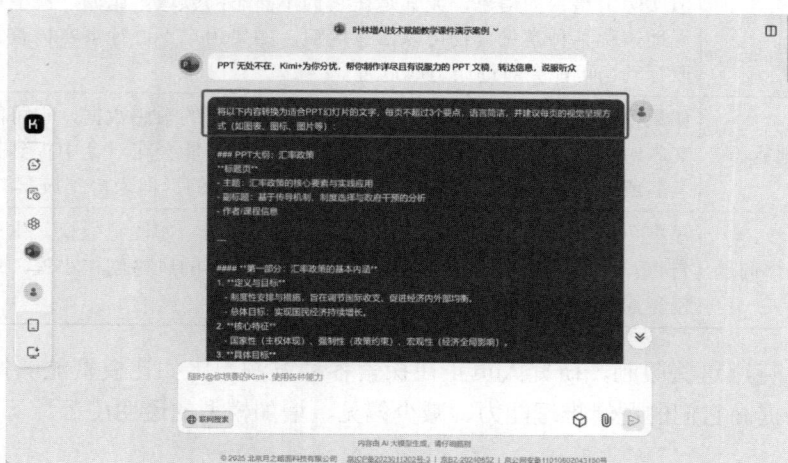

图 2-3　"Kimi+"中的 PPT 助手

（2）选择模板：Kimi 会自动优化逻辑，单击"一键生成 PPT"，根据教育汇报场景，选择合适的模板，并调整配色方案，如图 2-4 所示。

（3）生成 PPT：单击"生成 PPT"，等待 10 秒左右即可预览生成的 PPT 初稿，如图 2-5 所示。

图 2-4 一键生成 PPT

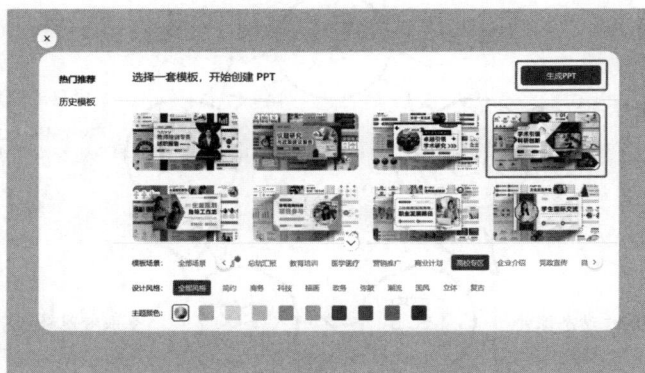

图 2-5 生成 PPT

4）文字润色

在 Kimi 的编辑界面可以对文字进行润色，调整字体、字号、颜色等，确保 PPT 内容清晰易读，如图 2-6 所示。

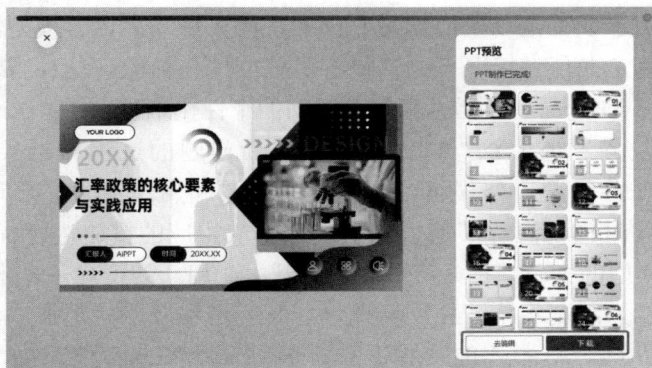

图 2-6 编辑 PPT

## 2.1.8  小结

优势与劣势并存，机会与挑战同在。在不同的应用场景中，上述大语言模型的能力限制既带来了可行性和优势，也面临着一些挑战和问题。大语言模型虽然在一开始对这位大学老师来说神秘莫测，但通过积极主动地寻求帮助和深入学习，她逐渐揭开了大语言模型的面纱，为自己的课题研究找到了新的方向和方法。此外，为了应对教案课件过时，我提供了一个更新教案课件的方法，这个过程是迭代的，意味着每个阶段都可以反馈到前一个阶段，从而形成一个不断学习和改进的循环，并将其定义为"教案课件设计循环"，如图 2-7 所示。

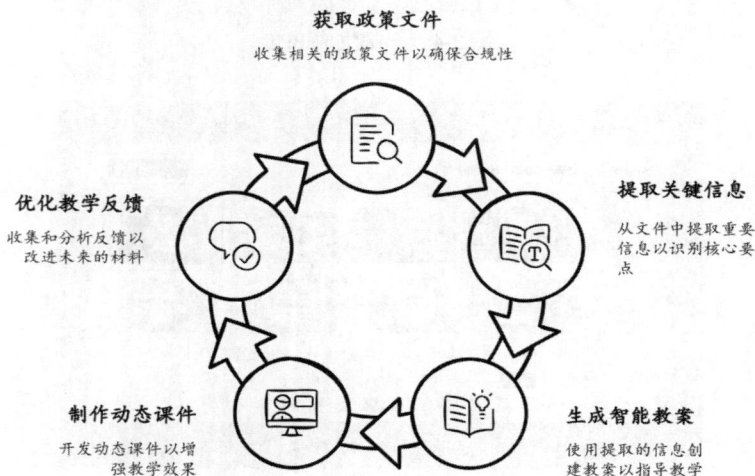

**获取政策文件**
收集相关的政策文件以确保合规性

**提取关键信息**
从文件中提取重要信息以识别核心要点

**生成智能教案**
使用提取的信息创建教案以指导教学

**制作动态课件**
开发动态课件以增强教学效果

**优化教学反馈**
收集和分析反馈以改进未来的材料

图 2-7    教案课件设计循环

对于产品经理来说，深入理解大语言模型的能力限制与应用场景至关重要。因为大语言模型不再受限于传统的固定逻辑框架。在 AI 产品用户界面的后端，这些模型充当一个灵活且能够自适应的思考引擎。这表明，我们不再需要为满足各种不同的用户需求或特定场景而编写专门的代码。借助大语言模型，它能够自主地"思考"并确定在任意情况下如何提供最佳的用户体验。这种智能化的处理方式极大地提高了 AI 产品的灵活性和用户互动的个性化水平。

创新是解决问题的方法，同时也是创造新问题的过程。在 AI 产品设计和开发过程中，产品经理需要根据不同的应用场景和用户需求，合理利用大语言模型的优势，同时也要注意其能力的限制，采取相应的措施进行优化和改进。

每一次大模型的突破，都为产品经理打开了一扇新的窗户。在未来的发展中，大语言模型的能力限制将不断拓展和优化，其应用场景也将更加广泛和深入。产品经理需要密切关注 AI 技术的发展趋势，不断探索和创新，以更好地满足用户的需求，为企业和社会创造更大的价值。

## 2.2　深入理解提示词工程的原则技巧及实践

仅仅提出一个问题就比解决这个问题本身更为重要。

——阿尔伯特·爱因斯坦

在与 AI 交互的过程中，尤其是与大语言模型的交互，提示词工程（Prompt Engineering）正发挥着越来越关键的作用。对于 AI 产品经理而言，深入理解并有效运用提示词工程，是打造出卓越 AI 产品的核心技能之一。那么，究竟如何才能深入理解并有效运用提示词工程的原则、技巧及进行实践呢？

本节将探讨提示词工程的原则技巧及实践方法。

### 2.2.1　什么是提示词

提示词在与大语言模型的交互过程中扮演着关键角色，其主要功能是引导和激发大语言模型生成预期的回答或内容。具体而言，提示词是用户向模型输入的文本，包含了用户的问题、请求或指令。这些提示词的目的是引导模型根据用户提供的信息，产生相应的、有针对性的输出。在此过程中，若提示词内容存在不准确之处，应进行适当的补充和修正，以确保模型能够准确理解和回应用户的需求。

提示词工程作为一个新兴的领域，专注于提示词的开发与优化，其主要目的是辅助用户在多种场景和研究领域中有效地运用大语言模型。通过提示词工程，我们能够显著提升大语言模型在处理复杂任务，如问答和算术推理等方面的能力。

在工程技术的设计与研发过程中，开发人员可以利用提示词工程来实现与大语言模型的紧密对接，以及与其他生态系统工具的高效整合。提示词工程不仅仅局限于提示词的设计与开发，还涵盖了与大语言模型互动及研发所需的各种技能与技术。

提示词工程在以下几个关键方面发挥着重要作用：一是实现与大语言模型的顺畅交互与对接；二是深入理解大语言模型的能力与局限。通过提示词工程，用户不仅能提高大语言模型的安全性，还能通过引入专业领域知识和利用外部工具来增强其能力，从而更好地发挥大语言模型的潜力。还有，如果实践内容存在不准确之处，应在实际应用中不断补充和完善，以确保提示词工程的理论与实践相结合。

### 2.2.2　提示词能力

提示词的能力主要体现在以下几个方面，如表 2-3 所示。

表 2-3　提示词能力

| 能　　力 | 内　　容 |
|---|---|
| 引导生成 | 提示词的核心功能是引导模型正确解读用户的意图，进而生成用户所期望的答案或内容。通过精确的提示，模型能够更有效地响应用户的查询 |
| 控制风格 | 提示词通过特定的语言表达或附加的指导信息，能够对模型输出的语气、风格和格式产生影响。这样，用户可以根据需要调整输出的文风 |
| 提高精准度 | 精心设计的提示词有助于提升模型在回答问题时的准确性和相关性。这意味着，通过优化提示词，可以减少模型输出的错误信息和无关信息 |
| 实现个性化 | 提示词可以包含用户的个人偏好、特定背景或个性化信息，这些信息有助于模型生成更加贴合用户特点的定制化回答 |

因此，提示词不仅是用户与模型沟通的桥梁，也是优化模型输出质量的重要工具。正确且有效地使用提示词，可以显著提升交互体验和回答的相关性。

提示词可以根据其性质和目的分为以下几种类型，如表 2-4 所示。

表 2-4　提示词类型

| 类　　型 | 内　　容 |
|---|---|
| 开放式提示 | 这类提示词不对模型的回答设定严格的格式或内容限制，而是鼓励模型自由地生成内容。比如，当提示词是"描述太阳系"时，模型可以不受约束地提供关于太阳系的详细信息 |
| 封闭式提示 | 与开放式提示相反，封闭式提示要求模型在特定的范围或格式内做出回答。比如，提示词"列出太阳系的 5 颗行星"就限定了回答的内容和数量 |
| 创造性提示 | 这类提示词旨在激发模型的创造性思维，以生成具有原创性的内容，如故事、诗歌等。比如，"写一个关于月亮的短故事"这样的提示词会引导模型进行文学创作 |
| 技术性提示 | 这类提示词专注于获取专业领域或技术性的信息。比如，"解释量子计算的工作原理"这样的提示词要求模型提供有关量子计算的专业解释 |

这些提示词类型反映了用户与语言模型互动的不同需求和场景，每种类型都旨在引导模型以最合适的方式生成回答。

## 2.2.3　提示词原则

此外，撰写提示词时，应遵循如表 2-5 所示的原则和要点，以确保与 AI 模型的交互高效且准确。

表 2-5　提示词原则

| 类　　型 | 内　　容 |
|---|---|
| 具体性原则 | 提示词应尽可能具体。详细的相关信息有助于模型提供最准确和最相关的输出。同时，应避免提供过多无关的细节，以免造成混淆 |

续表

| 类　型 | 内　容 |
|---|---|
| 示例指导 | 在提示词中加入示例，有助于引导人工智能按照期望的方向生成内容。这在处理复杂或创造性任务时尤为重要，因为这些任务可能存在模糊性或多种正确答案 |
| 数据提供 | 在提示词中嵌入具体且相关的数据，能够显著提升人工智能生成内容的品质，为其提供深入理解上下文和精确回答的基础 |
| 明确输出期望 | 清晰界定期望的响应格式和结构，无论是详尽的报告、简洁的总结、要点列表还是叙述性文本 |
| 正面指示 | 给予人工智能明确的正面指令，而非负面指示，以减少歧义，并促进模型直接运用其能力完成指定任务 |
| 角色设定 | 为人工智能模型设定一个角色或参考框架，可以增强其输出的相关性和精确度 |
| 思维链提示法 | 通过要求模型详细阐述其答案背后的推理过程，可以获得更具深度和解释性的回答 |
| 任务分解 | 将复杂任务拆分为更简单、更易管理的部分，以便人工智能更有效地处理 |
| 认识模型局限 | 了解并接受人工智能模型的局限性，设定合理的期望。比如，模型可能无法处理实时数据更新、无法访问个人数据，或无法直接与外部软件、数据库或实时网络内容交互 |
| 实验性思维 | 提示词工程是一个不断发展的领域，应采取实验性方法。通过迭代测试不同的提示词，观察微小的变化如何影响人工智能的响应，从而不断优化 |

## 2.2.4　提示词框架

接下来，我们将讲解提示词模板／框架。框架或方法都是用来指导如何编写提示词，以帮助组织和优化信息处理、问题解决或决策制定的过程。每种框架都有其特定的结构和应用场景，可以适用于不同的目的和需求。比如，ICIO框架是一个用于指导人工智能执行任务的模型，其包含以下四个核心要素，如表2-6所示。

表2-6　提示词框架

| 作　用 | 内　容 |
|---|---|
| Instruction（指令） | 该要素具体阐述了需要执行的任务要求，确保人工智能理解其需达成的目标和任务的具体性质 |
| Context（背景） | 在此要素中，提供了与任务执行相关的详细背景信息。这些信息可能包括任务的情境、相关条件，以及可能影响任务执行的限制因素 |
| Input Data（输入数据） | 该要素明确了在执行任务过程中，人工智能所需处理的数据，包括数据的类型、格式以及具体内容，以确保AI能够正确解读和使用这些数据 |
| Output Indicator（输出指标） | 该要素定义了任务完成后预期的输出结果，包括输出的类型、风格以及质量标准，以指导人工智能生成符合要求的结果 |

### 2.2.5　提示词限制

提示词在使用时会存在一些限制，以下是一些主要的限制，如表 2-7 所示。

表 2-7　提示词限制

| 应 用 场 景 | 说　　明 |
| --- | --- |
| 词汇限制 | 提示词需在 AI 模型预训练的词汇范围内。如果提示词包含模型未知的词汇，可能会导致模型无法正确理解 |
| 格式限制 | 某些 AI 模型可能要求提示词遵循特定的格式或结构，这限制了提示词的灵活性 |
| 长度限制 | 多数 AI 模型对输入的长度有所限制。如果提示词过长，可能会被模型截断，从而影响处理效果 |
| 语义限制 | AI 模型在处理含有隐喻、幽默或双关语的提示词时，可能无法准确把握其语义 |
| 多样性限制 | AI 模型在处理涉及跨领域知识的提示词时，可能无法有效应对提示词的多样性 |
| 实时性限制 | 在某些实时交互场景中，生成或调整提示词可能无法跟上实时需求 |

### 2.2.6　如何与 AI 沟通的实践技巧

**1. 基于乔哈里视窗模型的 AI 沟通模型**

乔哈里视窗模型（Johari Window）是由美国心理学家约瑟夫·勒夫特（Joseph Luft）和哈里·英厄姆（Harry Ingham）于 1955 年提出的一个心理学理论，主要用于分析人际沟通中的信息透明度和自我认知。

乔哈里视窗模型通过划分"已知—未知"象限，帮助理解信息透明度对协作效率的影响。结合在 AI 领域的实践，我将其重新定义为"AI 沟通中的策略象限"。在与 AI 协作中，产品经理可借助该模型优化需求沟通、方案设计和决策效率，具体分为四个象限，如图 2-8 所示。

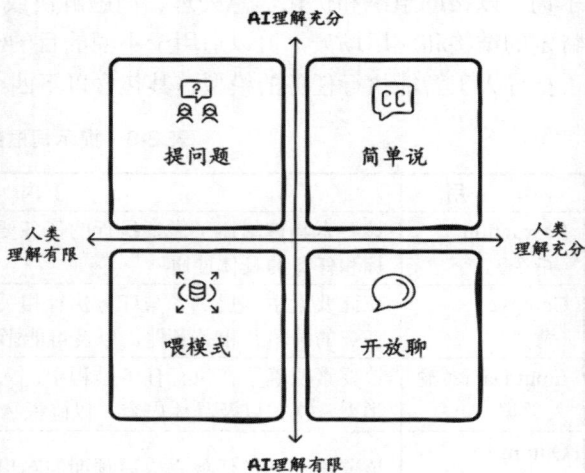

图 2-8　AI 沟通中的策略象限

**2. 四象限应用策略与实践**

1）简单说（双方都懂的领域）

特点：

● 目标明确，AI 具备标准化处理能力（如数据分析、文案生成等）。
- 无须额外背景输入，直接下达指令即可。

适用场景：
- 基础数据清洗（如"将用户调研数据转为 Excel 表格"）。
- 通用文档生成（如"生成一份 PRD 模板"）。
- 竞品基础信息查询（如"列出 Top3 竞品的功能清单"）。

沟通策略：
- 结构化指令：分点明确需求（如"生成 3 个用户痛点，按优先级排序"）。
- 结果导向：指定输出格式（如"用 Markdown 输出，包含标题和关键字段"）。

示例：

根据以下用户反馈数据，生成一份包含高频关键词和情感倾向分析的摘要（表格形式）。

2）提问题（AI 懂但人不熟悉的领域）

特点：

AI 具备专业能力（如技术原理、行业趋势分析），需通过提问获取深度洞察。

适用场景：
- 技术可行性验证（如"实现实时多人协作功能需要哪些技术方案？"）。
- 市场趋势分析（如"2025 年社交产品的核心创新方向有哪些？"）。
- 用户体验优化（如"如何通过 A/B 测试验证按钮颜色对转化率的影响？"）。

沟通策略：
- 追问逻辑链：要求 AI 分步解释（如"第一步做什么？第二步依赖哪些条件？"）。
- 对比分析：获取多方案评估（如"方案 A 和方案 B 的优缺点各是什么？"）。

示例：

请解释如何通过埋点数据反推用户行为路径，并举例说明关键埋点设计。

3）喂模式（人懂但 AI 缺乏背景的领域）

特点：

涉及行业知识、业务规则或定制化需求，需向 AI 输入上下文。

适用场景：
- 垂直领域方案设计（如医疗行业的数据合规需求）。
- 个性化用户画像生成（如"基于 Z 世代用户特征设计会员体系"）。
- 复杂逻辑拆解（如"电商促销活动的补贴规则建模"）。

沟通策略：

- 分步投喂：先输入背景，再细化任务（如"背景：我们的用户是中小企业主；需求：设计一个低成本获客方案"）。
- 类比说明：用已知案例帮助 AI 理解（如"参考拼多多的社交裂变模式，设计一个类似玩法"）。

示例：

我们是一款针对老年群体的健康管理 App，当前用户留存率低。请结合老年人行为特点，提出 3 个提升次日留存的策略（需包含触发场景和具体功能）。

4）开放聊（双方都不懂的领域）

特点：

探索创新方向或未知需求，需与 AI 共同"头脑风暴"。

适用场景：

- 产品概念创新（如"设计一款 AI 教育产品"）。
- 未来场景预判（如"AI+IoT 在智能家居中的颠覆性应用"）。
- 风险预警（如"当前方案可能存在的伦理风险有哪些？"）。

沟通策略：

- 发散引导：设定边界但鼓励多样性（如"生成 10 个创意，其中 3 个需突破现有技术框架"）。
- 反向提问：让 AI 挑战假设（如"如果目标用户不是 C 端而是 B 端，方案如何调整？"）。

示例：

假设我们要做一款'反算法推荐'的社交产品，请列出核心功能设计方向，并分析潜在用户群体。

### 3. 关键行动建议

（1）建立需求分层机制：将任务按复杂度分类，匹配对应象限策略（如简单需求→"简单说"，创新需求→"开放聊"）。

（2）设计 AI 协作流程：在 PRD 中标注"需 AI 协作"部分，明确输入信息和预期输出格式。

（3）优化迭代闭环：将 AI 输出结果与实际业务数据对比，反向优化提示词（如"增加行业术语解释"）。

产品经理与 AI 的高效协作，本质是信息透明化和需求结构化的过程。通过乔哈里视窗模型，可快速定位沟通策略，减少信息偏差，释放 AI 在数据分析、创意生成和风险预判中的潜力，最终提升产品迭代效率与创新成功率。

## 2.2.7 小结

提示词是开启大模型能力的钥匙。正如钥匙能够开启锁住的门，找到正确的提示词能够解锁模型的能力，使其展现出巨大的潜力和多样性。在人工智能领域，特别是大语言模型，如 GPT-3 或类似的模型，提示词是引导模型生成相关、有用和创造性回答的关键。一个精心设计的提示词可以极大地影响模型的输出，帮助用户获得他们想要的信息、故事、代码、建议等。

提示词工程的不断发展也反映了 AI 技术与人类需求之间日益紧密的联系。随着用户对 AI 产品的期望越来越高，对交互体验的要求也越来越精细，提示词工程作为连接用户与 AI 模型的桥梁，其重要性越发凸显。我们可以将提示词工程看作一门新兴的"语言艺术"，产品经理就像是这门艺术的创作者。通过巧妙地运用原则、技巧，在不同的实践场景中进行雕琢，创作出能够精准控制 AI 输出的"佳作"。

然而，作为 AI 产品经理要意识到，提示词工程并非如表面上看的那样简单，其实它是一项至关重要的工作。核心思路是利用特定的符号和格式，让 AI 模型理解提示词中的内容结构。同时，利用 AI 模型的上下文学习能力，提供明确而丰富的背景信息，以使 AI 模型生成的结果更加符合我们的期望和需求。

提示词工程是 AI 产品经理智慧的结晶，既是一门技术，也是一门艺术。提示词工程作为 AI 产品经理工作中的核心环节，具有不可忽视的重要性。通过遵循原则、运用技巧、不断实践和优化，AI 产品经理能够在 AI 技术的浪潮中，驾驭好提示词这一有力工具，为用户打造出更智能、更贴心的 AI 产品。

## 2.3 深入理解智能体能力限制及应用场景

如果我们要理解大量智能体的交互，必须首先能够描述单个智能体的能力。

——约翰·霍兰德（John H. Holland）

随着 AI 技术的不断发展，AI 智能客服在各个领域得到了广泛应用。然而，在实际应用中，智能客服的表现却参差不齐，有时甚至会让用户感到失望。

本节将探讨 Agent 的能力限制及应用场景，为提升 AI 智能客服的服务质量提供参考。

### 2.3.1 什么是 Agent

在人工智能领域，Agent（智能体）是一种关键的技术实体，它具备自主性和交互能力，能够在特定环境中独立感知信息并进行决策。Agent 既可以是软件形式，也可以是硬件形式，其主要设计目标是为了解决特定问题，并在物理世界和数字世界等多种环境中发挥作用。

## 2.3.2　Agent 有什么能力

Agent 具备一系列关键能力，包括自主决策、环境感知、学习以及交互等。以下是 Agent 能力的描述，如表 2-8 所示。

表 2-8　Agent 的能力

| 能　　力 | 说　　明 |
|---|---|
| 自主性 | Agent 拥有自主控制行为的能力，它能够在没有人类直接指挥的情况下独立运作 |
| 社交能力 | Agent 能够与人类用户或其他智能体进行有效交互，能够理解接收到的指令并据此做出适当的响应 |
| 反应性 | Agent 能够实时观察周围环境的变化，并且能够对这些变化做出迅速反应 |
| 主动性 | Agent 不仅能够对环境中的变化做出反应，还能够主动设定自身的目标，并规划相应的行动方案，以实现这些既定目标 |

这些能力共同构成了 Agent 的综合功能，使其能够在各种复杂环境中执行任务，提高效率，并增强与人类用户的互动体验。

## 2.3.3　Agent 有什么优势

此外，Agent 相较于传统的人工处理方式，在执行任务时展现出多项显著优势，如表 2-9 所示。

表 2-9　Agent 的优势

| 优　　势 | 说　　明 |
|---|---|
| 提高效率 | Agent 能够自动化地完成任务，从而大幅减少对人力资源的依赖，提升工作效率 |
| 可用性 | Agent 能够提供全天候（24×7）的服务，不受传统工作时间的限制，确保用户在任何时间都能获得所需支持 |
| 个性化服务 | Agent 能够根据用户的具体偏好和历史行为数据，提供量身定制的个性化服务，增强用户体验 |
| 复杂任务处理 | Agent 具备处理复杂任务的能力，能够应对那些对人类来说难以处理或需要处理大量数据的任务，从而拓宽服务的范围和深度 |

因此，Agent 的应用不仅优化了任务执行的效率，还提升了服务的连续性和个性化水平，同时增强了处理复杂问题的能力。

## 2.3.4 Agent 有什么应用场景

Agent 在自主解决复杂任务方面展现出显著潜力，它们不仅能够有效执行特定任务，还能构建面向复杂场景的虚拟仿真环境。Agent 技术的应用场景广泛，如表 2-10 所示是一些主要的应用场景。

表 2-10 Agent 的应用场景

| 应 用 场 景 | 说 明 |
| --- | --- |
| 信息检索 | WebGPT，由 OpenAI 开发的一款具备信息检索能力的大模型，是基于 GPT-3 模型微调得到的，可视为大模型智能体的早期形态。WebGPT 部署在基于文本的网页浏览环境中，旨在增强大模型获取外部知识的能力。作为一个单智能体系统，WebGPT 具有自主搜索、自然语言交互和信息整合分析等特点。它能理解用户的自然语言查询，自动在互联网上搜索相关网页，分析整合搜索结果，并以自然语言形式提供全面准确的回答，同时提供参考文献。在基于人类评估的问答任务中，WebGPT 展现出了与真实用户答案相媲美的准确率 |
| 软件开发 | MetaGPT 是一个基于多智能体系统的协作框架，旨在模拟人类组织的运作方式，在软件开发过程中扮演不同角色并进行协作。这些角色包括产品经理、架构师、项目经理、软件工程师及测试工程师等，遵循标准化的软件工程流程，涵盖软件开发的全生命周期，以满足特定软件开发项目的需求 |
| 智能家居 | 在智能家居领域，Agent 能够控制家中的各种智能设备，如自动调节温度、照明亮度等，以提升居住舒适性和能效 |
| 电子商务 | Agent 能够根据用户的购物历史、浏览行为和偏好，提供个性化的产品推荐，并处理订单问题和退货请求。它们可以集成到智能音箱和手机应用中，支持通过语音命令进行购物，同时帮助企业生成吸引人的产品描述、营销文案和社交媒体内容，实现交易的自动化、库存管理和客户服务 |
| 游戏和模拟 | 在复杂的游戏或模拟环境中，Agent 可以代表玩家或模拟现实世界中的角色。2023 年，研究人员提出了"生成式智能体"（Generative Agent）的概念，并在类似《西部世界》的沙盒模拟环境中进行了实践。在这个环境中，多个智能体根据各自独特的人物背景（以自然语言形式描述的人物身份配置文件），在小镇中生活、自主交流和与环境进行丰富多样的互动。生成式智能体的概念为大模型的模拟仿真研究提供了重要的技术路径，并为推荐系统和网络搜索领域的后续应用奠定了基础 |

## 2.3.5 Agent 有什么限制

尽管 Agent 在执行任务时展现出多方面的优势，但它们也存在一些局限性，如表 2-11 所示。

表 2-11　Agent 的限制

| 限　　制 | 说　　明 |
| --- | --- |
| 复杂度和成本 | 开发和维护高度自主的 Agent 可能涉及高昂的成本，包括但不限于研发投入、计算资源消耗以及系统维护费用，这些成本有时难以准确预估 |
| 可靠性和安全性 | Agent 在做出决策时可能会出现错误，这可能导致不可预见的后果，尤其是在关键应用领域，错误的决策可能带来严重后果 |
| 伦理和隐私问题 | Agent 在收集和使用个人数据时可能会引发伦理和隐私方面的担忧。如何确保数据的使用符合法律法规和伦理标准，是智能体开发和应用中必须考虑的重要问题 |

因此，尽管 Agent 在许多方面具有潜力，但它们的发展和应用还需克服上述限制和挑战。

### 2.3.6　如何有效将 Agent 赋能业务

#### 1. MECE 框架定义

MECE 框架，即相互独立、完全穷尽（Mutually Exclusive，Collectively Exhaustive）框架，由麦肯锡公司的芭芭拉·明托（Barbara Minto）在 20 世纪 60 年代末提出，用于辅助说明她的"明托金字塔原理"。

MECE 框架是一种将事物或信息进行分类的方法，要求分类后的各部分之间相互独立且完全穷尽。具体来说，"相互独立"意味着每个分类之间没有重叠或重复，而"完全穷尽"则表示分类涵盖了所有可能的情况，没有遗漏。

（1）相互独立（Mutually Exclusive）。

分类之间无重叠。比如，将用户分为"iOS 用户"和"Android 用户"违反 MECE（忽略其他系统用户）。

（2）完全穷尽（Collectively Exhaustive）。

覆盖所有可能性。比如，将年龄分为"儿童 / 成年人"不满足 MECE（缺少青年、中年等细分）。

（3）经典应用案例。

某零售企业用户分群优化。错误分类：高价值用户 / 低频用户 / 年轻用户（重叠且遗漏）。MECE 修正如表 2-12 所示。

表 2-12　某零售企业用户分群优化

| 按消费频次 | 按客单价 |
| --- | --- |
| ≥ 5 次 / 月 | ≥ 500 元 |
| 2 ~ 4 次 / 月 | 200 ~ 499 元 |
| ≤ 1 次 / 月 | ≤ 199 元 |

### 2. MECE 框架和 AI Agent 的关系

在 AI Agent 实践过程中，我发现结合 MECE 框架能够在 AI Agent 技术方案设计中得到有效应用。以下是我对 Agent 能力的解构，应严格遵循 MECE 原则。

（1）相互独立（Mutually Exclusive）。

● 用两个正交维度划分：
    ■ 自主性（AI 能不能独立决策）。
    ■ 交互性（AI 要不要和人互动）。
● 四个象限彼此绝不重叠。比如，一个"高自主＋低交互"的 Agent（如股票交易系统），不可能同时属于其他三个象限。

（2）完全穷尽（Collectively Exhaustive）。

任何 Agent 都能在这四个象限中找到位置。比如：

● 自动驾驶汽车→高自主＋低交互。
● 智能音箱→低自主＋高交互。
● 没有第五种隐藏类型。

MECE 是这个象限模型的"设计宪法"，理论上保证：任何 Agent 需求都能精准对应到 4 类，且不会模棱两可。

就像把衣服严格分为"上装／下装／鞋／配饰"，绝不会出现"不知道该放哪"的情况。

### 3. 为什么需要这个象限模型

产品经理在引入 Agent 时面临的核心困惑如下。

● 技术概念抽象：Agent 的"自主性""交互性"等能力描述难以对应具体业务场景。
● 资源错配风险：高成本 Agent 能力被用在低价值场景（如用 MetaGPT 级系统处理数据清洗）。
● 协同盲区：忽视 Agent 与现有人机协作流程的兼容性。

## 2.3.7 如何构建 Agent 落地方法论

我用两个最核心的维度，把 Agent 的能力拆解成不重复、不遗漏的四种类型，帮助产品经理快速匹配场景与技术方案。为了方便记忆，我将其重新定义为"Agent 落地模型"，如图 2-9 所示。

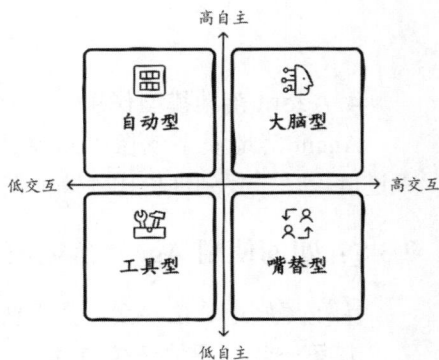

图 2-9 Agent 落地模型

### 1. Agent 落地模型的两大维度

（1）自主性。

定义：Agent 独立做决策的程度。

低→高案例：

- 低：每天自动发营销邮件（固定模板）。
- 高：实时调整广告投放策略（动态优化）。

（2）交互性。

定义：需要和人打交道的频率。

低→高案例：

- 低：后台数据报表生成。
- 高：24 小时在线智能客服。

### 2. Agent 落地模型为什么有效

- 避坑：防止用大炮打蚊子（比如用 GPT-4 做简单数据整理）。
- 省时：5 分钟定位该用哪种 Agent。
- 控成本："高自主＋高交互"的开发成本可能是低自主的 10 倍以上。

### 3. Agent 落地模型使用口诀

- 右上象限：复杂决策＋高频沟通→选成熟方案（如 IBM Watson）。
- 左下象限：简单任务＋单向输出→用现成工具（如 ChatGPT 插件）。
- 对角线原则：从左下往右上逐步升级，降低试错成本。为了更好地记忆，我将其重新定义为"性价比路径"，如图 2-10 所示。

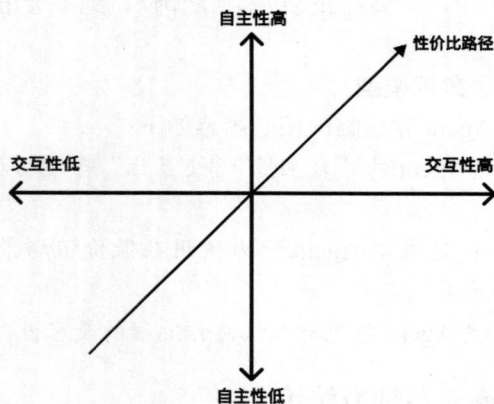

图 2-10　Agent 落地模型

### 4. Agent 落地模型作用

Agent 落地模型就像"AI 能力地图"，帮助产品经理看清需求本质、避免技术过度设计、找到性价比最高的落地路径。

## 2.3.8　如何使用 Agent 落地模型

为了更好地记忆，我将其重新定义为"Agent 落地三步法使用指南"。

### 1. 第一步：评估任务特性

用两个问题快速定位：

（1）需要多强的自主决策能力？

低：按固定规则执行（如数据备份）。

高：需动态调整（如库存优化）。

（2）需要多少人机互动？

低：单向输出（如生成报告）。

高：双向对话（如客服答疑）。

## 2. 第二步：对应四象限

将评估的 Agent 落地对应到四象限，示例如表 2-13 所示。

表 2-13　对应四象限

|  | 低交互性 | 高交互性 |
|---|---|---|
| 高自主性 | 供应链预测系统 | 智能医生 / 金融顾问 |
| 低自主性 | 数据清洗工具 | 客服机器人 |

## 3. 第三步：采取关键行动

- 右上角（高自主＋高交互）→选成熟框架（如 LangChain）→设置"转人工"阈值（如连续 3 次答非所问）。
- 右下角（低自主＋高交互）→优先优化对话流程（别让用户点超过 3 次屏幕）。
- 左上角（高自主＋低交互）→重点监控数据输入质量（垃圾进＝垃圾出）。
- 左下角（低自主＋低交互）→直接用现成工具（如 Zapier），别自己开发。

## 4. Agent 落地中的注意事项

（1）避坑口诀。

- 高自主＋高交互→烧钱又复杂，没有"金刚钻"别碰。
- 低自主＋低交互→能买现成的绝不自己造。
- 中间区域→先做 1 个月 MVP 测试再决定。

（2）中间区域的应对策略。

中间区域指的是在自主性—交互性矩阵中，不是处于四个典型象限中心位置，而是位于象限之间的过渡区域，如图 2-11 所示。中间区域是"伪需求高发区"，需通过"先工具化验证，再决定是否深化开发"的策略，避免陷入"开发半吊子系统，既不如 AI 智能，又不如人工灵活"的尴尬境地。

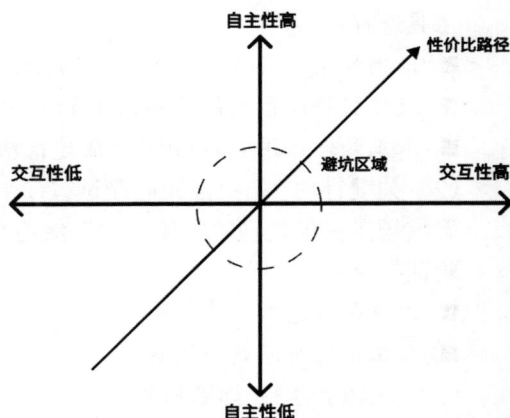

图 2-11　Agent 落地模型

### 2.3.9 案例：如何将 Agent 落地模型应用于跨境电商纠纷处理系统升级

某跨境电商需处理大量订单纠纷（退货争议／物流问题），计划用 AI 自动解决，预算有限，需快速验证可行性。

**1. 第一步：评估任务特性**

用两个核心问题定位需求：

（1）需要多强的自主决策？

需分析订单数据、物流记录→中高自主性。

但最终决定需人工审核→非完全自主。

（2）需要多少人机互动？

买卖双方需提交证据、沟通→高交互性。

结论：介于"高自主 + 高交互"边缘（右上象限边界）。

**2. 第二步：对应四象限**

将评估的 Agent 落地对应到四象限，表 2-14 中的内容是评估前后方案对比。

表 2-14    对应四象限

|  | 低 交 互 性 | 高 交 互 性 |
|---|---|---|
| 高自主性 |  | （原方案）本案初始定位 |
| 低自主性 |  | （新方案）调整后方案位置 |

调整策略：

从右上象限（高风险）降级到右下象限（低自主 + 高交互），避免开发复杂 AI 判责系统，改用"规则引擎 + 人工兜底"。

**3. 第三步：采取关键行动**

按象限执行对应策略。

（1）关键行动 1：搭建最简系统。

工具选择：

■ 证据收集：在线表单工具（Typeform）。

■ 流程引导：预设问答模板（如"请上传物流截图"）。

■ 人工处理：用 ChatGPT 生成建议话术。

（2）关键行动 2：单点突破测试。

聚焦场景：仅处理"物流延迟"纠纷。

验证指标：

■ 用户是否愿意提交材料？

■ 人工处理时间是否缩短？

（3）关键行动 3：熔断机制。

叫停规则：

- 用户投诉率上升→暂停。
- 成本超人工处理→回退。

### 4. 最终方案效果（示例效果）

用户端：纠纷提交更便捷，1小时内响应。

平台端：人工处理量减少40%。

成本端：仅花费原计划15%的预算。

举个例子让大家更容易理解。Agent落地就像组装宜家家具，需要以下步骤：①先看说明书定位零件（评估特性）；②按编号分组（对应象限）；③按步骤拧螺丝（关键行动）。需要按步骤行动，而不是一上来就乱敲乱打！

## 2.3.10 小结

深入理解Agent与LLM之间的差异对于产品经理的工作至关重要，要充分发挥Agent的能力，需要结合多种技术手段，为用户提供更加智能、便捷的服务体验。如表2-15所示是这两者之间在功能和应用方式上的主要区别。

表2-15 两者在功能和应用上的区别

| 名　　称 | 功 能 差 异 | 应用方式差异 |
|---|---|---|
| LLM | 这类模型主要专注于理解和生成自然语言，其核心优势在于处理和生成文本数据。它们在自然语言处理领域有着广泛的应用，比如文本生成、机器翻译、文本摘要等 | 通常作为独立的模型存在，专门用于处理和生成文本数据。它们的设计和训练往往针对特定的输入和任务 |
| Agent | Agent不仅包含大模型，还整合了规划、记忆以及工具使用等多种能力。这使得Agent能够处理更加复杂和多样化的任务。其核心特点在于能够根据环境进行自主决策并采取相应行动，以达到特定的目标 | 基于大模型，Agent通过增加规划、记忆和工具使用等能力，能够应对更加复杂和多样化的任务。Agent的设计更加注重其在实际应用场景中的功能和作用，比如在智能客服、内容创作、自动驾驶等领域的应用 |

专注才能专业，专业才能极致。相较于大模型直接输出结果，Agent更注重在特定任务上的表现，能够更好地理解上下文和执行特定指令。Agent的优点在于能够提供更专业化、更准确的结果；缺点可能包括需要更多的训练数据、特定的步骤指令和更长的时间。

技术的真正目的是解决问题，而不是创造问题。Agent在智能客服领域具有巨大的潜力，但要充分发挥其作用，需要产品经理深入了解用户需求，精心设计服务策略，不断优化AI智能客服的性能。只有这样，才能为用户提供高质量的服务，提升企业的竞争力。

## 2.4　深入理解检索增强生成的能力限制与应用场景

数据是新时代的石油。它很有价值，但如果未经提炼，那数据也无法展现自己的价值。

—— 克莱夫·哈姆比（Clive Humby）

在人工智能快速发展的当下，检索增强生成（RAG）技术为众多领域带来了新的机遇和挑战。然而，在实际应用中，RAG 也暴露出了一些问题，给开发人员带来了不少困扰。

本节探讨 RAG 的能力限制与应用场景。

### 2.4.1　什么是 RAG

RAG 技术通常指的是"基于检索的生成"（Retrieval-Augmented Generation）技术，这是一种结合了检索和生成两种范式的自然语言处理技术。在 RAG 技术中，模型首先从大量文本数据中检索与问题相关的信息，然后将这些信息用于生成更准确、更丰富的回答。

在大模型时代，RAG 技术的发展可以分为三个阶段，如表 2-16 所示。

表 2-16　RAG 技术发展阶段

| 关 键 阶 段 | 内　　容 |
| --- | --- |
| 基础 RAG（Native RAG） | 这一阶段遵循传统的工作流程，包括索引、检索和生成三个模块，也被称为"检索—读取"框架。首先，各类知识被分割成离散的块，并利用嵌入技术构建这些块的向量索引。接着，RAG 根据查询与索引块之间的向量相似性来识别和检索相关块。最后，模型根据从检索到的块中提取的上下文信息合成响应 |
| 高级 RAG（Advanced RAG） | 在这一阶段，通过采用更为丰富的前处理和后处理技术，RAG 在信息检索的精度和准确率上取得了显著的提升 |
| 模块化 RAG（Modular RAG） | 这一阶段将 RAG 的前处理和后处理等技术抽象出来，形成独立的模块，并进行组合。模块化 RAG 相较于传统的 Native RAG 框架，提供了更高的通用性和灵活性 |

### 2.4.2　RAG 有什么优势

RAG 技术与 LLM 直接输出的主要区别在于其能够从外部知识库中检索出更准确和更新的信息，从而辅助 LLM 提供更精确的答案。其主要优势如表 2-17 所示。

表 2-17 RAG 技术优势

| 关 键 要 素 | 内 容 |
|---|---|
| 准确性 | RAG 在回答问题前会进行相关信息的检索，因此所提供的答案通常更为准确和可靠 |
| 灵活性 | RAG 能够针对不同的问题检索到最相关的信息，使其能够在多种应用场景中发挥作用 |
| 丰富性 | RAG 能够融合来自多个来源的信息，使生成的内容更为丰富和深入 |

### 2.4.3 RAG 有什么应用场景

RAG 技术适用于那些需要提供更精确、更新颖和更相关信息的场景，具体应用场景如表 2-18 所示。

表 2-18 RAG 应用场景

| 关 键 阶 段 | 内 容 |
|---|---|
| 问答系统 | RAG 模型能够从大量文档中检索相关信息，以应对用户提出的各类问题。这一特性使其尤为适合构建知识密集型的问答系统，比如医疗咨询、法律咨询或技术支持等领域。RAG 能够利用最新和广泛的知识库，为用户提供准确的答案 |
| 内容推荐 | 在新闻聚合或社交媒体平台中，RAG 技术有助于理解用户的兴趣和偏好，并通过检索相关的文章、帖子或视频等内容，实现个性化推荐，从而提升用户体验 |
| 摘要生成 | 对于那些需要从多个文档中提取关键信息并生成摘要的应用，如研究文献综述或新闻摘要，RAG 模型能够有效地整合来自不同来源的信息，生成准确且连贯的文本摘要 |
| 聊天机器人和虚拟助手 | RAG 模型能够基于广泛的背景知识提供自然语言回应，使其非常适合用于开发可以进行深入对话的聊天机器人和虚拟助手。这些系统可应用于客户服务、教育辅导或娱乐对话等多个领域 |

RAG 模型之所以在这些应用场景中表现出色，主要是因为它能够有效地结合外部知识和深度生成能力，提供更加丰富、准确和个性化的输出。这种结合检索与生成的能力，使得 RAG 模型在理解和生成内容方面更加接近人类处理信息的方式，尤其在处理复杂信息和深入问题解答方面，相较于仅依赖自身知识的 LLM，RAG 模型的表现更为卓越。

### 2.4.4 RAG 有什么限制

尽管 RAG 技术具有上述优势，但它也存在一些限制，如表 2-19 所示。

表 2-19　RAG 技术限制

| 关 键 阶 段 | 内　　容 |
|---|---|
| 计算成本高 | RAG 系统在检索和生成过程中涉及大量计算，导致其运行成本较高 |
| 检索难度 | 在面对复杂信息需求的查询时，RAG 系统的检索器可能难以捕捉到准确的相关性，导致检索到的信息不准确或不相关 |
| 信息整合挑战 | 在增强阶段，RAG 系统在处理冗余信息、优先级排序以及与上下文融合时可能会遇到困难，进而影响内容的连贯性和深度 |
| 生成阶段的问题 | 在生成阶段，RAG 系统可能面临维持逻辑连贯性和叙事一致性的挑战，尤其是在整合多样化信息时。此外，模型可能倾向于提供泛化的回答，而非具体和详细的信息。若检索阶段的数据存在不准确或偏见，这些问题可能在最终输出中被放大 |
| 世界知识缺失 | RAG 系统可能无法获取或理解与现实世界相关的知识，尤其是当数据源与现实世界知识脱节时。比如，一个仅基于《西游记》故事构建的系统可能无法准确回答现实世界的问题 |
| 应用落地难度 | 尽管 RAG 技术的入门相对简单，但要让客户接受并成功应用于实际场景则相对困难，需要对实际需求进行大量优化 |
| 技术门槛 | 实现 RAG 技术需要对大模型和提示工程有深入了解，并且需要结合向量数据库等技术进行落地实施 |

## 2.4.5　小结

RAG 技术虽然具有巨大的潜力，但也面临一些能力限制。通过深入分析问题，采取有效的解决方案，我们可以更好地发挥 RAG 的优势，拓展其应用场景，为用户提供更加优质的服务。同时，不断探索和创新，也是克服 RAG 能力限制的关键所在。

乔治·富茨（George Fuechsel）在工作期间，为了强调计算机程序中输入数据的重要性，提出了"垃圾进，垃圾出"这一说法。他使用这个短语来提醒他的学生，计算机只能处理被正确指令处理的信息。同样的，对于 AI 产品经理来说，在企业中应用 AI 产品需要充分考虑数据的复杂性和业务需求的变化。要提前做好规划和准备，采用数据预处理技术提高数据质量，与业务部门紧密合作，及时调整产品功能。

企业在引入 AI 产品时，要建立专门的 AI 产品团队，负责产品的规划、设计、开发和优化。并加强数据管理，建立数据标准和规范，提高数据质量。还要加强与业务部门的沟通和协调，共同推动 AI 产品的应用和发展。同时，要不断提升 AI 产品的效果和价值，为企业创造更大的效益。

## 2.5 真需求到MVP：一周从0到1实现AI大模型智能客服产品

从第一性原理出发进行推理比通过类比更重要。

——埃隆·马斯克（Elon Musk）

本节主要讲述如何将家电消费品中电子说明书升级到智能说明书，构建出一个"家电消费品使用问答助手"的AI智能客服MVP产品。

### 2.5.1 背景：发现智能硬件售后客服真需求

如今，家电消费品已经成为我们生活中不可或缺的一部分。然而，我们常常会遇到类似这样的问题：当我们购买了一款新的家电产品，满心欢喜地打开包装，而那本厚厚的纸质说明书在使用产品后往往就被我们扔到了垃圾桶里。等到真正使用产品时，遇到了问题，我们不得不求助客服。

现在的消费者越来越注重便捷性，纸质说明书往往被视为一种累赘。而当用户遇到问题时，他们更倾向于通过微信公众号等在线渠道寻求帮助。这就使得服务成本转嫁给了卖家，卖家不得不雇用人工客服来解决这些问题。

某硬件产品经理与我深入交谈后，发现他们产品的售后客服有几个显著特点。

#### 1. 用户问题多为基本使用问题

绝大部分用户提出的问题是关于如何使用产品，比如如何安装、如何操作、如何进行日常维护等。这些基本问题本应在产品说明书中有详细解答，但由于用户往往在到货后就将纸质说明书丢弃，导致遇到问题时只能求助客服。

#### 2. 旧AI解决方案不佳，出现"人工智障"

业界的确有不少AI解决方案，但以规则为基础的旧一代AI解决方案时常出现"人工智障"现象。我相信大家在使用一些智能客服时也有过类似的体验，回答问题不准确、不全面，甚至有时候会给出一些莫名其妙的答案。这不仅不能解决用户的问题，还会让用户对产品和品牌产生负面印象。

#### 3. 人工客服成本高，新员工培训耗费资源

人工客服成本高是一个非常现实的问题。为了应对频繁的咨询，厂商不得不雇用多名全职客服人员在线回答用户的问题，这不仅增加了人力成本，还需要投入大量的时间和资源来培训新员工。而且，由于客服行业的流动性大，新员工的不断加入使得培训工作成为一个长期的负担。

其实，客服本身不需要记忆这些说明书，只需要知道怎么查这些知识库资料就可以了，这种能力和RAG赋予大模型的能力极其类似。

## 2.5.2　如何构建 AI 智能客服 MVP

**用户故障排除过程**

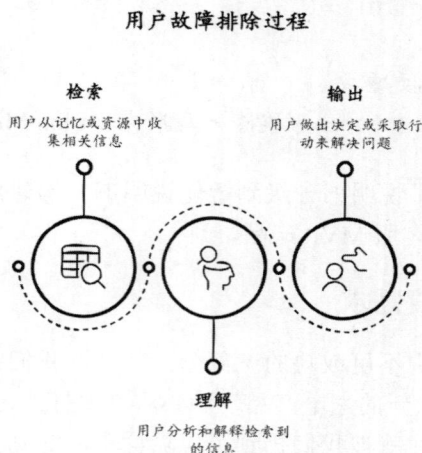

检索
用户从记忆或资源中收
集相关信息

输出
用户做出决定或采取行
动来解决问题

理解
用户分析和解释检索到
的信息

图 2-12　用户故障排除过程

我们回溯到开头，用户排除家电消费品故障的方法其实本质上就是一个 RAG 的过程，即 "检索→理解→输出" 的过程，如图 2-12 所示。所以，我们很容易就想到把产品说明书放在 RAG 里，这样大概率能解决绝大部分的问题。对于无法用 RAG 解答的少部分诉求，我们仍然转到人工客服。

如果要审核客服回答的专业性，可以用大语言模型作为评判专家，为微信客服的回答打分，辅助人工审核。同时，如果需要基于用户的咨询促进产品功能迭代，就用大语言模型把用户的诉求打上事前定义好的标签，按照这些标签对诉求进行分析统计，这样很快就能洞察出新的用户诉求。

在构建家电消费品使用问答助手的过程中，我们将诉求归结到三个端，这三个端的协同作用对于打造高效、智能的服务至关重要。

### 1. 用户端

用户端直接面向家电消费者。如今的消费者在购买家电产品后，常常因为找不到纸质说明书或者觉得纸质说明书使用不便而感到困扰。而通过我们设计的用户端，用户可以轻松地提问并接收到回答。

比如，当一位消费者购买了一台新型智能洗衣机后，不知道如何设置特定的洗涤模式。他无需再费力地去寻找可能早已不知去向的纸质说明书，也不用在复杂的微信公众号界面中艰难摸索。他只需要打开家电消费品使用问答助手的用户端，简单地输入问题 "如何设置智能洗衣机的特定洗涤模式？" 系统就会迅速给出准确的解答，可能会详细地说明需要按下哪些按钮、进行哪些操作步骤等。这样一来，用户能够快速解决问题，极大地优化了使用体验。

### 2. 企业售后端

企业售后端面向企业使用，主要由客服人员和企业管理人员使用。

对于客服人员来说，他们可以通过这个端管理文档，快速查询与家电产品相关的各种信息，以便更准确地回答用户的问题。比如，当用户询问一个比较复杂的问题时，客服人员可以在企业售后端快速检索相关的技术文档、常见问题解答等，为用户提供更专业的服务。

企业管理人员则可以查看微信问答记录，了解用户的问题集中点。比如，企业管理人员通过分析一段时间内的问答记录，发现很多用户都在询问某一款空调的节能模式如何开启以及是否真的能有效节能。这就为企业提供了重要的信息，企业可以据此考虑在产品包装上或者产品宣传页面更加突出介绍节能模式的使用方法和优势，也可以考虑对产品的说明书进行优化，增加关于节能模式的详细说明。同时，企业管理人员还可以根据这些问题集中点，对客服人员进行有针对性的培训，提高客服团队的整体服务水平。

### 3. LLM AI 应用端

LLM AI 应用端调用大语言模型的能力生成回答，为人工客服的回答打分，为用户问题打上标签。

当用户提出问题后，LLM AI 应用端会首先尝试利用大语言模型生成回答。如果生成的回答准确、全面，就可以直接提供给用户。如果回答得不够理想，就可以将问题转交给人工客服。同时，LLM AI 应用端还会为人工客服的回答打分。比如，如果人工客服的回答非常准确、详细，并且能够很好地解决用户的问题，就可以给予高分；如果回答得不够准确或者不够全面，就给予较低的分数。这样可以激励人工客服不断提高自己的服务水平。

此外，为用户问题打上标签也非常重要。比如，将用户问题分为安装类、操作类、维护类等不同的标签。通过对用户问题进行分类，可以更好地了解用户的需求分布，为企业的产品改进和服务优化提供更有针对性的依据。

通过这三个端的协同作用，我们能够构建一个高效、智能的家电消费品使用问答助手，如图 2-13 所示。用户能够快速获得准确的解答，企业能够降低客服成本、提高服务质量，同时还能更好地了解用户需求，为 AI 产品的不断改进提供方向。

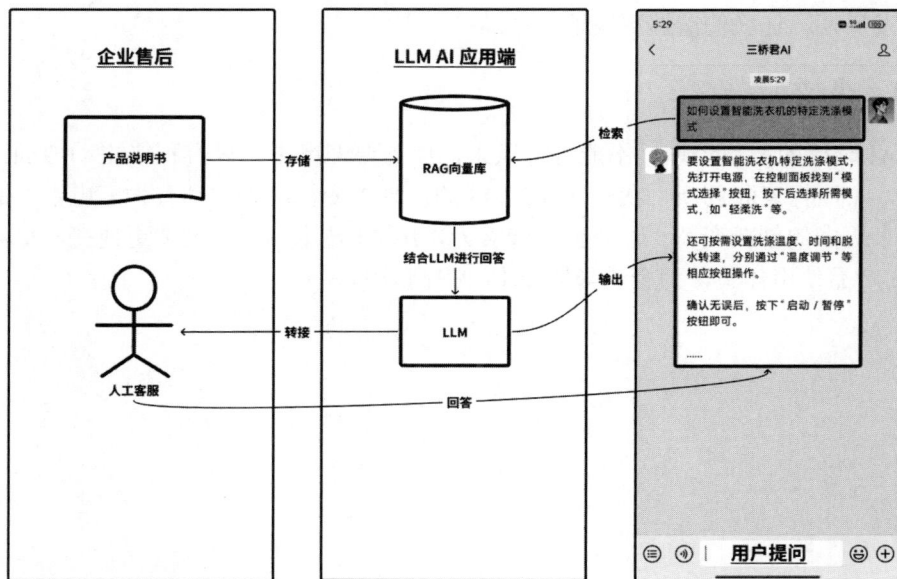

图 2-13　AI 智能客服 MVP

### 2.5.3  如何构建 AI 智能客服方法论

#### 1. 深度理解 AI 技术，发现需求

对技术的深刻理解是创新的关键。在技术变革初期，AI 产品经理必须要对技术有深度理解，才能具备发现需求的能力。就像在上述家电消费品智能说明书的项目中，只有深入了解大语言模型和 RAG 技术，才能发现用户对便捷、高效的产品使用指导的需求，以及企业对降低客服成本、提高服务质量的需求。只有不断学习和掌握新的技术，我们才能在产品设计和管理中找到创新的突破口。

#### 2. 从旧 AI 未满足需求入手，用新 AI 解决

创新就是不断地寻找更好的解决方案。我们要从那些没能被上一代 AI 满足的需求中，尝试用新一代的 AI 来解决。旧一代的 AI 解决方案在处理家电消费品售后问题时，常常出现"人工智障"现象，无法满足用户和企业的需求。而新一代的大语言模型和 RAG 技术为我们提供了新的解决方案。我们要善于发现这些未被满足的需求，利用新的技术来解决问题，为用户和企业创造更大的价值。

#### 3. Agent 搭建 AI 产品雏形，加速研发

创新不是发明代码，而是发明解决方案。AI 产品经理不用代码也能搭建出产品雏形，大大加速了研发进程，我们一定要主动尝试。在这个项目中，我们可以借助 Agent 平台，动手搭建 MVP 验证技术可行性。Agent 平台非常适合有初步产品构想，想进行产品概念的可行性和市场验证时使用。通过知识库和 Workflow 的搭建，我们能够快速地验证产品的可行性，收集用户反馈，为后续的开发和优化提供依据。这种无代码搭建产品雏形的方式，不仅降低了技术门槛，还大大缩短了研发周期，让我们能够更快地将产品推向市场。

### 2.5.4  小结

AI 时代的产品经理，不能再等风来，而是要迎风去。只有积极主动地拥抱新技术，不断探索和创新，我们才能在 AI 的浪潮中变被动为主动，为家电消费品领域带来更多的创新变革。让我们一起努力，用 AI 技术为用户创造更便捷、更高效的 AI 产品使用体验，为企业降低成本、提高效率。

# 第 3 章
## 需求洞察——挖掘 AI 产品价值宝藏

本章知识导图如下。

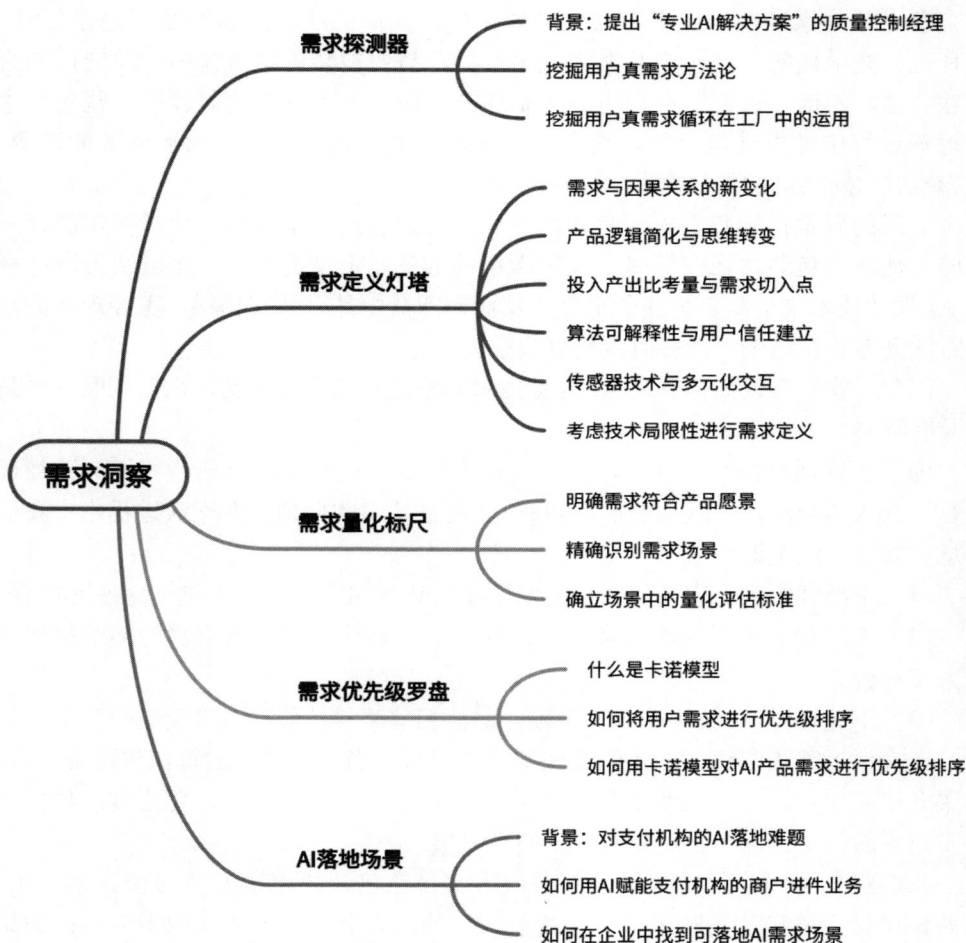

```
                         ┌─ 背景：提出"专业AI解决方案"的质量控制经理
              需求探测器 ─┼─ 挖掘用户真需求方法论
                         └─ 挖掘用户真需求循环在工厂中的运用

                         ┌─ 需求与因果关系的新变化
                         ├─ 产品逻辑简化与思维转变
              需求定义灯塔 ┼─ 投入产出比考量与需求切入点
                         ├─ 算法可解释性与用户信任建立
                         ├─ 传感器技术与多元化交互
                         └─ 考虑技术局限性进行需求定义

  需求洞察                ┌─ 明确需求符合产品愿景
              需求量化标尺 ┼─ 精确识别需求场景
                         └─ 确立场景中的量化评估标准

                         ┌─ 什么是卡诺模型
              需求优先级罗盘┼─ 如何将用户需求进行优先级排序
                         └─ 如何用卡诺模型对AI产品需求进行优先级排序

                         ┌─ 背景：对支付机构的AI落地难题
              AI落地场景 ─┼─ 如何用AI赋能支付机构的商户进件业务
                         └─ 如何在企业中找到可落地AI需求场景
```

# 3.1　需求探测器：精准挖掘真实用户需求

不要用战术上的勤奋掩盖战略上的懒惰。

——雷军

在当今科技飞速发展的时代，人们往往倾向于追求复杂高端的 AI 技术来解决问题。在 AI 产品的应用中，准确理解客户需求并提供有效的解决方案是关键。

本节通过一个电子产品工厂的案例引出如何挖掘用户真实需求的方法论。

## 3.1.1　背景：提出"专业 AI 解决方案"的质量控制经理

客户是一家专注于电子产品生产的工厂，其产品线涵盖多种小型电子配件，如耳机、充电器等。这些产品在完成生产后，需要被装进包装盒中，并通过物流发往各地。然而，近期工厂在质量控制环节发现了一个严重的问题：一些包装盒在运输过程中被发现是空的，没有包含任何产品。这不仅导致物流资源的浪费，还影响客户对品牌的信任度。

工厂的质量控制负责人王经理，对这个问题感到非常头疼。凭借多年的行业经验，他认为包装盒在空置时会发生微小的形变，于是提出了一个解决方案：利用 AI 视觉技术来检测包装盒的形变，从而判断盒中是否装有物料。王经理认为这种方法既专业又精确，能够有效地解决空盒问题。

因此，客户咨询如何利用 AI 视觉技术来检测包装盒的形变，从而判断盒中是否装有物料。

为了更好地解决客户问题，我们前往客户工厂进行现场调研。我们与王经理进行了深入的交流，了解他的需求和对 AI 视觉技术的期望。在交流过程中，我们注意到如下一些关键细节。

（1）王经理提到，空盒问题主要发生在包装线的末端，即在包装盒被密封后。

（2）工厂现有的包装线已经有一定程度的自动化，但检测空盒的环节仍然依赖人工抽查。

（3）王经理对 AI 技术的了解有限，但他相信高科技能够带来改变。

在实地考察包装线时，我们发现了一个现象：当包装盒被放置在传送带上时，如果盒子是空的，它们在受到轻微的外力（如工人的触碰）时，会比装满物料的盒子更容易倒下。这一发现激发了我们的灵感。

我们提出了一个简单而有效的解决方案：在包装线末端安装一台强力风扇，对着传送带上的包装盒吹风。如果盒子是空的，它会在风力的作用下倒下；如果盒子装满了物料，它则会保持稳定。这个方法不仅成本低廉，而且实施简单，不需要复杂的 AI 视觉系统。

在征得王经理的同意后，我们与工厂的技术团队一起在包装线上安装了强力风扇，并对系统进行了测试。测试结果显示，这个方法非常有效，能够迅速而准确地识别出空盒。工厂随后对这一方案进行了全面实施，空盒问题得到了显著改善，同时也节省了原本计划用于 AI 视觉系统的投资。

### 3.1.2 挖掘用户真需求方法论

设计思维（Design Thinking）是一种以用户为中心的创新方法。设计思维的概念不是由某一个人单独提出的，而是随着设计领域和创新实践的发展而逐渐形成的。不过，美国大卫·凯利（David Kelley）对设计思维的推广和普及起到了巨大的作用。他将设计思维的理念应用到商业创新领域，展示了设计思维在解决实际问题和推动产品创新方面的强大威力，使得设计思维在全球范围受到广泛关注。

设计思维也是一种解决问题的方法论，它强调以人为中心的设计理念，通过迭代的过程来解决复杂问题。设计思维通常包含如表 3-1 所示的核心要素。

表 3-1　设计思维核心要素

| 核 心 要 素 | 内　　　容 |
| --- | --- |
| 以人为本 | 关注用户的需求、感受和体验，将用户置于设计的核心位置 |
| 同理心 | 深入理解用户的感受和需求，站在用户的角度思考问题 |
| 迭代过程 | 设计思维是一个不断试错、学习和改进的过程，通过多次迭代来优化解决方案 |
| 跨学科团队合作 | 将不同背景、技能和专业知识的人聚集在一起，共同解决问题 |
| 原型制作 | 快速构建可测试的模型或原型，以便更好地理解问题和验证解决方案 |

在产品领域的实践过程中，我发现设计思维可以有效地挖掘用户的真实需求，如表 3-2 所示是设计思维各阶段如何挖掘用户真实需求的详细解释。

表 3-2　设计思维五步骤

| 步　　骤 | 名　　称 | 内　　　容 |
| --- | --- | --- |
| 1 | Empathize（同理心） | 目的：这个阶段的目的是深入了解用户，包括他们的行为、体验、感受和需求。<br>方法：通过观察、访谈、体验用户的生活等方式，研究人员尝试从用户的角度看问题，建立同理心。<br>挖掘需求：通过这个阶段，研究人员可以发现用户未明确表达的需求，以及他们面临的问题和挑战 |
| 2 | Define（定义问题） | 目的：在这个阶段，研究人员将收集到的信息进行整理，明确用户面临的具体问题。<br>方法：通过分析用户数据，识别用户的需求模式和关键痛点。<br>挖掘需求：定义清晰的问题陈述，确保团队专注于解决用户最紧迫的需求 |

| 步　骤 | 名　称 | 内　容 |
|---|---|---|
| 3 | Ideate（生成想法） | 目的：这个阶段的目的是生成尽可能多的方案来解决问题。<br>方法：通过头脑风暴、思维导图、角色扮演等创意生成技巧。<br>挖掘需求：在这个阶段，研究人员和设计师可以探索不同的解决方案，从而更好地理解用户需求的多样性 |
| 4 | Prototype（制作原型） | 目的：制作原型的目的是将想法具体化，以便进行测试和评估。<br>方法：创建低保真或高保真的原型，可以是纸模型、数字模型或交互式界面。<br>挖掘需求：原型制作过程中，可以进一步验证和细化用户需求，通过原型的迭代来接近最佳解决方案 |
| 5 | Test（测试） | 目的：测试阶段的目的是通过用户的反馈来评估原型和解决方案的有效性。<br>方法：让用户使用原型，并观察他们的行为、听取他们的反馈。<br>挖掘需求：通过测试，研究人员可以发现原型中的不足之处，以及用户需求中新的或未被充分理解的部分。这些信息将被用来进一步迭代和改进解决方案 |

　　通过设计思维的这些阶段，团队可以不断地挖掘、验证和细化用户的真实需求。挖掘用户真实需求这个过程是迭代的，意味着每个阶段都可以反馈到前一个阶段，从而形成一个不断学习和改进的循环。这种方法确保了最终的产品或服务能够真正满足用户的深层次需求，为了方便记忆，结合我在产品领域的实践经验，将它重新定义为"挖掘用户真需求循环"，如图3-1所示。

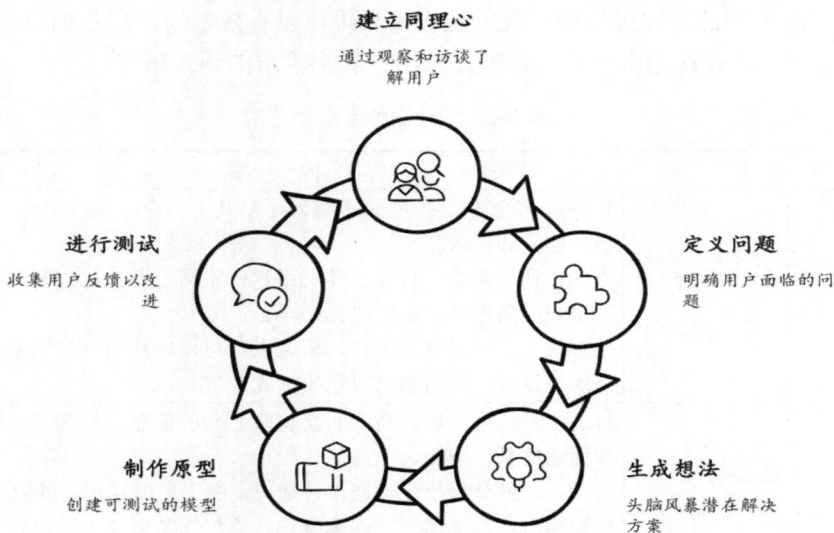

图 3-1　挖掘用户真需求循环

### 3.1.3 挖掘用户真需求循环在工厂中的运用

将挖掘用户真需求循环的方法论应用于上述案例，我们可以看到如图 3-2 所示步骤的实施。

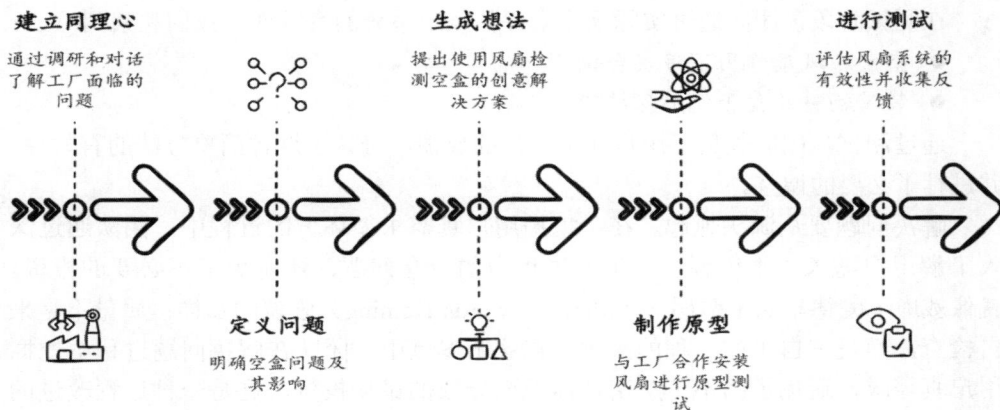

图 3-2　解决空盒问题的过程

#### 1. 建立同理心

在建立同理心阶段，团队通过现场调研和与王经理的深入交流，详细了解工厂面临的问题。我们观察到：

- 空盒问题发生在包装线的末端。
- 现有的检测方法依赖人工抽查，效率低下。
- 王经理对 AI 技术有信心，但对具体应用了解有限。

通过这一阶段，团队建立了对工厂工作人员和产品质量控制挑战的同理心，发现了用户（即工厂）未明确表达的需求，即寻找一个简单、高效且成本较低的解决方案来替代复杂的技术方案。

#### 2. 定义问题

在定义问题阶段，团队明确了问题的核心：

- 空盒在运输过程中被浪费，增加了成本。
- 空盒问题影响了客户对品牌的信任。

通过这一阶段，团队将问题定义为：如何在不依赖复杂 AI 技术的情况下，有效地检测并排除空盒，以减少成本并维护品牌信誉。

#### 3. 生成想法

在生成想法阶段，团队通过观察（空盒在风力作用下容易倒下）来提出解决方案：安装强力风扇，利用风力来检测空盒。

这个想法的产生体现了团队在理解用户需求后，如何创造性地思考问题的解决方案。

### 4. 制作原型

在制作原型阶段，团队与工厂的技术团队合作安装了强力风扇，并对其进行了测试。这个原型是一个简单的物理装置，但它能够验证团队的想法是否有效。

### 5. 进行测试

在测试阶段，团队通过实际操作来评估风扇系统的有效性。我们观察到：

- 空盒在风扇作用下确实会倒下。
- 装满物料的盒子能够保持稳定。

通过测试，团队收集了用户（工厂）的反馈，确认了这种简单方法的有效性，并进行了必要的调整。

解决问题要从源头抓起。在"挖掘用户真需求循环"的过程中，团队通过深入了解用户需求，不仅解决了生产过程中的空盒问题，还避免了不必要的投资。就像威廉·爱德华兹·戴明（William Edwards Deming）强调的那样：质量不是来自检查，而是来自生产过程的改进。在这个案例中，团队在解决问题过程中挖掘用户真需求，避免了因不了解用户需求而导致的错误投资，这是一种过程改进的体现，有助于提供更符合用户需求的解决方案。

### 3.1.4　小结

不要为了锤子找钉子。实际上，用户的真实需求只是解决生产线上空包裹的问题，而并非局限于特定的 AI 视觉技术解决方案。通过深入挖掘用户需求，产品经理发现了一个简单而有效的解决方案，成功地帮助客户解决了空盒检测问题。

产品经理在进行需求调研时，用户的真实需求往往不会被直接表达出来，产品经理要运用有效的方法，不断地引导用户表达出真实需求，并给出专业的产品方案。

## 3.2　需求定义灯塔：明确 AI 产品需求分析

*很多时候，人们不知道他们想要什么，直到你展示给他们看。*

*——史蒂夫·乔布斯*

在过去的几年里，我们见证了人工智能技术在各个领域的广泛应用，从智能语音助手到无人驾驶技术，从个性化推荐系统到智能机器人，人工智能正在重塑我们的生活和工作方式。在这个背景下，重新定义 AI 产品需求分析变得至关重要。

本节主要探讨 AI 时代下的 AI 产品的需求分析。

在传统产品需求分析中，产品经理通常根据用户明确的需求来设计产品，产品研发出来的结果往往与原型设计保持一致。然而，在 AI 时代，这种方法已经不再适用。AI产品需要完全不同的思维模式，产品经理需要重新审视需求分析的过程，以适应新的技术和市场环境。

那么，AI产品需求分析在新趋势下应如何调整以适应变化呢？

接下来，我将从以下6个方面来探讨AI产品的需求分析，如图3-3所示。

- 需求与因果关系的新变化。
- 产品逻辑简化与思维转变。
- 投入产出比考量与需求切入点。
- 算法可解释性与用户信任建立。
- 传感器技术与多元化交互。
- 考虑技术局限性进行需求定义。

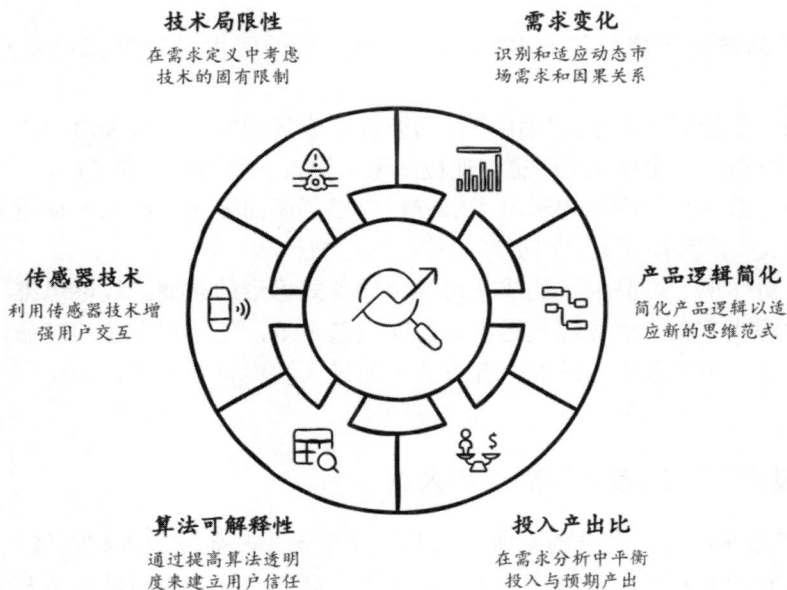

**技术局限性**
在需求定义中考虑技术的固有限制

**需求变化**
识别和适应动态市场需求和因果关系

**传感器技术**
利用传感器技术增强用户交互

**产品逻辑简化**
简化产品逻辑以适应新的思维范式

**算法可解释性**
通过提高算法透明度来建立用户信任

**投入产出比**
在需求分析中平衡投入与预期产出

图3-3　调整AI产品需求分析

## 3.2.1　需求与因果关系的新变化

传统产品的需求通常是基于用户的明确需求和市场调研结果确定的，具有明确的因果关系。而AI产品的需求则更多地是基于数据挖掘和算法分析确定的，具有一定的不确定性。

也就是说，产品经理不再花费大量时间寻找因果关系，而是通过数据挖掘探索设计与需求的相关性。

比如，在传统的电商平台中，产品经理通常是根据用户的搜索历史、购买记录等信息，确定用户的需求，然后推荐相应的商品。而在人工智能电商平台中，产品经理则是通过对大量用户数据的挖掘和分析，发现用户的潜在需求，然后推荐相应的商品。

以国内某电商平台的个性化推荐系统为例，产品经理不是直接确定给用户推送哪些商品信息，而是制定规则和策略，让算法模型根据用户数据计算得出个性化的推荐结果。该电商平台通过对用户的浏览历史、购买行为、搜索关键词等数据进行挖掘和分析，发现用户的兴趣爱好、消费习惯等信息，然后根据这些信息为用户提供个性化的商品推荐。

所以，数据挖掘可以帮助产品经理更好地了解用户需求，提高推荐的准确性和效率，从而提高用户满意度和忠诚度。

### 3.2.2　产品逻辑简化与思维转变

AI产品致力于降低用户学习成本，使产品的使用过程更接近用户的自然行为。

比如，智能语音助手只需用户说话即可完成各种操作，极大地简化了交互流程。人脸识别技术让登录变得更加便捷，无须输入烦琐的账号和密码。

这种化繁为简的产品逻辑对需求分析提出了新的要求。产品经理需要从用户的角度出发，思考如何设计出更加简洁、易用的产品。

这背后体现了产品经理从线性思维向颠覆式思维的转变。线性思维往往局限于传统的解决方案，而颠覆式思维则能够突破常规，创造出全新的产品体验。产品经理可以不再局限于传统的交互方式，而是大胆尝试新技术，为用户带来全新的体验。

### 3.2.3　投入产出比考量与需求切入点

AI产品往往具备复杂的系统结构和实现逻辑，其研发投入相对较高。然而，产品的功能价值并不总是与投入成本成正比。高投入低价值回报的情况可能是由技术尚未成熟、市场需求不清晰等因素引起的。对于产品经理而言，挑选那些能够更显著地展示商业价值的需求作为产品的开发起点，是至关重要的。

在产品或功能尚未获得用户广泛认可，或当产品处于一个新兴市场领域时，其最终的实施成效及价值往往难以准确预测。因此，产品经理在进行需求分析时，需要在投入与产出之间找到平衡，选择更容易展现商业价值的需求作为切入点。

比如，在制造业中，人工智能技术可以提高生产效率、降低成本，因此落地实践相对较快。在医疗领域，人工智能辅助诊断可以提高诊断的准确性和效率，减少误诊率，这对于患者和医生来说都是痛点需求。在金融领域，智能风险评估可以帮助金融机构更好地控制风险，提高收益，这与金融机构的利益密切相关。

作为产品经理，我们应在所处行业中找到这些场景，将人工智能技术与用户需求相结合，创造出更有价值的产品。

### 3.2.4　算法可解释性与用户信任建立

算法可解释性差是AI产品面临的一个难题。对于用户来说，无法理解算法的实现原理可能会导致不信任甚至抵触情绪。

简单来说，当用户不了解算法的工作原理时，他们可能会对算法的结果产生怀疑，从而影响他们的决策。

比如，在金融领域，如果用户不了解智能投资顾问的算法，他们可能会担心自己的投资风险，从而不愿意使用该服务。在医疗领域，如果用户不了解人工智能辅助诊断的算法，他们可能会对诊断结果产生怀疑，从而影响他们的治疗决策。

因此，产品经理需要在需求分析阶段就考虑如何建立用户信任。AI产品可以通过某个具体场景中的预测和推断能力证明技术实力，进而树立领域专业形象，步步为营地争取用户的信任。此外，产品经理也可以向用户解释算法的工作原理，让用户了解算法的优势。

### 3.2.5　传感器技术与多元化交互

传感器是一种能够感受规定的被测量并按照一定的规律转换成可用信号的器件或装置，通常由敏感元件和转换元件组成。它的作用是将温度、力、声音、光、位置、速度等非电学物理量转换为电信号，或者将化学量、生物量等信息转换为电信号，以便于监测、控制和记录。

传感器可以采集大量的实时数据，为人工智能算法提供丰富的信息来源。人工智能算法可以对传感器数据进行分析和处理，实现智能化的决策和控制。

比如，在智能家居领域，传感器可以感知环境温度、湿度、光照等信息，人工智能算法可以根据这些信息自动调节家电设备的运行状态，为用户提供舒适的生活环境。在智能交通领域，传感器可以采集车辆的位置、速度、行驶状态等信息，人工智能算法可以根据这些信息实现交通流量预测、智能导航等功能。

同时，传感器技术的飞速发展为AI产品带来了多元化的交互行为。产品经理可以通过设计不同类型的传感器，实现多种交互方式。

比如，在智能手表中，可以设计心率传感器、运动传感器等，实现健康监测和运动记录功能。在智能音箱中，可以设计麦克风传感器、语音识别传感器等，实现语音交互功能。同时，产品经理还可以通过传感器数据的融合和分析，实现更加智能化的交互体验。

因此，产品经理应善于利用多种传感设备，创造更多交互方式，满足用户的个性化需求。在需求分析阶段，产品经理需要考虑如何将传感器技术与产品设计相结合，以提供更加个性化、智能化的用户体验。

### 3.2.6　考虑技术局限性进行需求定义

完整的 AI 产品体系搭建需要考虑数据采集、数据处理、算法模型训练、产品设计、用户体验等多个环节。这些环节之间需要密切协同，才能实现产品的最终目标。

比如，在数据采集环节，需要保证数据的准确性和完整性；在数据处理环节，需要对数据进行清洗、标注等处理，为算法模型训练提供高质量的数据；在算法模型训练环节，需要选择合适的算法模型和训练方法，提高模型的准确性和效率；在产品设计环节，需要考虑用户需求和使用场景，设计出简洁、直观的产品界面；在用户体验环节，需要不断优化产品的性能和稳定性，提高用户满意度。

举个例子，在设计人工智能医疗产品时，产品经理需要考虑医疗数据的隐私性和安全性，选择合适的数据加密和存储技术；同时，产品经理还需要考虑医疗数据的质量和准确性，选择合适的数据采集和处理方法；此外，产品经理还需要考虑算法的可解释性和可靠性，以便医生和患者能够理解和信任诊断结果。

因此，产品经理在进行需求定义时，需要充分了解目前技术水平和资源的局限性，避免提出难以实现的需求。

### 3.2.7　小结

AI 产品需求分析在新趋势下需要产品经理具备多方面的能力和素养，如表3-3 所示。

表 3-3　产品经理要具备的关键能力

| 关 键 要 素 | 内　　　容 |
|---|---|
| 需求与因果关系的新变化 | 认识到需求与因果关系的新变化，借助数据挖掘更准确地把握用户需求 |
| 产品逻辑简化与思维转变 | 要善于简化产品逻辑，从用户角度出发，降低学习成本，实现从线性思维到颠覆式思维的转变 |
| 投入产出比考量与需求切入点 | 要精准考量投入产出比，找准用户痛点和利益挂钩点作为需求切入点 |
| 算法可解释性与用户信任建立 | 提高算法可解释性，建立用户信任，通过透明的决策过程和数据安全保障来增强用户对产品的信心 |
| 传感器技术与多元化交互 | 充分利用传感器技术，创造多元化交互体验，满足用户个性化需求 |
| 考虑技术局限进行需求定义 | 在进行需求定义时，要综合考虑技术局限，确保产品的可行性和可持续性 |

在 AI 时代，顾客并不总是知道他们自己想要什么，产品经理的需求分析更应成为引领用户需求的先驱。AI 产品需求分析将继续朝着更加智能化、个性化和多

元化的方向发展。随着技术的不断进步，传感器技术将更加先进，算法将更加精准，数据挖掘将更加深入。产品经理需要紧跟时代步伐，不断提升自己的专业能力和综合素质，以应对未来的挑战。同时，我们也期待更多的创新和突破，为人们的生活带来更多的便利和惊喜。

## 3.3 需求量化标尺：量化 AI 产品需求分析

当你可以度量你所说的内容，并且用数字表达出来时，你才算真正了解它。

——开尔文勋爵（Lord Kelvin）

在人工智能快速发展的时代，量化 AI 产品需求成为产品经理面临的重要挑战。量化需求不仅要求产品经理熟悉产品使用场景，还需了解技术边界，对产品进行科学合理的量化定义。

本节将围绕量化 AI 产品需求分析展开探讨，为产品经理提供切实可行的方法和思路。

那么，产品经理应该如何有效地量化 AI 产品需求？

可以从以下三个步骤进行分析，如图 3-4 所示。

● 明确需求并符合产品愿景。
● 精确识别需求场景。
● 确立场景中的量化评估标准。

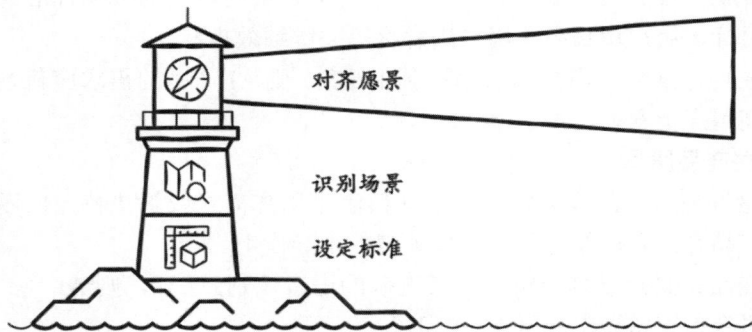

图 3-4 量化 AI 产品需求的步骤

### 3.3.1 明确需求并符合产品愿景

在产品开发或对现有产品进行改进的过程中，产品经理肩负着明确产品业务需求的重要职责。业务需求的核心要素包括如图 3-5 所示四个方面。

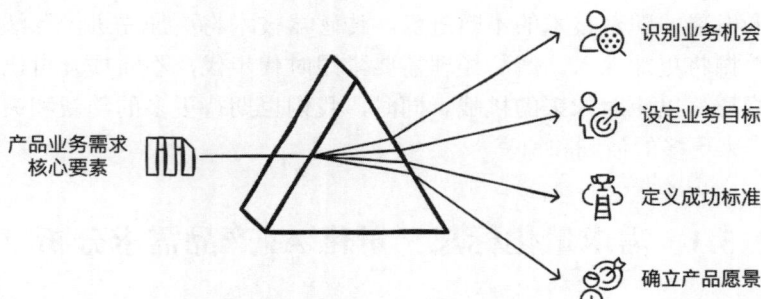

图 3-5    业务需求核心四要素

### 1. 识别业务机会

产品经理需通过对市场及用户需求的深入分析，识别潜在的业务机会。这一过程通常涉及市场调研、用户访谈和数据分析等手段，以揭示市场趋势和用户痛点。

假设市场调研指出个性化推荐系统的需求日益增长，产品经理可据此量化需求，设定如"提升推荐系统的用户点击率 20%"的具体目标。

### 2. 设定业务目标

在识别业务机会的基础上，产品经理应确立具体且可量化的业务目标。这些目标应与企业的整体战略相吻合，并致力于推动业务增长。

假设"六个月内降低客户流失率 15%"的业务目标，这将指导 AI 产品需求，如开发更精准的客户流失预测模型。

### 3. 定义成功标准

为了评估产品是否达到预期效果，须制定一系列量化的成功标准。这些标准涵盖销售目标、用户增长率、用户满意度等关键绩效指标。

假设成功标准为"用户增长率达到 10%"，则 AI 产品的需求应包括优化用户体验以提高用户留存率。

### 4. 确立产品愿景

产品愿景是对产品未来状态和其如何满足用户需求或解决特定问题的清晰描述。它在产品开发和决策过程中发挥关键的指导作用。

假设产品愿景是"打造市场上最准确的语音识别系统"，则 AI 产品的需求应包括"将语音识别错误率降至 1% 以下"。

对于 AI 产品而言，确保功能需求和非功能需求与业务需求的一致性至关重要。业务需求文档的明确性和清晰性对于团队判断需求是否在项目迭代范围内极为重要。任何新增的 AI 产品需求都应与业务需求进行对照，以确保产品开发不偏离既定轨道。

在制定和传达业务需求时，产品经理应保证内容的准确性、相关性和指导性，从而确保产品开发的方向正确和最终成功。通过这样的方法，产品经理能够有效地引导产品从概念到市场的每一步，确保其满足用户需求并实现商业价值。

### 3.3.2 精确识别需求场景

在确立了产品的宏观目标和微观目标之后，产品经理面临的一项核心挑战是对与这些目标相关的使用场景进行深入的分析。

当前，人工智能技术正处于所谓的"弱人工智能"阶段，这一阶段的特点是人工智能系统只能在特定的任务范围内展现出其应用价值。

什么是"弱人工智能"阶段？

"弱人工智能"阶段，常被称为窄人工智能（Narrow AI），是指当前人工智能技术发展的一个阶段。在该阶段，人工智能系统能够在特定的问题领域表现出类似人类智能的行为，但这些系统通常只能执行它们被设计和训练去执行的那类任务。

因此，产品经理需将宏伟的产品愿景细分为一系列具体的场景目标，这样才能对市场需求进行精确量化。而在具体的应用领域，不同的任务往往对应着不同的需求场景。

以金融科技行业为例，不同的信用评分任务要求不同的数据分析和处理流程。比如，个人信用评分可能依赖分析消费者的还款历史、信用使用情况和财务行为，而企业信用评分则可能更多地依赖企业的财务报表、经营状况和市场表现。

产品经理必须清晰地界定产品服务的具体信用评分对象（无论是个人还是企业），以便对用户需求进行精准的量化分析，确保信用评分系统的设计和发展能够紧密贴合市场的实际需求。通过这种细致的场景分析，产品能够在特定的应用环境中最大化其效用，从而有效满足用户的特定需求。

### 3.3.3 确立场景中的量化评估标准

在明确了产品的微观目标并将这些目标细化为具体的场景目标之后，下一步是定义这些场景中的可量化标准。即便在同一领域内，不同的应用场景也要求有不同的算法评估标准，如图 3-6 所示。

**考虑内部因素**
识别影响算法的内部变量

**考虑外部因素**
识别环境和市场影响

**设定期望**
为模型性能设定现实目标

**定义指标**
为特定场景量化标准提供清晰定义

图 3-6 量化算法评估标准

### 1. 考虑内部因素

在需求量化的过程中，必须考虑到由不同类型数据集训练出的模型之间可能存在的差异。这些差异可能会影响模型的性能和适用性。

比如，信用评分系统需要使用不同的数据集来训练模型，包括消费者的交易历史、还款记录、信用历史等。由于数据集的不同，比如一些数据集可能包含更多的还款违约记录，而另一些则可能包含更全面的消费者信息，这会导致训练出的模型在预测信用风险时性能有所不同。

产品经理需要量化这些差异，并选择最适合目标场景的模型。

### 2. 考虑外部因素

在同一场景中，针对不同的使用者，应当定义不同的量化标准。这是因为不同的用户群体可能会有不同的需求和期望。

比如，信用评分系统需要服务不同类型的借款人，如学生、自由职业者或小企业主。对于学生，量化标准可能更侧重于教育背景和未来收入潜力，而对于小企业主，则可能更关注企业的财务状况和现金流。

产品经理需要为不同的用户群体定义不同的量化标准，以确保信用评分系统的准确性和公平性。

### 3. 设定期望

由于不同场景下的需求差异，精准率和召回率的侧重点也会有所不同。

产品经理需要根据不同的信贷产品来平衡精准率（正确识别低风险用户的比例）和召回率（正确识别高风险用户的比例）。

比如，对于高风险贷款产品，高召回率可能更为重要，以减少潜在的违约风险，而对于低风险产品，精准率可能更为重要，以避免误伤低风险用户。

为什么高召回率重要？

对于高风险贷款产品，减少潜在的违约风险是首要任务。如果召回率低，模型可能会遗漏一些真正的违约者，这会导致金融机构遭受损失。通过提高召回率，金融机构可以更有效地识别出可能违约的客户，从而采取措施，比如拒绝贷款申请、提高利率或者要求更多的担保，以降低违约风险。

为什么精准率重要？

对于低风险贷款产品，由于客户群体本身的违约风险较低，金融机构关注的是不要错误地拒绝或歧视低风险用户。如果精准率低，意味着模型可能会错误地将一些实际上不会违约的低风险用户标记为高风险，这可能导致金融机构失去这些客户，影响客户满意度和公司声誉。通过提高精准率，金融机构可以更自信地批准贷款申请，同时减少对低风险用户的误伤，以保持良好的客户关系和市场份额。

产品经理需要根据用户的实际需求，平衡和调整这些指标。

### 4. 定义指标

在量化需求时，应当考虑到特定场景或行业的特殊要求。

不同的信贷场景对算法的要求不同。比如,个人消费贷款可能更注重借款人的还款能力和信用历史,而企业贷款可能更关注企业的经营状况和市场前景。

产品经理需要定义这些特定场景下的算法指标,比如还款能力指数、信用历史权重和财务稳定性评分,以确保信用评分系统在不同信贷场景中都能够提供准确的风险评估。

### 3.3.4 小结

无法衡量就无法改进。量化 AI 产品需求需要产品经理明确需求符合产品愿景,找准需求场景,并定义可量化标准。在这个过程中,要考虑内部和外部因素,参考同行业表现,输出合理的模型预测精度期望,并根据具体场景定义特殊指标。而量化的核心是评估用户价值,正如俞军提出的经典公式:用户价值 = 新体验 − 旧体验 − 替换成本。当用户价值大于 0 时,便有可能促使用户发生价值交换。产品经理须在用户价值和替换成本之间找到平衡,站在公司角度思考产品的 ROI,以实现产品的商业价值和成功落地。

量化 AI 产品需求是一项复杂而关键的任务,需要产品经理具备深入的行业知识、技术理解和用户洞察力。通过科学合理地量化需求,可以提高 AI 产品的竞争力和成功率,为企业带来更大的价值。

## 3.4 需求优先级罗盘:科学指引需求优先级判断

战略的本质在于选择不做什么。

——迈克尔·波特(Michael E. Porter)

如何准确地理解用户需求,有效地进行需求管理,并合理地确定需求优先级,成为决定产品成功与否的重要因素。作为一种强大的需求分析工具,卡诺模型为 AI 产品经理提供了科学的方法和思路。

本节将探讨卡诺模型在 AI 产品需求中优先级排序的应用。

### 3.4.1 什么是卡诺模型

卡诺模型(Kano Model)是由日本东京理工大学教授狩野纪昭(Noriaki Kano)在 20 世纪 80 年代提出的一种用于分析用户需求和满意度的理论工具。

卡诺模型能够帮助产品设计者和产品经理识别不同类型的需求,并根据它们对用户满意度的不同影响来对这些需求进行优先级排序。结合我在产品领域的实践经验,将它重新定义为"卡诺模型之需求优先级"。在卡诺模型中,我根据不同类型的需求与用户满意度之间的关系,将用户需求分为五类,如图 3-7 所示。

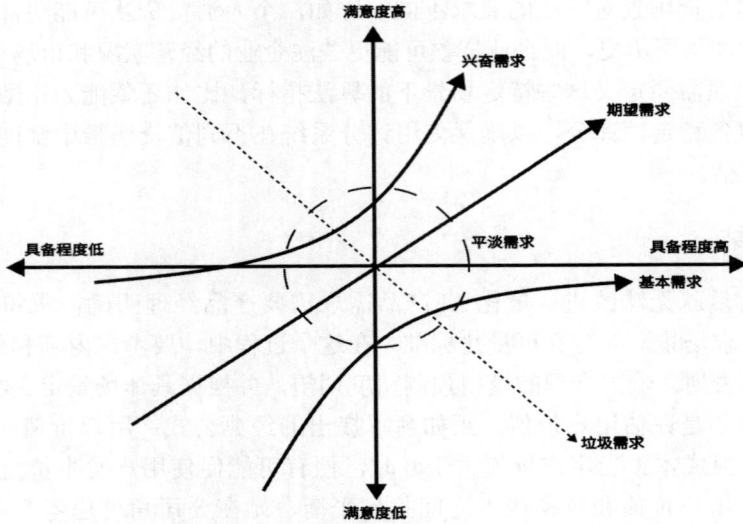

图 3-7    卡诺模型之需求优先级

### 1. 基本需求

基本需求（Must-be Quality/Basic Quality）是用户认为理所当然应该具备的。如果不满足这些需求，用户会非常不满意，但满足这些需求并不会显著提升用户的满意度。

比如，安全性能是汽车的基本需求。这意味着，对于消费者来说，安全是购车时的一个基础要求。

他们默认汽车具备一定的安全标准，比如防撞结构、气囊、防抱死制动系统（ABS）等。如果一辆汽车在这些安全性能上表现不佳，比如在碰撞测试中得分很低，或者缺乏基本的安全设备，消费者会非常不满，因为这直接关系到他们的生命安全。

然而，如果汽车只是满足了这些基本的安全要求，消费者通常不会给予特别的赞扬或感到额外的满意，因为他们认为这是汽车制造商应该做到的最基本工作。

### 2. 期望需求

期望需求（One-dimensional Quality/Performance Quality）是用户明确期望的。满足这些需求会提高用户的满意度，不满足则会导致不满意。

比如，汽车的加速性能就是期望需求。消费者在购车时通常会考虑车辆的加速性能，尤其是在比较不同车型时。如果一辆汽车能够在短时间内从静止加速到一定速度，消费者会认为这辆车的性能良好，从而感到满意。

相反，如果汽车的加速性能较差，需要较长时间才能达到预期速度，消费者可能会感到不满，因为这影响了他们的驾驶体验和对车辆性能的期望。

### 3. 兴奋需求

兴奋需求（Attractive Quality/Excitement Quality）通常是用户意想不到的。提供这些需求可以极大地提升用户的满意度。但如果需求得不到满足，用户也不会感到不满。

比如，特斯拉（Tesla）汽车的自动驾驶功能是汽车的兴奋需求。在目前的市场上，自动驾驶技术并不是所有汽车的标准配置，因此消费者在购车时可能不会将其视为必须拥有的功能。

然而，如果一辆汽车提供了先进的自动驾驶功能，如自动泊车、车道保持辅助或自动驾驶模式，消费者在体验到这些技术带来的便利和未来感后，可能会感到非常兴奋和满意。这些额外的功能超出了他们的预期，因此能够显著提升他们的整体满意度。

### 4. 平淡需求

平淡需求（Indifferent Quality/Neutral Quality）对用户来说可有可无。无论是否满足这些需求，用户的满意度都不会有显著变化。

比如，汽车的颜色选择通常属于平淡需求。虽然每个消费者可能都有自己偏好的颜色，但颜色本身通常不会对汽车的功能或性能产生影响。

因此，即使汽车的颜色不是消费者的首选，只要其他更重要的需求得到满足，这通常不会显著影响他们对汽车的整体满意度。换句话说，颜色对于大多数消费者来说是一个相对次要的考虑因素。

### 5. 垃圾需求

垃圾需求（Reverse Quality）是用户并不需要的。提供这些需求反而会降低用户的满意度。

比如，汽车信息娱乐系统强制性的广告或信息推送是垃圾需求。这类需求与消费者的期望相反，他们通常不希望在使用汽车时受到不必要的干扰。

如果信息娱乐系统频繁地推送广告或非必要信息，这可能会分散驾驶员的注意力，降低驾驶体验。因此，消费者可能会对此感到非常不满，并可能对汽车品牌产生负面印象，因为这违背了他们对车辆使用体验的期望。

## 3.4.2 如何将用户需求进行优先级排序

卡诺模型通过将用户需求分为基本需求、期望需求、兴奋需求、平淡需求和垃圾需求，帮助企业确定产品开发的优先级。如表 3-4 所示是卡诺模型如何帮助确定产品优先级的具体步骤。

表 3-4　卡诺模型需求优先级排序

| 序　号 | 级　　别 | 需求类型 | 内　　容 |
|---|---|---|---|
| 1 | 最高优先级 | 基本需求 | 基本需求是用户认为理所当然应该具备的功能，不满足会导致用户不满意，因此必须优先开发 |
| 2 | 次高优先级 | 期望需求 | 期望需求直接影响用户的满意度，随着性能的提升，用户的满意度也会提高，因此是产品功能提升的重点 |
| 3 | 中等优先级 | 兴奋需求 | 兴奋需求可以为产品带来竞争优势和用户惊喜，但通常不是用户的主要关注点，可以在资源允许的情况下开发 |
| 4 | 低优先级 | 平淡需求 | 平淡需求对用户满意度的影响不大，可以放在最后考虑 |
| 5 | 避免 | 垃圾需求 | 垃圾需求会对用户满意度产生负面影响，因此在产品开发中应尽量避免 |

### 3.4.3　如何用卡诺模型对 AI 产品需求进行优先级排序

张老师是一名健康科普公众号的创始人，虽然她不是医学专业人士，但是编写团队由一群来自重点大学医学专业的老师和研究生组成，他们负责提供专业可靠的医学知识。他们都有着共同的目标——为大众提供有趣、有料、有温度的健康科普医学知识。

然而，张老师最近遇到了一个难题，那就是公众号的配图问题。尽管公众号的内容质量很高，但是现有的配图已无法满足她的要求。由于预算有限，她只能从免费图库中挑选图片，但这些图片不仅风格不统一，而且难以准确传达医学内容。她尝试过用文字描述让 AI 大模型生成漫画图片，却发现无法生成器官的漫画图片。

她希望能够找到一种方法，用漫画形式展示复杂的医学概念，让读者更容易理解。

我们接到了张老师的咨询：文字如何描述才能让 AI 大模型生成漫画图片。

我们深知，对于一个科普公众号来说，插图的作用极其重要。我们决定深入了解张老师的需求，以便提供合适的解决方案。

在和张老师的交流中，我们注意到了以下几个关键细节：

● 张老师希望生成的漫画图片是关于人体器官的，用于解释复杂的医学概念。

● 张老师尝试使用 AI 大模型生成图片，但未能成功。

● 张老师的公众号配图需要是无版权风险的，且风格需要统一和专业。

我们亲自浏览了张老师的公众号，发现虽然文章内容严谨，但配图确实存在风格不太统一等问题。我们意识到，如果能够提供既符合科普内容又风格统一的插图，将极大地提升公众号的整体质量和读者体验。

我们按照卡诺模型分类需求：

- 基本需求是提供无版权的医疗漫画图片。
- 期望需求是生成的器官漫画图片符合对方要求。
- 兴奋需求是如何让生成图片的体验更方便。

我们提出了一个创新的解决方案：开发一款 AI 产品，通过用户上传的图片进行二次创作，生成无版权纠纷的漫画图片。这个方法不仅能够规避版权风险，还能确保插图的风格和质量。

经过团队的共同努力，我们成功开发出了一款 AI 产品。用户只需上传图片，该 AI 产品就能在短时间内创作出符合要求的漫画图片。

张老师成为该 AI 产品的首批体验者，她对生成的漫画图片非常满意，甚至给出了"生成的图片特别漂亮""特别厉害，比市面上的产品都好"的高度评价。

### 3.4.4 小结

在资源有限的情况下，确定优先级是做出正确决策的关键。此外，在应用卡诺模型的过程中，可能会遇到一些挑战。

- 准确地对用户需求进行分类并非易事，不同的人可能对同一需求有不同的理解和分类。
- 用户的需求可能会随着时间和环境的变化而发生改变，这就需要不断地对需求进行重新评估和分类。
- 卡诺模型主要是基于用户的主观感受，可能会存在一定的偏差。

成功的产品经理能够将客户的需求转化为产品的特性。"卡诺模型之需求优先级"作为一种强大的需求分析工具，为 AI 产品经理提供了科学的方法和思路。通过张老师的案例，我们可以看到卡诺模型在实际应用中的价值和效果。然而，需求优先级排序方法不局限于卡诺模型，产品经理需要根据实际情况选择最合适的方法。在未来的工作中，AI 产品经理应充分深入理解用户需求，合理确定需求优先级，不断创新和优化 AI 产品，为推动人工智能技术的发展和应用做出更大的贡献。

## 3.5 从痛点到场景：一张"AI 落地场景图"，在企业中找到可落地 AI 需求场景

我们总是高估未来两年将发生的变化，而低估未来十年将发生的变化。不要让自己陷入无所作为的境地。

——比尔·盖茨

人工智能技术如日中天，在各行业掀起创新浪潮。支付领域作为经济活动的关键环节，也在积极探索与人工智能的融合之路。在这个充满机遇与挑战的时代

背景下，某家支付领域的头部机构正面临着业务发展的关键抉择。

本节通过 AI 赋能支付机构业务案例，讲述如何在企业中找到可落地 AI 需求场景的方法。

### 3.5.1 背景：支付机构的 AI 落地难题

某支付领域头部机构一直致力于为客户提供高效、安全的支付服务。我们在深入了解支付机构的业务流程和需求后，发现商户进件业务中的"上传经营场所照片"环节可以通过人工智能技术进行优化。

原来，在商户进件业务方面，该机构遇到一些难题。现场进件方式存在进件周期长的问题，这严重影响了展业效率。尤其是在商户进件量急剧增加的情况下，问题更加凸显。商户进件流程大致如图 3-8 所示。

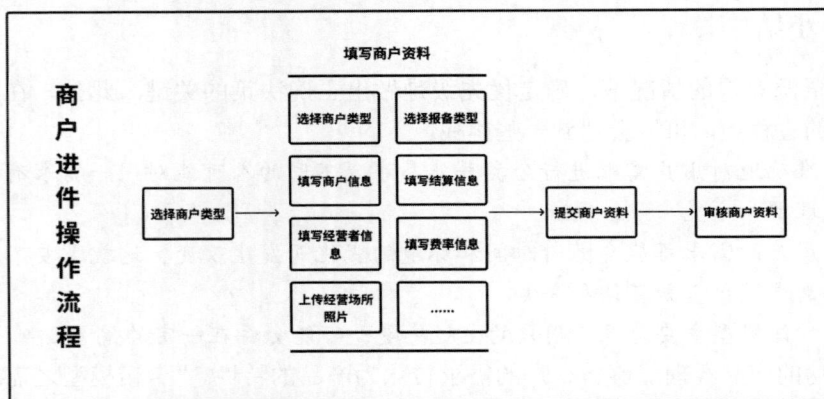

图 3-8　商户进件操作流程

我们经过深入调研发现，进件周期长的主要原因是商家信息需要人工干预审核，而经营场所照片的审核更是关键环节。审核人员需要仔细检查照片，确保信息完整、材料符合要求，同时还要防止店招图片造假等问题。

然而，传统的人工审核方式可能存在一些问题：

● 人工审核效率低下：面对增长的商户进件量，人工审核难以在短时间内完成大量审核工作，严重影响了展业效率。

● 主观因素影响审核结果：人工审核容易受到主观因素的影响，可能出现错误和疏漏，导致审核结果不准确。

● 防范造假能力有限：对于店招图片造假等问题，人工审核的防范能力有限，难以确保数据的真实性和完整性。

我们对这个环节进行了详细分析，发现照片主要是通过手机拍摄和上传，最后还需要机构人员审核。我设想，如果在上传图片环节能够实现自动审核，将会大大提高审核效率，减少审核周期。

## 3.5.2　如何用 AI 赋能支付机构的商户进件业务

我们结合 AI 技术，提出了一系列创新的解决方案。

- 店招元素检测：在商户进件业务中，经营场所照片的审核至关重要。而店招元素检测可以快速准确地识别照片中是否包含门店的"店招"元素。
- 店招名称识别：店招名称识别是提高信息提取准确性和效率的关键。在传统的人工审核中，审核人员需要仔细辨认照片中的店招名称，这不仅耗时耗力，还容易出现错误。而我们的店招名称识别技术则可以精确地识别并提取店招中的店名及其他相关信息。
- 店招翻拍识别：为了确保照片的真实性，防止造假行为，店招翻拍识别发挥了重要作用。在实际业务中，可能会有一些不良操作试图通过翻拍屏幕上的店招图片来蒙混过关。店招翻拍识别技术就是为了识破这种欺诈行为。
- 照片唯一码检测：照片唯一码检测是确保照片真实性和唯一性的重要手段。在商户进件业务中，为了避免重复使用照片或者使用手机相册中已有的照片进行虚假申报，我们需要对照片进行唯一码检测。

……

当我们将精心设计的 AI 店招识别方案展示给支付机构的客户时，客户们的反应十分热烈。从此，客户们对 AI 的认识发生了根本性的转变，从原来认为 AI 只是一种智能问答工具，到现在认识到 AI 可以作为一种实用的业务工具，为他们的工作带来巨大的便利，如图 3-9 所示。

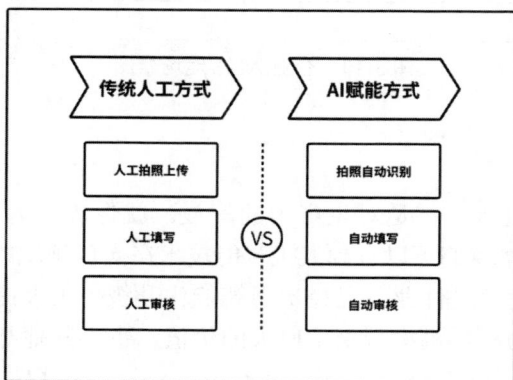

图 3-9　传统人工方式与 AI 赋能方式的区别

## 3.5.3　如何在企业中找到可落地 AI 需求场景

在动荡的时代，最大的危险不是变化本身，而是仍然用过去的逻辑来思考未来。在企业领域，人工智能技术的应用落地始终面临挑战，其中一个重要原因在于寻找合适的场景颇为困难。这种现象在技术变革初期阶段颇为普遍。每当社会迈向一个新的时代，都需要克服旧时代的惯性思维，人们往往在这个转变过程中感到迷茫。

在 AI 时代，产品经理应当成为引领变革的先锋，主动放弃旧的思维模式，积极探索和实践人工智能技术的应用。基于此，我结合行业经验，编制了一份企业 AI 落地场景图，如图 3-10 所示。这份图谱旨在帮助企业在迷茫时期，找到适合自身发展的 AI 应用场景，从而推动企业乃至整个行业的进步。

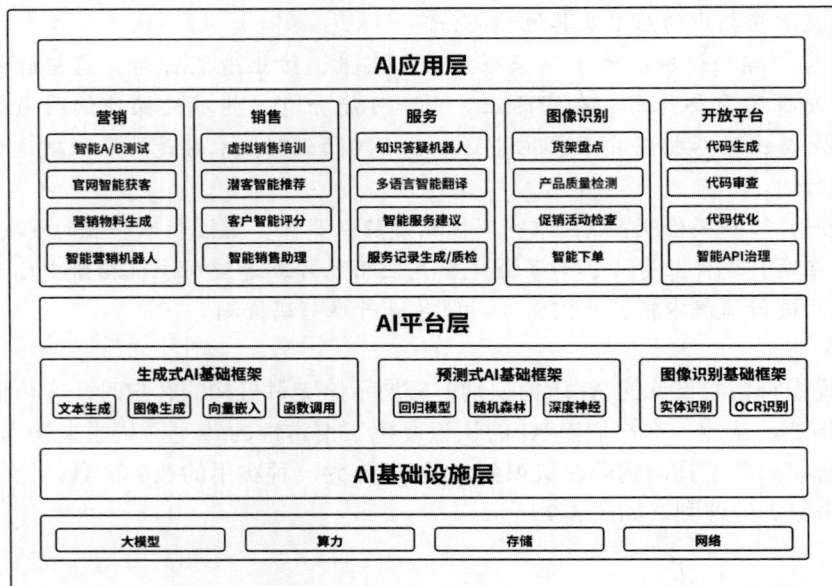

图 3-10　企业 AI 落地场景图

### 3.5.4　小结

每一次技术的进步，都是对生产力的解放。就像康有为所说："变者，天道也。"回顾这个案例，我们可以看到人工智能技术在支付领域的应用。通过我们的努力，支付机构的商户进件业务已经实现智能化升级，大大提高了业务效率和质量。这个案例不仅为支付机构带来了巨大的价值，也为其他行业提供了宝贵的借鉴经验。

所有行业都值得用 AI 重做一遍。马克·扎克伯格（Mark Zuckerberg）指出："AI 的进步让人们能够用更少的资源做更多的事，这将改善数十亿人的生活质量。"正是这种 AI 带来的变革力量，让我们深刻认识到，AI 技术在未来发展中将扮演无可替代的角色。而在这场深刻的行业变革中，AI 技术与产品经理的结合，其重要性也日益凸显——产品经理是将 AI 赋能企业落地、推动行业发展的先锋力量。

# 第 4 章

# 模型评估——确保 AI 模型的高效与可靠

本章知识导图如下。

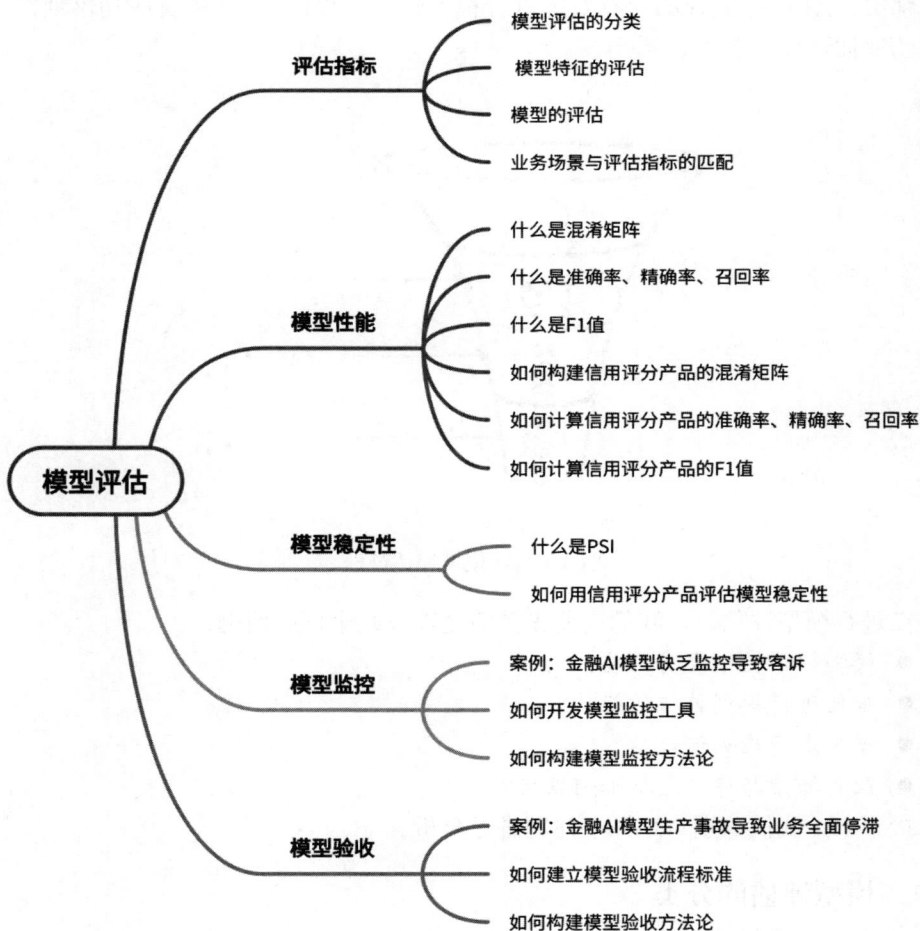

评估指标
- 模型评估的分类
- 模型特征的评估
- 模型的评估
- 业务场景与评估指标的匹配

模型性能
- 什么是混淆矩阵
- 什么是准确率、精确率、召回率
- 什么是F1值
- 如何构建信用评分产品的混淆矩阵
- 如何计算信用评分产品的准确率、精确率、召回率
- 如何计算信用评分产品的F1值

模型稳定性
- 什么是PSI
- 如何用信用评分产品评估模型稳定性

模型监控
- 案例：金融AI模型缺乏监控导致客诉
- 如何开发模型监控工具
- 如何构建模型监控方法论

模型验收
- 案例：金融AI模型生产事故导致业务全面停滞
- 如何建立模型验收流程标准
- 如何构建模型验收方法论

模型评估

# 4.1　评估指标：如何衡量 AI 模型的标准

离娄之明、公输子之巧，不以规矩，不能成方圆；师旷之聪，不以六律，不能正五音；尧舜之道，不以仁政，不能平治天下。

——《孟子·离娄上》

在当今人工智能快速发展的时代，AI 产品经理扮演着至关重要的角色。而在整个 AI 项目的落地过程中，模型评估指标起着关键的指导作用。对于初级 AI 产品经理来说，理解和掌握这些模型评估指标并非易事。

本节将深入探讨 AI 产品经理在模型评估中的方法论，帮助你深入掌握模型评估的知识。

那么，AI 产品经理如何有效地进行模型评估，以确保 AI 项目成功落地？ AI 模型的评估过程如图 4-1 所示。

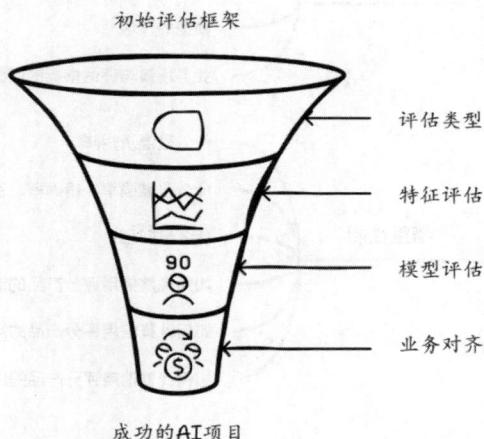

图 4-1　AI 模型评估过程

在进行模型评估前，我们需要先搞清楚以下几个核心问题：

- 模型评估的分类有哪些？
- 如何进行模型特征的评估？
- 模型本身应如何评估？
- 业务场景与评估指标如何匹配？

接下来，我们分别对这几个问题进行分析。

## 4.1.1　模型评估的分类

离线评估与在线评估是模型评估的两大分类。

### 1. 在线评估

在线评估是在模型部署上线后进行的一种评估方式。这意味着模型已经在实际生产环境中运行，通过使用线上真实的数据对模型的性能和效果进行检验。与离线评估在上线前进行不同，在线评估能够直接反映模型在实际业务场景中的表现。

通常采用A/BTest的方式来判断业务表现。A/BTest是一种常用的对比实验方法，将用户随机分为A、B两组，A组用户使用原有的模型或策略，B组用户使用新上线的模型。通过比较两组用户在点击率、购买转化率等业务指标上的差异，来评估新模型的效果。

比如，在推荐模型上线后，首先会通过导入部分流量进行测试。这部分流量通常是从整体用户流量中随机抽取的一定比例的用户。然后观察这些用户在使用新推荐模型后的行为表现，主要关注用户的点击率或购买转化率等业务指标。

为什么要关注点击率和购买率？因为点击率反映了用户对推荐内容的感兴趣程度。如果推荐的内容能够吸引用户点击，说明推荐模型在一定程度上准确地把握了用户的兴趣偏好。而购买转化率则更直接地体现了推荐模型对业务的促进作用。如果推荐的商品或服务能够促使用户进行购买，那么说明推荐模型不仅准确地了解了用户的需求，还成功地引导用户进行了消费行为。

通过在线评估，可以及时发现新上线模型在实际业务场景中存在的问题，并根据用户的真实反馈进行调整和优化，以不断提升模型的性能和效果，更好地满足业务需求。

### 2. 离线评估

离线评估是在模型部署上线前进行的验证和评估工作。在这个阶段，模型还没有在实际的生产环境中运行，而是在模拟或开发环境中进行测试。其目的是在模型上线之前，尽可能地发现潜在的问题和不足之处，以便进行调整和优化，提高模型上线后的成功率。

离线评估关注的是模型效果相关的指标，如精准率、KS（Kolmogorov-Smirnov）值等。这些指标能够在上线前及时发现问题并调整模型参数。

比如，如果发现精准率较低，可能需要调整特征选择、模型结构或算法参数等指标，以提高模型的准确性。如果KS值较小，说明模型的区分度不够，可能需要进一步优化特征工程或尝试不同的模型算法，以增强模型对不同类别样本的区分能力。

通过离线评估，可以在模型上线前尽可能地提高模型的性能和质量，降低模型在实际应用中出现问题的风险。同时，离线评估也为产品经理和开发团队提供了一个量化的评估标准，便于他们对模型进行比较和选择，以满足不同业务场景的需求。

此外，离线评估又可分为模型特征的评估和模型的评估两大类。接下来，我们对这两部分进行分析。

## 4.1.2　模型特征的评估

确定重要特征通常由算法同事在宣讲时同步给产品经理。这是因为算法人员对模型的结构和算法有深入理解，能够识别出那些对模型性能产生重大影响的特征。产品经理则需要从业务角度对这些重要特征进行评估，以确保其在实际应用中的有效性和适用性。

### 1. 特征自身稳定性评估

对于特征自身稳定性评估，使用 PSI 指标是一种有效的方法。

PSI 可以衡量特征数据随时间的变化情况。如果一个特征的 PSI 值较高，说明其数据在不同时间段内波动较大，即不稳定。特征不稳定会对模型和业务产生负面影响。对于模型而言，不稳定的特征会降低模型的整体稳定性，导致预测结果不可靠。

比如，在预测用户购买行为的模型中，如果某个特征（如用户近期浏览商品的类型）不稳定，可能会使模型难以准确预测用户的购买意向。对于前端业务来说，不稳定的特征可能导致错误的业务决策。

也就是说，基于不稳定特征进行的商品推荐可能不准确，影响用户体验和业务效益。

### 2. 特征来源稳定性评估

在特征来源稳定性评估方面，需要根据特征的不同来源采取不同的评估策略。

1）特征来源于集团内部

如果特征是从集团内部接入，要考虑其来自哪条业务线。不同业务线的稳定性和发展前景各异。评估业务的稳定性可以从多个角度进行，比如查看业务的历史数据表现、了解其发展趋势以及分析所处的竞争环境等。同时，还需要考虑业务方是否可能收回或停止共享数据。如果存在这种风险，产品经理需要提前规划应对措施，比如寻找替代特征或者与业务方协商解决方案。

2）特征来源于外部公司

如果特征接入方是外部公司，合规性和技术储备就成为关注重点。合规性确保数据的使用符合法律法规和行业标准，避免法律风险。技术储备包括外部公司的数据采集、存储和处理技术等方面。如果外部公司技术储备不足，可能会导致数据质量不高、更新不及时等问题，从而影响模型性能。

### 3. 特征接入成本评估及控制

特征接入成本评估及控制也非常重要，根据特征来源稳定性评估，主要有以下两种情况。

1）内部数据

对于内部数据，可能存在成本分摊或业务数据单独计费的情况。产品经理需要了解这些成本结构，评估接入特征的成本是否合理。如果成本过高，可以与相关部门协商降低成本的方法，比如优化数据存储和处理方式、减少不必要的数据调用等。

2）外部数据

对于外部采购的数据，会产生数据使用费用。此时，产品经理需要评估付费特征给模型带来的增益是否能覆盖成本。如果不能，就需要重新考虑是否接入该特征。此外，还可以通过数据缓存等方式减少调用成本。比如，数据缓存可以将常用的数据存储在本地，减少对外部数据源的调用次数，从而降低成本。

## 4.1.3　模型的评估

### 1. 统计性指标

统计性指标对于判断模型是否可用起着关键作用。这些指标包括模型输出结果的覆盖度、最大值、最小值、人群分布等，如表4-1所示。

表 4-1　统计性指标

| 关 键 指 标 | 内　　容 |
|---|---|
| 覆盖度 | 覆盖度在不同的场景中具有不同的重要性。比如在金融风控场景下，覆盖度至关重要。如果模型的覆盖度过低，可能会导致很多潜在风险无法被识别，从而影响金融机构的风险控制能力。高覆盖度意味着模型能够对更广泛的对象进行评估和分析 |
| 最大值和最小值 | 最大值和最小值可以帮助了解模型输出结果的范围。这对于确定合理的阈值和判断异常值非常重要。比如在信用评分模型中，如果分数的最大值和最小值超出了合理范围，可能意味着模型存在问题或者数据存在异常 |
| 人群分布 | 人群分布可以了解模型输出结果在不同人群中的分布情况，可以帮助判断模型的公平性和适用性。比如在信用评分模型中，如果不同人群的分数分布差异过大，可能会引发公平性问题，同时也可能表明模型在某些人群上的表现不佳 |

### 2. 模型性能评估

根据模型要解决的问题，可以分为分类模型和回归模型，它们有不同的性能评价指标。

分类模型的性能评价指标主要包括混淆矩阵、KS、AUC 等，如表4-2所示。

表 4-2　分类模型的性能评价指标

| 关 键 指 标 | 内　　容 |
|---|---|
| 混淆矩阵 | 混淆矩阵（Confusion Matrix）通过真正例、真反例、假正例和假反例四个指标来评估分类模型的性能。可以直观地看出模型在不同类别上的分类准确性 |
| KS | KS（Kolmogorov-Smirnov）用于衡量分类模型对正负样本的区分能力。KS 值越大，说明模型对正负样本的区分能力越强 |
| AUC | AUC（Area Under the Curve）表示 ROC 曲线下的面积，也是衡量分类模型性能的重要指标。AUC 值越接近 1，说明模型的性能越好 |

回归模型的性能评价指标主要包括 MAE、MSE、RMSE、$R^2$ 等，如表 4-3 所示。

表 4-3　回归模型的性能评价指标

| 关 键 指 标 | 内　　　容 |
| --- | --- |
| MAE | 平均绝对误差（Mean Absolute Error，MAE），是实际值与预测值之差的绝对值的平均值。它可以直观地反映预测值与实际值的平均误差大小 |
| MSE | 均方误差（Mean Squared Error，MSE），是实际值与预测值之差的平方的平均值。MSE 对较大的误差给予了更高的惩罚，因此在一些对误差敏感的场景中比较常用 |
| RMSE | 均方根误差（Root Mean Squared Error，RMSE），是 MSE 的平方根。RMSE 与实际值的单位相同，更容易理解和解释 |
| $R^2$ | 决定系数（Coefficient of determination），用于衡量回归模型对数据的拟合程度。$R^2$ 的值是 0～1，越接近 1 说明模型对数据的拟合越好 |

### 3. 模型稳定性评估

使用 PSI（Population Stability Index）指标评估模型输出结果是否随时间推移而稳定。在风控场景下，模型稳定性直接影响风控策略和决策的合理性。

如果模型不稳定，输出结果随时间变化较大，那么基于该模型制定的风控策略可能会出现错误。比如，在金融风控中，如果模型今天预测某个客户为低风险，明天又预测为高风险，这会给风控决策带来很大的困扰。

因此，通过 PSI 指标监测模型的稳定性，可以及时发现模型的变化，以便采取相应的调整措施，以确保风控策略的有效性和稳定性。

## 4.1.4　业务场景与评估指标的匹配

在 AI 产品中，业务场景与评估指标的匹配至关重要。业务场景是决定模型性能最关键的因素，不同的业务场景确实对模型评估指标有着不同的关注点。

1）金融风控场景

在金融风控场景中，覆盖度指标往往被重点关注。这是因为金融机构需要尽可能全面地识别潜在风险，确保没有大量的风险点被遗漏。如果覆盖度不足，可能会导致一些高风险的客户或交易没有被及时发现，从而给金融机构带来巨大的损失。

比如，在信贷风险评估中，如果模型对某些潜在高风险客户没有进行覆盖，可能会导致不良贷款的增加。

2）用户精细化运营场景

而在用户精细化运营场景中，覆盖度指标并不是重点。在这个场景下，更关注的可能是用户的行为特征、偏好等方面的指标，以便更好地进行个性化推荐和服务。

比如，在电商平台的用户精细化运营中，更注重用户的购买历史、浏览行为等信息，通过这些信息来为用户提供个性化的商品推荐，提高用户的购买转化率和满意度。

3）用户营销发券场景

在用户营销发券场景下，可根据业务目标调整模型的召回率和准确率。

比如，如果业务目标是尽可能多地覆盖潜在的高价值用户，那么可以提高召回率，即使可能会有一些误判，也要确保大部分高价值用户都能被识别出来并发放优惠券。如果业务目标是精准地发放优惠券，避免浪费资源，那么可以提高准确率，确保发放优惠券的用户确实是高价值用户，减少误判的情况。

因此，不同的业务场景需要根据其特点和目标来选择合适的模型评估指标，并进行相应的调整，以确保模型能够更好地为业务服务。

## 4.1.5 小结

无尺难量模，无标准不成评。AI产品经理在进行模型评估时，需要全面了解模型评估的分类、方法和指标。模型评估包括离线评估和在线评估，离线评估又分为模型特征的评估和模型的评估。在模型特征的评估中，要关注特征自身稳定性、来源稳定性和接入成本；在模型的评估中，要综合考虑统计性指标、模型性能和稳定性。同时，根据不同的业务场景选择合适的评估指标，以确保模型能够满足业务需求，实现AI项目的成功落地。

没有正确的评估指标，即使努力评估模型也是徒劳无益的。模型评估是AI产品经理工作中的重要环节。只有深入理解和掌握模型评估指标，结合实际业务场景进行科学合理的评估，才能打造出高效、稳定的AI模型。

# 4.2 模型性能：如何通过金融产品评估模型性能

我们的价值观和欲望影响着我们的选择，从我们选择收集的数据到我们提出的问题。模型是嵌入数学中的观点。

——凯茜·奥尼尔（Cathy O'Neil）

在当今的金融领域，准确评估客户信用状况对于金融机构至关重要。随着人工智能技术的发展，信用评分模型被广泛应用于信贷场景，以帮助金融机构更好地进行信用风险评估。而在评估分类模型的性能时，混淆矩阵是最基本的工具之一，它能够以直观的方式来展示模型在预测正类和负类时的准确性。

本节将围绕混淆矩阵及其相关指标，结合具体的信用评分产品示例，深入探讨评估分类模型性能。

### 4.2.1　什么是混淆矩阵

混淆矩阵（Confusion Matrix）是一种特别适用于监督学习的评估分类模型性能的工具，尤其是在分类问题中用于可视化算法性能的表格布局。通过混淆矩阵，我们可以直观地看到模型在预测过程中哪些类别被正确预测，哪些类别被错误预测，以及具体错误预测的情况。混淆矩阵的基本结构如表 4-4 所示。

表 4-4　混淆矩阵的基本结构

|  | 预测正类 | 预测负类 |
| --- | --- | --- |
| 实际正类 | TP（真正例） | FN（假反例） |
| 实际负类 | FP（假正例） | TN（真反例） |

如表 4-5 所示是混淆矩阵中各个术语的定义。

表 4-5　混淆矩阵术语

| 术　语 | 定　义 |
| --- | --- |
| TP（True Positive） | 实际为正类，并且被正确预测为正类的样本数量 |
| FN（False Negative） | 实际为正类，但被错误预测为负类的样本数量 |
| FP（False Positive） | 实际为负类，但被错误预测为正类的样本数量 |
| TN（True Negative） | 实际为负类，并且被正确预测为负类的样本数量 |

比如，在二分类问题中，如果我们有一个混淆矩阵如表 4-6 所示。

表 4-6　二分类问题的混淆矩阵

|  | 预测疾病 | 预测健康 |
| --- | --- | --- |
| 实际疾病 | 100 | 50 |
| 实际健康 | 10 | 240 |

那么，我们可以解读为：

- TP（真正例）：100（正确预测为疾病的样本）。
- FN（假反例）：50（实际为疾病，但被预测为健康的样本）。
- FP（假正例）：10（实际为健康，但被预测为疾病的样本）。
- TN（真反例）：240（正确预测为健康的样本）。

所以，混淆矩阵为模型评估提供了一个全面且直观的视角，帮助产品经理理解模型在不同类别上的表现，并据此进行模型优化。

### 4.2.2　什么是准确率、精确率、召回率

在机器学习和信息检索等领域，准确率（Accuracy）、精确率（Precision）和召回率（Recall）是常用的评价指标。如表 4-7 所示是它们的概念及其计算公式。

表 4-7 准确率、精确率、召回率术语

| 术 语 | 定 义 | 公 式 |
|---|---|---|
| 准确率 | 准确率是一个全局性的指标，它衡量的是模型正确分类样本的总体能力。也就是说，分类器正确分类的样本数与总样本数之间的比例 | Accuracy = TP+TN / TP+TN+FP+FN |
| 精确率 | 精确率衡量的是模型预测正类时的准确性。也就是说，分类器预测为正的样本中，实际为正的样本的比例 | Precision = TP / TP+FP |
| 召回率 | 召回率（Recall）也叫查全率，衡量的是分类器能够识别出所有正样本的能力。也就是说，实际为正的样本中，被分类器正确预测为正的样本的比例 | Recall = TP / TP+FN |

比如，有一个用于识别欺诈交易的分类器，如表 4-8 所示是它的混淆矩阵。

表 4-8 识别欺诈交易的分类器混淆矩阵

| | 预 测 欺 诈 | 预 测 非 欺 诈 |
|---|---|---|
| 实际欺诈 | TP=100 | FN=50 |
| 实际非欺诈 | FP=20 | TN=480 |

根据上述公式，我们可以计算出：

- 准确率：accuracy = TP+TN / TP+TN+FP+FN ≈ 0.892
- 精准率：precision = TP / TP+FP ≈ 0.833
- 召回率：recall = TP / TP+FN ≈ 0.667

这三个指标各有侧重，产品经理通常需要根据具体的应用场景和需求来决定哪个指标更为重要。

## 4.2.3 什么是 F1 值

F1 值（F1 Score）是精确率（Precision）和召回率（Recall）的调和平均数，它被广泛用于衡量二分类模型在分类问题上的性能。F1 值是对精确率和召回率的一种综合评价，特别是在数据集不平衡的情况下，F1 值能够给出一个更加均衡的评价。

F1 值的计算公式为：

$$F1 = 2 \times \frac{\text{Precision} \times \text{Recall}}{\text{Precision} + \text{Recall}}$$

当精确率和召回率都很高时，F1 值也会很高，这意味着模型在这两个方面都表现良好。如果其中一个指标很低，F1 值也会相应地降低，这表明模型在至少一个方面表现不佳。也就是说，F1 值越高，表明模型在这两个方面的综合表现越优秀。

F1 值的范围是 0 ～ 1，其中 1 表示模型的性能最好，即精确率和召回率都是100%。F1 值为 0 则表示模型的性能最差。

F1 值是一个非常有用的指标，尤其是在那些正类样本较少或者误分类代价很高的场景中。通过观察 F1 值，产品经理可以快速了解模型在正类预测上的整体表现。

### 4.2.4    如何构建信用评分产品的混淆矩阵

以某金融借贷产品为例，该产品通过客户提交的资料和系统内存储的客户信息，利用特定的模型来评估用户信用状况。

假如算法团队开发了一款信用评分产品，产品的分数范围设定为 0 ～ 100 分。以 60 分为界，分数低于或等于 60 分的用户逾期概率显著高于分数高于 60 分的用户。

为了验证模型的有效性，选取一部分已经展现出信贷行为的用户进行测试。将从未逾期的用户归类为"低风险用户"，而逾期用户则被归类为"高风险用户"。

向信用评分模型输入测试用户的信贷信息，获得相应的预测分数。根据参考阈值，将分数在 60 分及以下的用户预测为"高风险用户"，而分数高于 60 分的用户预测为"低风险用户"。

为了对模型的性能进行评估，我们可以通过创建混淆矩阵来对比模型的预测结果与实际结果（接下来我们将使用简称，高风险用户简称高风险，低风险用户简称低风险）。

混淆矩阵包含两个类别：Positive（正类）和 Negative（负类）。通常，Positive类别指的是模型旨在识别的目标或感兴趣的类别，而 Negative 类别则是指模型认为不相关的类别。

所以，我们可以将 Positive 类别的实例视为"高风险"，而将 Negative 类别的实例视为"低风险"。

在混淆矩阵的语境中，"True"（T）用来表示模型的预测与实际结果相符，即模型的预测是正确的。换言之，当模型的预测值与实际值相吻合时，这种情况被称为"真"。相对地，"False"（F）则表示模型的预测与实际结果不一致，即模型的预测值与实际值存在差异，这种情况被称作"伪"或"假"。如表 4-9 所示是一个标准混淆矩阵的示例。

表4-9　信用评分产品的标准混淆矩阵

| | 预测高风险（Positive） | 预测低风险（Negative） |
|---|---|---|
| 实际高风险 | 真正（TP） | 假负（FN） |
| 实际低风险 | 假正（FP） | 真负（TN） |

在这个矩阵中，行代表实际类别，列代表预测类别。真正（TP）表示模型正确预测了"高风险"；真负（TN）表示模型正确预测了"低风险"；假正（FP）表示模型错误地将"低风险"预测为"高风险"；而假负（FN）则表示模型错误地将"高风险"预测为"低风险"。

实际上，对于每个用户的预测，我们都可以生成一个混淆矩阵来描述其预测结果。比如，假设用户张三实际上是一个逾期用户，即"高风险"，但模型给出的信用评分为80分。在这种情况下，根据模型的预测，张三被错误地归类为"低风险"。因此，在张三的混淆矩阵中，假负（FN）的计数为1，这表明模型未能正确预测张三的类别，即模型预测错误。张三的混淆矩阵如表4-10所示。

表4-10　张三的混淆矩阵

| | 预测高风险（Positive） | 预测低风险（Negative） |
|---|---|---|
| 实际高风险 | 真正（TP）=0 | 假负（FN）=1 |
| 实际低风险 | 假正（FP）=0 | 真负（TN）=0 |

再以用户李四为例，他同样是一个逾期用户，即"高风险"，而模型给出的信用评分为40分。在这种情况下，李四的混淆矩阵中真正（TP）的计数为1，表明模型正确地将李四归类为"高风险"，即模型预测正确。李四的混淆矩阵如表4-11所示。

表4-11　李四的混淆矩阵

| | 预测高风险（Positive） | 预测低风险（Negative） |
|---|---|---|
| 实际高风险 | 真正（TP）=1 | 假负（FN）=0 |
| 实际低风险 | 假正（FP）=0 | 真负（TN）=0 |

## 4.2.5　如何计算信用评分产品的准确率、精确率、召回率

假设，在这100个测试用户中，实际上有30个"高风险"和70个"低风险"。模型总共预测出35个"高风险"，在这35个被预测为"高风险"的用户中，模型正确预测了25个，错误预测了10个。

那么，我们可以计算出各个类别的人数。

● 实际高风险且被模型预测为高风险的人数为25人（TP）。
● 实际高风险但被模型误判为低风险的人数为5人（FN＝30TP）。

- 实际低风险但被模型误判为高风险的人数为 10 人（FP）。
- 实际低风险且被模型正确判断为低风险的人数为 60 人（TN = 70 - FP）。

在对这 100 个测试用户进行分类预测后，我们将模型的预测结果与实际情况进行了对比，从而构建了一个混淆矩阵。该矩阵如表 4-12 所示，展示了模型在区分低风险与高风险方面的性能。

表 4-12    100 个测试用户的混淆矩阵

|  | 预测高风险（Positive） | 预测低风险（Negative） |
| --- | --- | --- |
| 实际高风险 | 真正（TP）=25 | 假负（FN）=5 |
| 实际低风险 | 假正（FP）=10 | 真负（TN）=60 |

在理想状态下，我们期望模型的预测结果与实际结果完全匹配，即所有的预测结果均为真正（TP）或真负（TN）。然而，在实际操作中，这种完美的预测一致性几乎是不可能达到的。仅通过混淆矩阵，我们仅能获知模型在预测时产生的真正和真负的数量，并不能直接告诉我们模型的性能如何。

因此，为了对模型进行更为全面的评价，我们在混淆矩阵的基础上，扩展了三个额外的性能指标：准确率、精确率和召回率。这些指标将帮助我们更准确地理解和评估模型的预测能力。

我们结合上述 100 个测试用户的混淆矩阵数据，计算准确率、精确率和召回率：

- 准确率 = TP+TN / TP+TN+FP+FN = 25+60 / 25+60+10+5= 85%；
- 精确率 = TP / TP+FP = 25 / 25+10 = 71%；
- 召回率 = TP / TP+FN = 25 / 25+5 = 83%。

总的来说，准确率、精确率和召回率是混淆矩阵中的三个基本指标。准确率可以从全局的角度描述模型预测正确的概率；精确率和召回率则可以分别描述模型识别的精度和广度。

### 4.2.6    如何计算信用评分产品的 F1 值

我们结合上述 100 个测试用户的混淆矩阵精确率和召回率，计算 F1 值：
F1=(2×0.71×0.83)/(0.71×0.83)=0.77

在金融风险控制中，精确率和召回率的平衡至关重要。如果精确率过低，可能会导致大量误判，增加金融机构的风险成本；如果召回率过低，则可能会遗漏一些潜在的风险客户。

比如，金融机构可能会要求算法团队在保持至少 30% 的召回率的同时，将模型的精确率提高 5 倍。这就需要算法团队通过调整模型参数、优化特征选择等方式来实现。

当然，产研团队可以采用一些技术手段来平衡精确率和召回率，通过不断地实验和调整，找到最适合金融业务需求的精确率和召回率组合。

## 4.2.7 小结

精确率和召回率是评估模型在业务场景中实用性的重要指标。就本节内容而言，在模型评估时，我们通常还是习惯于分别查看精确率和召回率，因为这些指标更容易被业务方理解和接受。我们不依赖准确率的原因在于，在样本分布不均匀的情况下，准确率可能会产生误导。

在使用这些评估指标时，以下是给产品经理的一些建议，如表4-13所示。

表4-13 评估指标建议

| 评估指标 | 内 容 |
| --- | --- |
| 准确率 | 虽然理解起来最为简单，但在样本不平衡的情况下，其结果可能会存在较大偏差，因此应谨慎使用 |
| 精确率 | 适用于那些对筛选结果正确性要求极高的场景<br>比如，在刷脸支付的场景中，我们更倾向于确保安全性，即使这意味着可能会有一些合法用户无法通过验证 |
| 召回率 | 适用于那些需要全面筛选结果的场景<br>比如，在信贷审批中，为了控制逾期风险，我们可能会采取更为保守的策略，宁愿拒绝一些信用良好的用户，也不愿放过可能逾期的用户。因为逾期可能导致本金损失，远超过放过几个好用户所带来的潜在收益 |

为了让大家记得更牢靠，我创作了关于评估指标的口诀：

筛选求准确，失衡需谨慎。

筛选求精确，关注正预测。

筛选求全面，召回保安全。

在评估分类模型性能的过程中，产品经理需要关注做事的效率和效能。正如彼得·德鲁克（Peter F. Drucker）在书中强调的："效率是正确地做事，效能是做正确的事。"混淆矩阵及其相关指标为我们提供了一种科学的方法来评估分类模型的性能，这不仅要求我们正确地应用这些指标（效率），还要求我们确保所评估的模型能够真正满足金融机构信用风险评估的需求（效能）。通过深入理解和掌握这些评估方法，产品经理能够更有效地支持金融机构的信用风险评估工作。在未来的发展中，产品经理应不断探索和创新，以适应不断变化的金融市场需求，推动金融科技的持续进步。

## 4.3 模型稳定性：如何通过金融产品评估模型稳定性

没有网络是不能被攻破的，网络安全防范的唯一出路是人工智能。

——周鸿祎

在当今的金融领域，信用评分产品的准确性和稳定性至关重要。模型稳定性是指模型在持续运行过程中性能保持一致性的能力。在金融风控中，稳定的模型能够顺利通过上线前的评估，并在上线后持续稳定运行，为业务决策提供可靠依据。

模型稳定性是确保金融风控有效运行的关键因素，而群体稳定性指数（PSI）则为评估模型稳定性提供了重要的量化指标。

本节将以信用评分产品为例，深入探讨如何利用 PSI 来确保模型的稳定性和可靠性。

## 4.3.1    什么是 PSI

PSI（Population Stability Index，人口稳定性指数）是一种用于衡量两个数据分布之间差异的统计指标。它常用于金融风险评估、信贷模型监控等领域，以评估模型在不同时间点或不同数据集上的稳定性。简单来说，PSI 可以帮助我们判断模型是否"靠谱"，即在不同情况下表现是否一致。

PSI 的计算公式为：

PSI = SUM[( 实际占比 – 预期占比 )×ln( 实际占比 / 预期占比 )]

以下是对 PSI 公式的解释：

- "SUM"表示对所有区间（或称为"分箱"）的 PSI 值进行求和。
- "实际占比"是指在某个区间内，实际数据中符合该区间条件的样本数量占总样本数量的比例。
- "预期占比"是指在某个区间内，预期数据（如历史数据或建模样本）中符合该区间条件的样本数量占总样本数量的比例。
- "ln"表示自然对数。

每个区间的 PSI 值是通过如表 4-14 所示步骤计算的。

表 4-14    区间的 PSI 值的计算步骤

| 序　号 | 步　骤 | 说　明 |
|---|---|---|
| 1 | 确定区间 | 将数据分为若干个区间，这些区间可以是等频的（即每个区间内的样本数量相同）或等距的（即每两个区间之间的距离相同） |
| 2 | 计算实际占比 | 对于每个区间，计算实际数据中落在该区间内的样本占比 |
| 3 | 计算预期占比 | 同样地，对于每个区间，计算预期数据中（如历史数据或建模样本）落在该区间内的样本占比 |
| 4 | 计算区间 PSI | 使用上述公式中的一部分，即 ( 实际占比 – 预期占比 ) × ln( 实际占比 / 预期占比 )，来计算每个区间的 PSI 值 |
| 5 | 求和 | 最后，将所有区间的 PSI 值相加，得到总体的 PSI 值 |

PSI 的值通常在 0 到无穷大之间，如表 4-15 所示是对 PSI 值的一般解释。

表 4-15 PSI 值的释义

| 范　　　　围 | 说　　　　明 |
|---|---|
| PSI<0.1 | 表示模型非常稳定 |
| 0.25<PSI<0.1 | 表示模型稳定性良好 |
| PSI>0.25 | 表示模型稳定性较差，可能需要进一步调查原因 |

## 4.3.2　如何用信用评分产品评估模型稳定性

对于某个信用评分产品，其分数范围为 [0,100]，分数越高表示用户的信用越好。

若业务设定的信用评分阈值为 60 分，那么得分低于 60 分的用户将被拒绝贷款。

我们可以通过以下方式进行评估模型稳定性。

### 1. 确定区间

在评估信用评分模型稳定性时，首先进行分箱操作。分箱方法主要有等频分箱和等距分箱。由于 PSI 旨在观察分数段中人数的波动情况，本文案例选择对预期分布进行等距分箱，如表 4-16 所示。

表 4-16　等距分箱

| 分 箱 区 间 | 人　　数 | 占比（%） |
|---|---|---|
| 1～10 | | |
| 11～20 | | |
| 21～30 | | |
| 31～40 | | |
| 41～50 | | |
| 51～60 | | |
| 61～70 | | |
| 71～80 | | |
| 81～90 | | |
| 91～100 | | |

### 2. 计算实际占比

为了评估模型稳定性，假设我们选择了两个时间段的 100 个测试用户的数据。

首先，选取一组接近当前日期的样本进行测试，将样本输入模型获得实际测试结果，然后根据分箱方法对实际测试结果进行分箱，并计算每个分箱中的样本占比。模型实际占比如表 4-17 所示。

表 4-17　模型实际占比

| 分 箱 区 间 | 人　　数 | 实际占比（%） |
|---|---|---|
| 1～10 | 1 | 1 |
| 11～20 | 2 | 2 |
| 21～30 | 5 | 5 |
| 31～40 | 12 | 12 |
| 41～50 | 25 | 25 |
| 51～60 | 20 | 20 |
| 61～70 | 18 | 18 |
| 71～80 | 12 | 12 |
| 81～90 | 4 | 4 |
| 91～100 | 1 | 1 |

### 3. 计算预期占比

在模型上线之前，已有预期分布，通常是通过算法在 OOT（Out-Of-Time，即时间外样本）测试期间获得的模型分布数据。模型预期占比如表 4-18 所示。

表 4-18　模型预期占比

| 分 箱 区 间 | 人　　数 | 预期占比（%） |
|---|---|---|
| 1～10 | 2 | 2 |
| 11～20 | 3 | 3 |
| 21～30 | 5 | 5 |
| 31～40 | 15 | 15 |
| 41～50 | 20 | 20 |
| 51～60 | 25 | 25 |
| 61～70 | 15 | 15 |
| 71～80 | 10 | 10 |
| 81～90 | 3 | 3 |
| 91～100 | 2 | 2 |

### 4. 计算区间 PSI

在完成分箱并计算出实际分布之后，我们便可以应用公式来计算 PSI 值。为了便于计算和查看，我们可以将分箱和计算结果整理到一张表格中，如表 4-19 所示。

表 4-19 区间 PSI 值

| 分 箱 区 间 | 预期占比（%） | 实际占比（%） | 区间 PSI |
|---|---|---|---|
| 1～10 | 2 | 1 | |
| 11～20 | 3 | 2 | |
| 21～30 | 5 | 5 | |
| 31～40 | 15 | 12 | |
| 41～50 | 20 | 25 | |
| 51～60 | 25 | 20 | |
| 61～70 | 15 | 18 | |
| 71～80 | 10 | 12 | |
| 81～90 | 3 | 4 | |
| 91～100 | 2 | 1 | |

以分数段 [1,10] 为例，首先计算实际占比与预期占比的差值，即 1%-2%=-1%；

其次计算实际占比与预期占比的比值，即 1%/2%=0.5；

再次计算自然对数，即 ln( 实际占比 / 预期占比 ) = ln(0.5) ≈ 0.6931；

最后根据公式计算该分数段的 PSI 值，PSI=( 实际占比 - 预期占比 )×ln( 实际占比 / 预期占比 ) = -1%×0.6931 ≈ 0.0069。

同理，重复上述步骤计算其余分箱的区间 PSI 值。

**5. 求和**

根据 PSI 的计算公式，最终的 PSI 值是所有分箱的区间 PSI 值之和：PSI = PSI1 + PSI2 + ... + PSI10 =0.0589。

然而，在得到 PSI 值之后，我们如何利用它来评估模型的稳定性，以及这个数值在业务上代表什么含义呢？

在业务层面上，PSI 值越低，表明预期分布与实际分布之间的差异越小，这意味着模型越稳定。当前例子的 PSI 值为 0.0589，小于 0.1，模型稳定性被评为"好"，此时分布变化较小，无须特别关注。

### 4.3.3　小结

理论是实践的先导。PSI 的计算过程相对简单，产品经理在日常工作实践中，通常不需要手动计算 PSI，需要通过理解其计算过程来深入掌握 PSI 的原理。

在运用 PSI 监控 AI 产品的稳定性方面，如表 4-20 所示是为产品经理提供的建议。

表 4-20    运用 PSI 监控 AI 产品的稳定性的建议

| 关 键 要 素 | 内　　　容 |
|---|---|
| 因素识别 | AI 产品的复杂特性要求产品经理对各种动态因素保持高度敏感。尤其在互联网金融行业，用户群体的快速演变和外部数据源的不稳定性都会显著影响 PSI。因此，产品经理需持续关注这些潜在的变动因素 |
| 持续监控 | 相较于传统产品，AI 产品的监控需要更精细化的管理。产品经理应根据业务的具体需求和模型的表现，动态调整日常、月度或季度的 PSI 监控策略，以保障模型的稳定性和预测准确性 |
| 长期关注 | AI 产品的管理特别强调模型的持续性和适应性。随着时间的推移，用户群体的变化可能会对模型性能产生影响，因此，实施长期的监控策略对于维护 AI 产品的预测效能至关重要 |

总之，PSI 作为评估信用评分模型稳定性的重要指标，在金融风控领域具有重要的应用价值。实践是检验真理的唯一标准，通过深入理解 PSI 的理论框架和实践步骤，并不断反思和探索，产品经理可以更好地利用 PSI 来确保模型的稳定性和可靠性，为金融业务的稳健发展提供有力支持。

# 4.4　模型监控：如何建设算法模型监控指标体系

一分预防胜过十分治疗。

——本杰明·富兰克林

在人工智能快速发展的当下，算法模型在各个领域的应用日益广泛。而一个有效的监控指标体系对于确保算法模型的稳定运行和持续优化至关重要。

本节将深入探讨算法模型的监控指标体系，通过实际案例展示其在 ToB 服务中的重要性和实现方法。

## 4.4.1　案例：金融 AI 模型缺乏监控导致客诉

某家公司专注于为银行和互金机构提供风控模型，产品以 API 接口的形式呈现。银行向公司提供用户手机号，公司则反馈该用户的风险分，银行结合此风险分和其他数据对用户风险进行二次判断，以决定是否放款。所以，这种业务形式对模型的准确性和稳定性要求极高。

然而，公司在业务发展过程中遇到了接口突然报异常以及模型效果逐步下降的问题。这种情况导致客户在使用过程中发现问题并进行投诉，对公司的口碑造成了不良影响。

经过分析发现，这主要是由于产品侧无法抓取相关数据，而模型侧也没有对模型进行有效的监控。

由于内部数据监控和告警的缺失使得公司无法及时察觉模型的异常情况。这不仅增加了客户投诉的风险，还可能导致问题在未被发现的情况下持续恶化，影响业务的正常运行。

如今，在问题出现后，公司明确了目标用户和待解决的问题。目标用户主要包括产品经理以及B端的商务运营同事。待解决的问题是及时发现模型上的问题，在客户发现之前尽快修复，减少客诉。同时，还需要归纳这些问题，反哺模型和研发侧，对技术人员提出更高的要求。

## 4.4.2 如何开发模型监控工具

为了解决上述问题，公司决定开发一套工具，为产品和运营同事提供服务。该工具能够查看所有模型，同时监控模型性能指标和稳定性指标，并具备实时报警功能。

这套工具的重要监控功能点主要包括以下四个方面。

### 1. 模型全景展示

模型全景页面就像一个指挥中心的大屏幕，它为用户提供了一个快速了解整个监控系统状态的窗口。虽然不展示具体的模型指标数值，但它能让用户一眼看出哪些模型正在被使用以及这些模型在调用过程中是否存在异常情况。

比如，通过不同的颜色标识来区分正常运行的模型和出现异常的模型，绿色表示正常，红色表示异常。这样，当用户看到红色标识时，就可以迅速点击进入该模型的明细信息页面，进一步查看具体的问题所在，从而实现快速定位问题。

### 2. 模型性能指标和稳定性指标展示

不同类型的模型具有不同的性能特点，因此需要根据模型的具体类型来展示其近期的性能指标波动图。这些性能指标可以包括但不限于准确率、召回率、KS值等。同时，为了让用户能够直观地判断模型的性能是否在正常范围内，需要在波动图中展示由实际业务定义的正常范围值。

比如，对于KS指标要求较高的情况，可以将范围值定义在25～40。如果模型的KS值在这个范围内波动，说明模型的性能较为稳定；如果超出这个范围，用户就可以及时发现问题并采取相应的措施。

### 3. 模型输出结果指标监控及告警

之前的经验表明，由于未对模型输出进行监控，导致出现了大问题。因此，现在不仅要监控模型的输出结果，还要对不合理的输出及时发出告警。

比如，当模型输出范围为[0,100]，但由于底层数据未更新且工程部署未进行二次处理，可能会导致输出大于100的不合理结果。通过对模型输出结果的监控，可以及时发现这类问题，并通知相关人员进行处理，避免对业务造成不良影响。

### 4. 不同指标监控周期的合理设置

不同的指标需要根据模型的实际情况设置不同的监控周期，以确保监控的及时性和有效性。

比如，对于信用分模型，由于是按月打分，相应的 KS、AUC、PSI 等指标也应按月更新。这样可以与信用分的更新频率保持一致，及时反映模型在不同时间段的性能表现。如果信用分模型的使用场景对实时性要求不高，按月更新的监控周期可以满足业务需求，同时不会给系统带来过大的负担。

当然，对于一些实时性要求较高的交易风险模型，可能需要每天甚至每小时对关键指标进行监控。

比如，对于交易金额、交易频率等指标，可以设置每小时更新一次，以便及时发现异常交易行为。而对于准确率、召回率等性能指标，可以每天进行一次汇总分析，以便及时调整模型参数，提高模型的准确性和稳定性。

通过合理设置不同指标的监控周期，可以在保证监控效果的同时，降低系统资源消耗，提高监控效率。

### 4.4.3　如何构建模型监控方法论

通过这个案例，我们可以清晰地看到模型监控的重要性。接下来我将详细介绍一个完整的模型监控方法论，希望基于我构建的这套方法论，能帮助产品经理和其团队有效地建设和维护算法模型的监控体系。

**1. 明确监控目标**

监控目标是模型监控的出发点，它定义了监控的目的和期望达成的效果，如表 4-21 所示。

表 4-21　监控目标要素

| 关 键 要 素 | 内　　　容 |
| --- | --- |
| 业务稳定性 | 确保模型输出稳定，避免因模型异常导致业务中断 |
| 模型性能 | 持续监控模型的关键性能指标，如准确率、召回率、AUC 等，确保模型性能符合预期 |
| 数据质量 | 监控模型输入数据的质量，确保数据准确、完整、无异常 |

**2. 确定监控范围**

监控范围界定了监控的对象和边界，确保监控体系能够全面覆盖关键要素，如表 4-22 所示。

**3. 选择监控指标**

监控指标是评估模型性能的关键数据，它们应具有代表性、可量化且易于获取，如表 4-23 所示。

表 4-22　监控范围要素

| 关 键 要 素 | 内　　容 |
|---|---|
| 模型本身 | 包括模型的版本、参数、结构等 |
| 数据输入 | 包括数据的来源、格式、质量等 |
| 业务场景 | 包括模型应用的业务场景、用户行为、业务指标等 |

表 4-23　监控指标要素

| 关 键 要 素 | 内　　容 |
|---|---|
| 业务指标 | 如交易量、成功率、失败率等，反映模型在业务中的实际效果 |
| 模型性能指标 | 如准确率、召回率、F1 值、AUC 等，评估模型的预测能力 |
| 数据质量指标 | 如缺失值比例、异常值比例等，衡量数据的质量 |

### 4. 设计监控体系

监控体系设计包括数据采集、存储、处理及可视化展示，确保监控数据准确、及时且易于理解，如表 4-24 所示。

表 4-24　监控体系要素

| 关 键 要 素 | 内　　容 |
|---|---|
| 实时监控 | 对关键指标进行实时监控，确保及时发现异常 |
| 定期报告 | 生成定期报告，总结模型性能和数据质量的变化趋势 |
| 告警机制 | 设置阈值，当指标超出正常范围时触发告警，以便及时采取措施 |

### 5. 实施监控

实施监控是将设计好的监控体系付诸实践，确保监控任务正常运行并及时发现问题，如表 4-25 所示。

表 4-25　实施监控要素

| 关 键 要 素 | 内　　容 |
|---|---|
| 搭建监控平台 | 选择合适的监控工具，搭建监控平台，实现指标的实时监控和报告生成 |
| 数据集成 | 将模型输出、业务数据、数据质量指标等集成到监控平台中 |
| 告警处理 | 建立告警处理流程，确保告警信息能够及时传达给相关人员，并采取措施解决问题 |

### 6. 优化与迭代

优化与迭代是根据监控结果和业务需求对监控体系进行调整和改进，确保监控体系持续有效，如表 4-26 所示。

表 4-26　优化与迭代

| 关 键 要 素 | 内　　　容 |
|---|---|
| 分析监控数据 | 定期对监控数据进行分析，发现潜在问题和改进点 |
| 优化模型 | 根据监控结果，对模型进行优化，提高性能 |
| 迭代监控体系 | 根据业务需求和技术发展，不断迭代监控体系，提高监控效率和准确性 |

通过以上步骤，可以构建一个完整、有效的模型监控体系，确保模型在业务中的稳定运行和持续优化。同时，也有助于提高团队的监控能力和响应速度，为业务的发展提供有力支持。

### 4.4.4　小结

模型监控胜于业务事故补救。算法模型的监控指标体系对于保障业务的稳定运行和持续优化至关重要。通过这个案例，我们可以看到在 ToB 服务中搭建监控体系的具体方法和重要意义。AI 产品经理在面对不同的业务场景时，应灵活运用这些方法论，不断探索和创新，为用户提供更加优质的产品和服务。同时，随着人工智能技术的不断发展，监控体系也需要不断的完善和升级，以适应新的业务需求和挑战。

## 4.5　从生产事故到上线稳定：一套模型验收流程标准保障 AI 产品上线质量

> 千丈之堤，以蝼蚁之穴溃；百尺之室，以突隙之烟焚。
>
> ——韩非子

本节将详细剖析一个 AI 模型从生产事故到稳定上线的案例，并通过此案例，阐述如何构建一套模型验收流程标准，以确保 AI 产品的上线质量。

### 4.5.1　案例：金融 AI 模型因生产事故导致业务全面停滞

在金融领域，人工智能的发展一直处于领先地位，由此催生了大量基于大数据的 AI 风控产品。该团队的主要业务是为金融机构提供 AI 大数据风控服务，他们开发了一个信用评估模型，该模型的功能是利用借款人的历史信息来预测其未来是否有逾期还款的可能。

在金融机构决定是否向借款人放款之前，会通过系统调用该团队开发的这个模型。如果模型预测结果为"逾期"，金融机构将拒绝该借款人的贷款申请；如果模型预测结果为"不逾期"，则金融机构会批准该借款人的贷款申请。

在这个过程中，模型的准确性和可靠性至关重要，因为它直接影响金融机构的贷款决策和风险管理。因此，对模型的开发和验收需要严格的标准和流程，以确保其能够在实际应用中有效地降低信贷风险。

本来，模型上线后的表现一直相当不错。然而，突然有一天，客户反馈称模型对所有借款人的预测结果均为"逾期还款"，导致当天所有向该客户提交的贷款申请均被拒绝，影响巨大。这样的生产事故简直就是灾难，直接导致客户线上业务的全面停滞。

为什么会出现这个生产事故呢？

经过团队的核心成员紧急开会讨论，最终发现，模型全部返回"逾期"的原因是算法工程师在模型中依赖的一个关键特征突然全部返回空值。

什么是空值？

在数据处理和机器学习中，空值指的是数据集中某个特征或变量没有有效数据值的情况。空值可以用多种形式表示，如null、NaN（Not a Number，非数字）、空字符串等。

而在此模型中，该特征的数据源出现了异常，导致无法提供有效的数据，所以返回了空值。

后来，算法团队紧急调整了模型代码并重新上线，才解决了问题。尽管问题得到了解决，但模型的预测效果却大幅下降，给金融机构造成了巨大的损失。

事后，我们团队组织了一次事故复盘会议，按照模型上线的时间线，深入分析了导致这次事故的原因。其实，这根本就不是数据源问题，而是模型验收问题！

第一，缺乏模型验收标准。模型构建完成后，没有经过产品经理的验收，导致潜在问题未能被及时发现。

第二，模型稳定性未评估。模型的训练涉及多个特征，这些特征与算法共同构成了最终的模型，因此对模型特征的评估至关重要。在此次事故中，算法工程师在未评估特征稳定性的情况下，就将其引入模型，并且该特征在模型中占有较高的比重，导致模型对该特征过度依赖。

第三，无特征监控机制。模型上线后，团队成员并未对模型进行持续监控，因此模型出现问题后未能及时察觉。直到模型结果对客户造成影响并被客户发现，团队才意识到问题的严重性。这不仅给客户造成了巨大的损失，也使客户对团队的技术能力产生了怀疑。

在整个模型验收流程中，产品经理的作用是缺失的。如果产品经理对算法团队训练的模型缺乏评估能力，只能接受算法团队的解释，那么就无法有效控制产品质量。这导致产品经理在实际操作中仅仅起到了传话筒的作用，交付的产品质量不可控，为事故的发生埋下了隐患。

### 4.5.2　如何建立模型验收流程标准

基于该事故，团队建立了完整的模型验收体系。

**1. 模型验收流程优化**

修改了原有流程，增加了模型宣讲和模型评估的节点。

原流程：算法开发→工程开发→集成测试→产品验收。

优化后：算法开发→模型宣讲→模型评估→工程开发→集成测试→产品验收。

为什么要增加这两个节点呢？

因为原流程存在两个主要问题：

一是模型问题发现得太晚。如果模型构建完成后不进行评估，而是等到工程上线后的测试或验收阶段才发现问题，可能会影响产品上线时间，因为模型的调整通常比修复代码错误更为复杂。

二是容易导致评估范围不完整。产品上线后，团队更倾向于关注业务指标，而忽略模型本身的指标，比如模型特征的稳定性，一旦特征失效，整个产品都可能受到影响。

那么，增加了这两个新节点有什么作用呢？

新的流程要求在模型构建完成后，必须经过模型宣讲和模型评估两个环节，只有通过模型验收，才能进行后续的工程上线工作。

模型宣讲环节的目的是让算法团队向产品经理清晰地解释模型的加工逻辑，以便产品经理能够进行后续的验收评估工作。模型评估环节则是在模型构建完成后立即进行，以提前发现问题，避免影响产品上线。

**2. 模型验收标准确立**

在流程调整之后，产品经理与算法团队共同讨论了模型宣讲和模型评估两个环节的人员分工和交付物，并确定了在这两个节点上的工作标准。

在模型宣讲前，算法团队需要向产品经理提供一份详尽的模型报告，该报告应包括模型设计、算法选型、特征筛选以及验证结果等内容。产品经理在审查模型报告后，将组织算法团队进行模型宣讲。

在模型宣讲环节，产品经理应有针对性地了解算法逻辑。算法团队需协助说明模型所采用的算法及其选择原因、模型中的关键特征、训练样本，以及测试方案和结果。产品经理需根据算法团队提供的模型报告，对 AI 产品影响较大的三个关键点进行评估：重要特征的来源、训练样本的合理性，以及测试结果是否符合业务预期。

为什么要对这三点进行评估呢？如表 4-27 所示。

模型宣讲环节可视为产品经理为模型上线设置的第一道门槛。通过审查模型报告和上述三个关键点的粗略评估，产品经理可以判断模型的特征、样本、测试方案和结果是否合理。完成此次评估后，模型报告将被归档，随后进入模型评估环节。

表 4-27　模型报告评估的关键点

| 关 键 要 素 | 原　　　因 |
| --- | --- |
| 重要特征的来源 | 确保这些特征在未来的数据集中同样可用。如果特征的来源不稳定或不可靠，可能会导致在模型部署后无法获取这些特征，从而影响模型的性能和可靠性 |
| 训练样本的合理性 | 保证模型训练所使用的数据与实际业务场景中的数据保持一致。如果训练样本过时或与实际业务场景中的数据分布存在差异，那么训练出的模型可能无法准确反映现实情况，从而影响模型的泛化能力和业务价值 |
| 测试结果是否符合业务预期 | 确保模型的性能符合业务预期。如果测试结果过于理想或过于糟糕，都表明模型可能存在问题，如过拟合或欠拟合。这样的模型可能无法满足实际业务需求，因此需要对测试结果进行深入分析，以确定模型的性能是否真的达到了业务要求 |

而在模型评估环节，产品经理的主要任务是，根据业务需求选择合适的测试样本，并要求算法团队进行测试，提交测试结果。最后，产品经理将根据模型宣讲和测试内容编写模型验收报告。

模型验收报告包括什么内容呢？

由于不同业务场景下的评估内容可能有所不同，所以我提供一个参考框架。模型验收报告主要包括三个部分：重要特征、选择的测试样本，以及模型性能和稳定性的测试结果。这三个部分对模型的可用性和稳定性有显著影响，有时甚至直接影响业务指标。

你可能会疑问，这三个部分可能已经包含在模型宣讲环节了，如果已经评估过，为何需要再次评估？

这是因为宣讲环节的评估仅为初步评估，帮助产品经理大致了解模型结果是否满足业务需求。而在模型评估环节，产品经理需要从业务角度出发，对模型进行更详细的评估。

为什么要评估重要特征？

由于模型由特征构建，评估特征是不可或缺的环节。在此部分，需列出重要特征，并评估其选择是否合理。

接着，对每个特征的来源和特征意义进行合理性评估。

对于特征来源，需考虑特征是来自外部数据还是内部业务数据，对于外部数据，需特别关注其稳定性和可持续性。

对于特征意义，需评估特征的含义是否符合业务逻辑或常理。

什么是符合业务逻辑或常理？

比如，在考虑夜间购物特征时，将时间点设定为 22 点到 3 点可能不太合理。通常，夜间购物的时间段应该设定为 0 点到 5 点。

为什么要评估测试样本？

由于不同测试样本可能导致不同的结果，因此，应选择与实际业务场景相近的样本进行测试。在模型验收报告中，必须明确说明所选择的测试样本及其选择原因。

比如，测试一个按揭贷款申请评估模型，选择的样本来自 2018 年至 2019 年期间提交按揭贷款申请的客户数据。是因为这个时间段内全球经济相对稳定，客户数据能够提供足够的信贷历史，以评估模型在预测按揭贷款申请人违约风险方面的准确性。由于该模型主要面向的是寻求按揭贷款的客户群体，选择这个时间段的数据样本可以确保模型在实际应用中能够准确评估申请人的信用状况。

为什么要估模型的性能和稳定性？

因为模型性能直接关联业务目标，若模型性能未达到业务标准，则模型不具备上线条件。同时，模型稳定性也与业务需求密切相关，业务场景要求模型必须保持稳定。

### 3. 模型监控机制建立

为解决模型监控问题，团队提出以下解决方案：首先，建立模型全景监控，实时展示在用模型及其调用情况，及时发现异常；其次，根据模型类型，展示性能指标波动图，并设定正常范围值，确保模型性能稳定；最后，重点监控模型输出结果指标，对不合理输出进行实时告警，避免出现业务风险。

至此，团队成功构建了模型验收流程标准。为了方便大家理解，我梳理了此次模型验收的流程图，如图 4-2 所示。

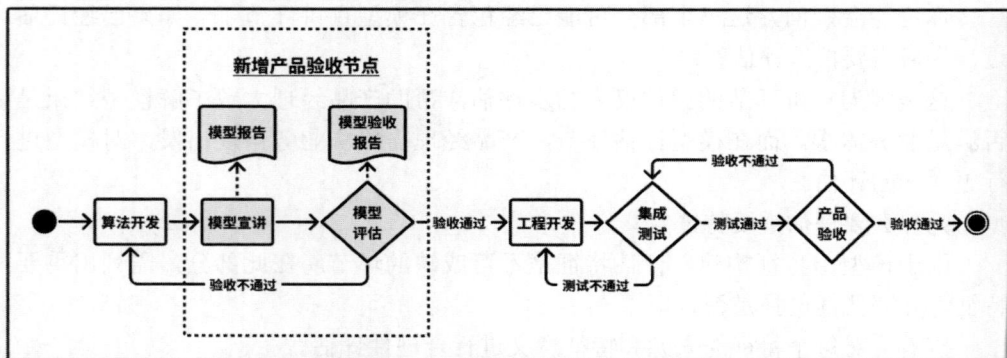

图 4-2　模型验收流程图

## 4.5.3　如何构建模型验收方法论

通过这个案例，我们可以清晰地看到模型验收的重要性。接下来我将详细介绍一个完整的模型验收方法论，希望大家能够基于我构建的这套方法论，结合自身的业务特点，制订出一套适用于自己的模型验收方案。

### 1. 验收框架设计

验收框架设计是模型验收的基石，它定义了验收的整体结构和流程。一个完整的验收框架设计应包含如表4-28所示的几个关键要素。

表4-28 验收框架设计的要素

| 关键要素 | 内容 |
|---|---|
| 验收目标 | 明确模型验收的主要目的，如确保模型性能、稳定性、安全性等满足业务需求 |
| 验收标准 | 根据业务需求和技术要求，制定具体的验收标准，如准确率、召回率、F1值等性能指标，以及稳定性、安全性等非性能指标 |
| 验收流程 | 设计从模型宣讲到最终验收通过的完整流程，包括各个环节的负责人、交付物和验收标准 |
| 验收文档 | 准备必要的验收文档，如模型报告、测试报告、验收报告等，以便记录和跟踪验收过程 |

### 2. 关键验收节点

关键验收节点是模型验收过程中的重要里程碑，它们标志着验收工作的关键阶段，如表4-29所示是几个常见的关键验收节点。

表4-29 关键验收节点的要素

| 关键要素 | 内容 |
|---|---|
| 模型宣讲 | 算法团队向产品经理和相关部门讲解模型的设计思路、算法原理、性能评估结果等，确保各方对模型有充分的理解 |
| 初步测试 | 在内部环境中对模型进行初步测试，验证其基本功能和性能是否满足预期 |
| 用户测试 | 邀请用户参与测试，收集用户对模型性能和易用性的反馈，以便进行后续优化 |
| 最终验收 | 根据验收标准和测试结果，对模型进行全面评估，确认其是否满足业务需求和技术要求 |

### 3. 验收执行指南

验收执行指南是模型验收过程中的具体操作手册，它提供了详细的验收步骤和注意事项，如表4-30所示是几个关键的验收执行指南。

表4-30 验收执行指南的要素

| 关键要素 | 内容 |
|---|---|
| 准备阶段 | 确保所有必要的验收文档和测试环境已准备就绪 |
| 测试阶段 | 按照预定的测试计划和测试用例进行测试，记录测试结果和发现的问题 |
| 问题处理 | 对测试过程中发现的问题进行及时分析和处理，确保问题得到妥善解决 |
| 验收报告 | 根据测试结果和验收标准，编写详细的验收报告，记录模型的性能、稳定性、安全性等方面的评估结果 |

#### 4. 持续优化机制

持续优化机制是确保模型在上线后能够持续满足业务需求和技术要求的重要保障，如表 4-31 所示是几个关键的持续优化机制。

表 4-31　持续优化机制的要素

| 关 键 要 素 | 内　　　　容 |
|---|---|
| 监控反馈 | 建立模型监控体系，实时跟踪模型的性能和稳定性，及时收集用户反馈 |
| 定期评估 | 定期对模型进行评估，包括性能评估、稳定性评估和用户满意度评估等，以便发现潜在问题和改进方向 |
| 迭代优化 | 根据评估结果和用户反馈，对模型进行迭代优化，提升性能和稳定性，满足用户需求 |
| 文档更新 | 及时更新验收文档和测试报告，记录模型的优化历程和性能变化，以便后续参考和审计 |

### 4.5.4　小结

构建模型验收流程标准近看是烦琐任务，远看是品质保障。通过这套完整的模型验收方法论，可以确保模型在上线前经过全面、系统的检查和验证，从而提高模型的质量和稳定性，满足业务需求和技术要求，保障 AI 产品上线质量。

新增的模型验收流程标准，如表 4-32 所示。

表 4-32　新增关键验收节点

| 新增关键验收节点 | 工 作 内 容 | 产　出　物 |
|---|---|---|
| 模型宣讲环节 | 算法同学提供模型报告，产品经理了解算法逻辑，评估重要特征来源、训练样本合理性和测试结果是否符合业务预期 | 模型报告 |
| 模型评估环节 | 产品经理挑选测试样本，请算法同事进行测试，并提交测试结果 | 模型验收报告 |

模型报告中产品经理要关注的内容和原因，如表 4-33 所示。

表 4-33　模型报告关注点

| 关 键 要 素 | 原　　　　因 |
|---|---|
| 重要特征的来源 | 确保这些特征在未来的数据集中同样可用 |
| 训练样本的合理性 | 保证模型训练所使用的数据与实际业务场景中的数据保持一致 |
| 测试结果是否符合业务预期 | 确保模型的性能符合业务预期 |

模型验收报告中产品经理要关注的内容和原因，如表 4-34 所示。

表 4-34 模型验收报告关注点

| 关 键 要 素 | 原 因 |
|---|---|
| 重要特征 | 需列出重要特征，并评估其选择是否合理<br>对于特征来源，关注其稳定性和可持续性<br>对于特征意义，是否符合业务逻辑或常理 |
| 测试样本 | 选择不同训练样本结果不一致，需说明所选择的测试样本及其选择的原因 |
| 模型的性能和稳定性 | 模型性能不达标，模型不具备上线条件<br>模型稳定性不达标，业务不稳定 |

我总结的模型验收方法论，如图 4-3 所示。

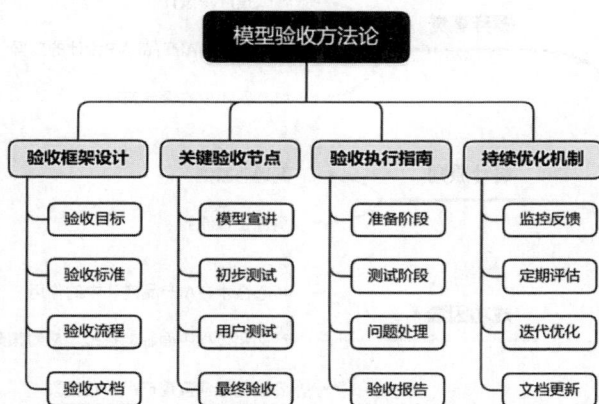

图 4-3 模型验收方法论

作为 AI 时代的产品经理，掌握模型评估标准是一门必修课！

# 第 5 章
## 产品设计——塑造有竞争力的 AI 产品

本章知识导图如下。

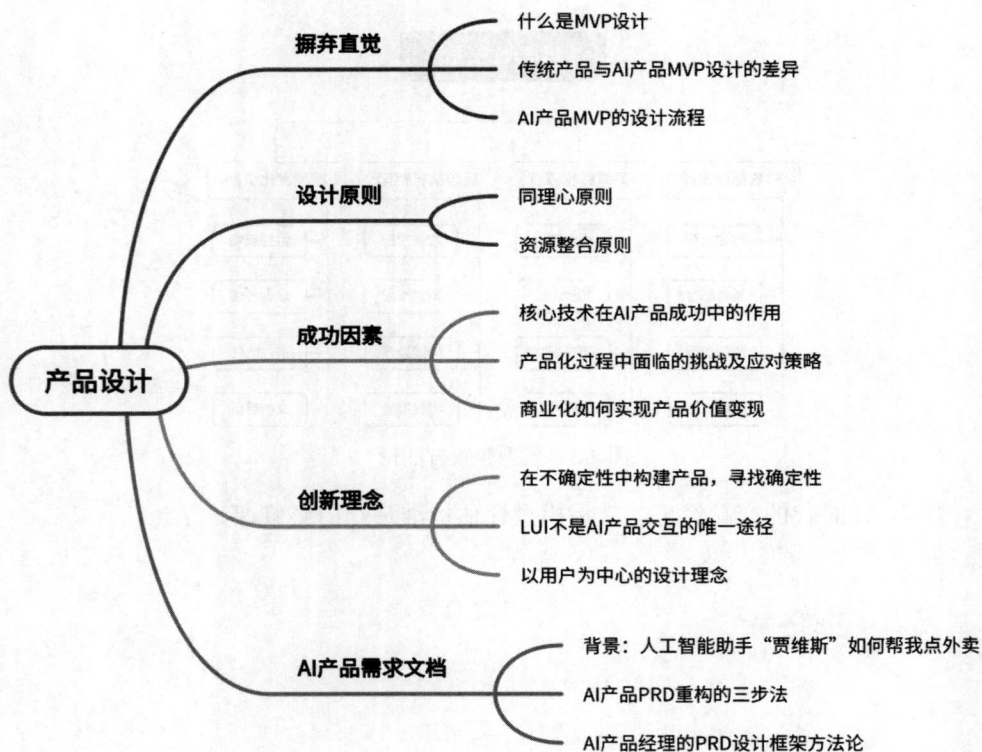

```
                              ┌─── 什么是MVP设计
                   摒弃直觉 ───┼─── 传统产品与AI产品MVP设计的差异
                              └─── AI产品MVP的设计流程

                   设计原则 ───┬─── 同理心原则
                              └─── 资源整合原则

                              ┌─── 核心技术在AI产品成功中的作用
          产品设计   成功因素 ───┼─── 产品化过程中面临的挑战及应对策略
                              └─── 商业化如何实现产品价值变现

                              ┌─── 在不确定性中构建产品，寻找确定性
                   创新理念 ───┼─── LUI不是AI产品交互的唯一途径
                              └─── 以用户为中心的设计理念

                              ┌─── 背景：人工智能助手"贾维斯"如何帮我点外卖
             AI产品需求文档 ───┼─── AI产品PRD重构的三步法
                              └─── AI产品经理的PRD设计框架方法论
```

# 5.1 摒弃直觉：打造 AI 产品 MVP 的流程及方法

小步快跑，快速迭代。

——马化腾

随着 AI 技术的不断进步，越来越多的企业和创业者涌入 AI 产品领域，希望能在这个充满机遇的市场中分得一杯羹。然而，AI 产品的开发并非易事，需要投入大量的时间、资金和人力。在这个过程中，直觉往往会成为我们的绊脚石。直觉可能会让我们对市场需求产生误判，对技术可行性过于乐观，从而导致产品开发失败。因此，摒弃直觉，采用科学的方法打造 AI 产品的 MVP，成为我们成功的关键。

本节将深入探讨产品经理在构建 MVP 时所采用的方法论，帮助你理解和掌握开发 AI 产品 MVP 的流程与关键方法。

## 5.1.1 什么是 MVP 设计

MVP（Minimum Viable Product，最小可行性产品）设计是一种产品开发策略，其核心思想是在最短时间内，以最低成本构建出具有足够特性以吸引早期用户，并验证一个产品想法是否可行的最简化版本的产品。MVP 设计的目的是快速进入市场，通过实际用户的反馈来指导产品的迭代和优化，而不是一开始就开发一个功能齐全的完整产品。

MVP 的本质是通过提供最小化可行产品获取用户反馈，快速验证团队目标和试错。其价值在于降低开发成本、提高成功率、快速投入市场并获取现金流。

如表 5-1 所示是 MVP 设计的关键点。

表 5-1 MVP 设计的关键点

| 关 键 要 点 | 内　　　容 |
| --- | --- |
| 核心功能 | MVP 只包含实现产品愿景所需的核心功能，足够让用户理解产品的价值主张 |
| 快速迭代 | MVP 强调快速开发和迭代，通过不断的测试和学习，逐步完善产品 |
| 用户反馈 | MVP 产品发布后，收集用户反馈是至关重要的。这些反馈可以帮助团队了解用户的需求，哪些功能是必要的，哪些是可以去掉或改进的 |
| 成本效益 | 通过开发 MVP，可以最小化资源投入，降低风险，因为如果产品不符合市场需求，可以尽早调整方向，避免更大的损失 |
| 验证假设 | MVP 帮助验证产品开发团队关于市场和用户需求的假设，为后续的产品开发提供数据支持 |
| 市场测试 | MVP 可以作为市场测试的工具，帮助团队了解产品的市场接受度，以及如何更好地定位产品 |

### 5.1.2　传统产品与 AI 产品 MVP 设计的差异

传统产品 MVP 主要是为了验证产品功能和核心功能规划取舍，定位核心功能后投放市场收集反馈调整规划。而 AI 产品 MVP 设计要多加入技术调研和方案评审环节，主要是分析技术可行性。

- 传统产品 MVP 流程：需求收集→产品设计→ MVP 开发→产品上线→投放市场。
- AI 产品的 MVP 流程：需求收集→技术预研→产品设计→方案评审→ MVP 开发→产品上线→投放市场。

因为如果现阶段 AI 技术不成熟且未普及，用户和企业期望过高，需要产品经理客观降低期望、提高技术实现效果。

比如，某企业在开发一款 AI 自动诊断产品时，最初没有进行充分的技术可实现性调研。团队基于领导层和市场的过高期望，直接规划了一款能够诊断多种复杂疾病的强大产品。然而，在实际开发过程中，技术团队遇到了重重挑战，发现许多预期的 AI 诊断功能在当前技术条件下难以实现。这不仅导致了项目进度的严重滞后，而且使得产品的实际性能远低于预期。

由于缺乏对 AI 技术局限性的客观评估，产品经理未能及时调整企业的期望，也没有与技术团队有效沟通以确定更为现实的技术目标。最终，这个项目不得不面临重新规划和部分功能裁剪的窘境。

### 5.1.3　AI 产品 MVP 的设计流程

AI 产品 MVP 的设计流程中，以下步骤是关键的，且每个步骤都紧密关联 AI 产品的特性，如图 5-1 所示。

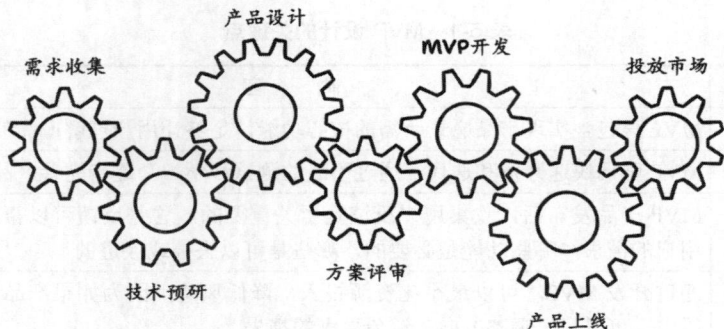

图 5-1　AI 产品 MVP 的设计流程

### 1. 需求收集

对于 AI 产品而言，这一步骤特别重要，因为它涉及理解用户如何与智能系统互动，以及 AI 能够解决哪些特定问题。需求可能包括自然语言处理、图像识别、预测分析等 AI 功能。收集这些需求时，需关注用户对智能行为的期望，以及数据隐私和安全性的考虑。

**2. 技术预研**

在 AI 产品的背景下，技术预研包括评估当前 AI 技术的适用性，如机器学习模型的复杂度、算法的选择、数据处理能力以及计算资源的需求。此外，还需考虑数据集的可用性和质量，因为 AI 系统的性能高度依赖训练数据。

**3. 产品设计**

AI 产品的设计不仅要考虑用户界面和用户体验，还要考虑 AI 模型的集成和用户交互的智能化。这包括设计能够自我学习并适应用户行为的系统，以及创建能够解释 AI 决策过程的透明界面。

**4. 方案评审**

在 AI 产品的方案评审中，重点在于确保 AI 模型的准确性和效率，以及它们如何与产品的其他部分集成。评审还应包括对数据流、模型训练和部署流程的评估，以及潜在的法律和伦理问题。

**5. MVP 开发**

在 AI 产品的 MVP 开发中，重点在于构建一个能够展示 AI 核心功能的简化版本。这可能包括实现一个或几个关键算法，以及足够多的用户交互来验证 AI 的价值主张。

**6. 产品上线**

AI 产品的上线不仅仅是技术部署，还包括对 AI 模型性能的监控和调整。内部测试阶段要确保 AI 系统能够在预期的数据集上正确运行，并且能够处理异常情况。

**7. 投放市场**

对于 AI 产品来说，市场投放是一个关键的验证阶段，因为它允许在真实环境中测试 AI 模型的泛化能力。收集用户反馈对于提高 AI 模型的预测能力和用户体验至关重要。

AI 产品的 MVP 设计流程不仅要考虑传统软件开发的要素，还要特别关注 AI 技术的独特性，包括数据处理、模型训练、算法选择和用户交互的智能化。这些因素共同确保了 AI 产品能够有效地解决用户问题，并在市场上取得成功。

## 5.1.4  小结

MVP 不是更廉价的产品，而是用最少精力验证假设的最快方式。史蒂夫·布兰克（Steve Blank）曾提到："MVP 并不总是你最终产品的更小 / 更便宜的版本。定义 MVP 目标可以为你节省大量的时间、金钱和痛苦。"对于 AI 产品经理而言，科学地设计和打造 AI 产品 MVP 需要明确 MVP 的本质和价值，认识传统设计与 AI 产品 MVP 设计的差异，严格遵循 AI 产品 MVP 设计的流程。通过这样的方式，能够提高 AI 产品的成功率，推动 AI 产品的发展。

# 5.2　设计原则：AI产品设计的准则

早在中国公元前500年，墨子就在讨论兼爱的概念，意思是在做出一个道德决定时应该考虑到每个人的利益，每个人的偏好都应该被平等地看待。

——斯图尔特·罗素（Stuart Russell）

AI产品为人们的生活带来了翻天覆地的变化。然而，要设计出一款成功的AI产品并非易事，需要遵循一系列科学合理的设计原则。

本节将深入探讨AI产品设计的关键原则，为产品经理提供宝贵的指导和启示。

## 5.2.1　同理心原则

### 1. 认知共鸣

产品经理要以用户的认知看待产品设计。在AI产品中，由于机器学习算法的复杂性，用户往往对产品的预测和推断存在疑问。产品经理需要考虑用户的传统认知逻辑，通过提高算法的可解释性、提供清晰的说明等方式，建立用户对产品的信任。

对于一款AI自动诊断产品，可以在给出诊断结果的同时，展示诊断的依据和过程。比如，通过图像分析展示病变区域的特征，与已知病例进行对比，并附上相关的医学文献解释，让医生能够更直观地理解诊断结果的产生过程，从而提高对产品的信任度。对于患者，产品可以用通俗易懂的语言解释病情和诊断依据，帮助患者更好地理解自己的健康状况。

### 2. 情感共鸣

体会用户的情感体验是设计出有温度的AI产品的关键。产品经理要感受用户的快乐、痛苦、无助等情感，并以此为基础设计产品。

对于医生，AI自动诊断产品可以提供快速准确的诊断结果，减轻他们的工作负担，同时提供智能辅助决策功能，增强他们的信心。对于患者，产品可以在给出诊断结果后，提供温暖的鼓励话语和康复建议，给予患者情感支持。比如，当患者被诊断出患有某种疾病时，产品可以推荐一些成功的康复案例，让患者看到希望。

### 3. 身体感受共鸣

关注用户在使用产品时的身体体验。特别是为老年人等特定人群设计产品时，要考虑他们的视力状况、身体疲劳等因素。

比如，在设计AI自动诊断产品的用户界面时，要考虑屏幕的亮度和字体大小，确保老年患者能够轻松看清信息。同时，可以提供语音交互功能，让患者无须费力阅读文字就能获取诊断结果和建议。此外，产品的操作要简单便捷，避免让患者感到困惑和疲劳。

### 5.2.2  资源整合原则

#### 1. 广阔视野的必要性

AI产品经理需要具备广阔的视野，能够整合多领域的资源和技术。包括软/硬件技术的整合、跨行业技术的融合、交叉文化的理解与创新等。

比如，将人工智能技术与医疗影像技术相结合，设计出更准确的AI自动诊断产品。通过整合先进的影像设备和强大的算法，能够快速分析医学影像，提高诊断的准确性和效率。同时，可以借鉴其他行业的技术，如大数据分析和云计算，为产品提供更强大的数据支持和计算能力。

#### 2. 突破传统界面的限制

传统的图形用户界面已经无法满足AI产品的发展需求。产品经理要利用传感器和跨学科技术，探索更多的交互方式，如语音交互、手势识别、脑波控制等。

在AI自动诊断产品中，可以引入语音交互、手势识别等技术，让医生和患者能够更方便地操作产品。比如，医生可以通过语音指令快速查询患者的诊断结果和病历信息，提高工作效率。患者也可以通过手势操作产品，获取自己的健康报告和建议。

#### 3. 以用户为中心的设计

挖掘用户最自然的行为习惯，以设计出符合用户需求的产品。产品经理要深入了解用户的生活场景和需求，将人工智能技术融入产品中，为用户提供更好的体验。

只有了解医生的工作流程和患者的就医习惯，才能设计出更贴合实际需求的AI自动诊断产品。比如，对于医生，可以根据他们的诊断习惯和工作流程，提供个性化的诊断辅助功能。对于患者，可以根据他们的健康状况和生活方式，提供个性化的健康管理建议和预防措施。

### 5.2.3  小结

正如布莱恩·阿瑟（W. Brian Arthur）所言：“需求驱动着技术的每一次进化，其力量不亚于新的组合可能性或新现象的发现；没有未满足的需求，技术上将不会出现任何新颖的事物。”这一深刻洞见，在以用户为中心的AI产品设计中，显得尤为关键。这意味着，在AI领域，产品经理绝不能仅仅沉迷于算法的炫酷或技术的可能性，而必须将深刻理解用户、洞察其未被满足的需求置于战略核心——这正是同理心原则的精髓。同时，仅仅理解需求远远不够，还需要具备广阔的视野和整合资源的能力（资源整合原则），唯有如此，我们才能设计出既满足用户深层需求又富含创新性的AI产品，为用户带来前所未有的体验，并真正推动AI产业的健康发展。

未来属于能够将技术与人文精神结合的AI产品经理。随着人工智能技术的不断发展，AI产品的设计也面临着越来越多的挑战和机遇。好的AI设计是让技术隐形，让人性显形。通过技术隐形化和人性化，AI产品可以提供更加自然、直观和令人愉悦的用户体验。这不仅是技术进步的体现，也是对人类需求的深刻理解和回应。遵循科学合理的设计原则，是设计出优秀AI产品的关键。AI产品经理要能够深刻理解并运用这些原则，为创造出更智能、更人性化的AI产品而努力。

## 5.3　成功因素：AI产品成功的必要条件

人类仍然掌握着AI技术的控制权，但他们正在滥用这项技术。相关风险包括取代大量工作岗位，以及加剧贫富差距。

——杰弗里·辛顿（Geoffrey Hinton）

在AI时代，AI产品如雨后春笋般涌现，但脱颖而出者寥寥。那么，AI产品成功的必要条件究竟是什么呢？

本节将从核心技术、产品化、商业化三个方面深入分析，为AI产品经理提供宝贵的经验和启示。

### 5.3.1　核心技术在AI产品成功中的作用

#### 1. 技术创新带来竞争优势

在AI时代，产品之间的竞争早已超越了传统的功能性比拼，转向了多维度的较量。核心技术的不断创新为解决用户需求提供了多种选择，使产品能够在众多竞争对手中脱颖而出。就像智能家居AI产品中的语音识别技术，通过复杂的算法和硬件集成，实现了更自然的交互体验，为用户带来了便捷的智能家居生活。

比如，某款智能家居AI助手，运用了先进的自然语言处理技术，能够理解用户的语音指令并执行相应的家居控制操作。与市场上的其他产品相比，该产品在语音识别率和响应速度上具有明显优势，因此迅速获得了市场的认可。

#### 2. 拓展应用领域创造市场先机

核心技术不仅可以提升现有产品的性能，还可以帮助企业拓展更多的应用领域，创造市场先机。

比如，智能传感器技术不仅可以应用于家居环境监测，还可以在能源管理、智能家电控制等领域发挥重要作用。企业一旦掌握了这种技术，就能够在市场中占据有利地位。

在某个智能家居项目中，我们利用人工智能算法和传感器技术，实现了对家庭能源消耗的实时监测和智能调控。这一技术的应用，不仅提高了能源利用效率，降低了能源成本，还为用户提供了更加舒适和便捷的生活环境。通过不断拓展技术的应用领域，我们的产品为用户创造了更多的价值，也为企业带来了更广阔的市场空间。

## 5.3.2 产品化过程中面临的挑战及应对策略

### 1. 建立信任

AI产品的技术逻辑往往很难被诠释清楚，对于新品牌而言，建立信任是产品化的第一步。产品经理可以通过提供详细的产品说明、用户案例和技术认证等方式，让用户了解产品的优势和可靠性。同时，积极与用户互动，及时回复用户的疑问和反馈，以增强用户对产品的信心。

比如，在推广一款智能家居安防系统时，面临着用户对新技术的不信任问题。为了解决这个问题，我们邀请了一些知名的安全专家进行试用、推荐，请体育界的比赛冠军担任品牌代言人，并在产品官网和社交媒体上发布了他们的使用体验和评价。通过这种方式，我们成功地建立了用户对产品的信任，提高了产品的知名度和美誉度。

### 2. 快速传递价值

AI产品只有快速证明自己可以带来价值，才能促使用户产生购买欲望。产品经理可以制定简洁明了的产品营销策略，突出产品的核心功能和优势，让用户在短时间内了解产品的价值。同时，提供免费试用或演示版本，让用户亲身体验产品的功能和效果。

比如，我们推出的一款智能照明系统，通过制作精彩的演示视频和提供免费试用，让用户直观感受到产品的智能化和便捷性，从而吸引了大量用户的关注和试用。

### 3. 保证长期价值传递

用户一旦购买了AI产品，就与产品建立了紧密的联系。产品需要经得起考验，保证长期稳定地将价值传递给用户。产品经理可以通过不断优化产品性能、提供及时的技术支持和售后服务等方式，提高用户的满意度和忠诚度。

某款智能家庭安防系统在推出后，受到了用户的广泛好评。然而，随着用户数量的增加，我们也面临着一些挑战。比如，部分用户反映系统在某些情况下会出现误报警的情况。为了解决这个问题，我们迅速组织技术团队进行排查和优化，通过更新算法和调整传感器参数，大大降低了误报警率。同时，我们还加强了售后服务团队的建设，为用户提供 $7 \times 24$ 小时在线技术支持，及时解决用户在使用过程中遇到的问题。通过这些努力，我们成功地提高了用户的满意度和忠诚度，使产品在市场上保持了良好的口碑。

### 4. 建立用户依赖

AI产品除了需要向用户传递价值外，还需要与用户建立更多的连接，让用户依赖产品，将产品融入用户的生活中。产品经理可以通过不断推出新的功能和服务，满足用户的个性化需求，提高用户的参与度和黏性。

比如，在一款智能窗帘控制系统的设计中，我们不仅提供了基本的开合控制功能，还推出了定时开关、光线感应等功能。用户可以根据自己的生活习惯和需求，设置不同的场景模式，实现窗帘的自动控制。同时，我们还推出了手机 App，用户可以通过手机随时随地控制窗帘的状态，方便快捷。通过这些功能的推出，我们成功地建立了用户与产品之间的紧密联系，提高了用户的参与度和黏性，使产品成为用户生活中不可或缺的一部分。

### 5.3.3　商业化如何实现产品价值变现

#### 1. 深入理解场景和用户痛点

AI 产品经理需要站在用户角度，深入理解场景和用户的痛点在哪里。只有准确把握用户需求，才能制定出合适的商业推广策略和产品定价包装策略。

比如，某款智能家庭安防系统进行商业化设计时，深入调研了家庭安防市场的各个环节和用户痛点。我们发现，用户在家庭安防方面，最关心的是安全性、便捷性和价格。针对这些痛点，我们设计了一款基于人工智能技术的智能家庭安防系统，能够实现实时监控、智能报警、远程控制等功能。同时，我们还采用了简单易用的安装方式和操作界面，让用户能够轻松上手。通过深入理解用户场景和痛点，我们成功地为产品找到了市场定位，提高了产品的商业价值。

#### 2. 评估产品价值和研发成本

在商业化过程中，产品经理需要对产品带来的价值和研发成本进行准确评估。只有合理定价，才能实现产品的价值变现。对于 AI 产品，由于其使用了更复杂的技术架构，研发成本具有不确定性，技术的预期效果也较难评估。因此，产品经理需要采用科学的方法，对产品的价值和成本进行评估。

比如，在推出一款智能医疗诊断产品时，我们对产品的研发成本进行了详细的核算，包括技术研发、设备采购、人员培训等方面的费用。同时，我们还对产品能为用户带来的价值进行了评估，包括提高诊断准确性、缩短诊断时间、降低医疗成本等方面的效益。通过综合考虑产品的价值和成本，我们制定了合理的产品定价策略，既保证了企业的利润，又能让用户接受。

#### 3. 制定合适的产品定价和包装策略

根据产品的特点和市场需求，制定合适的商业推广策略和产品定价包装策略是实现产品价值变现的关键。产品经理可以通过多种渠道对产品进行推广，如线上广告、线下活动、合作伙伴推广等。同时，根据不同的用户群体和市场定位，制定不同的产品定价和包装策略。

比如，在推广一款智能扫地机器人时，我们针对不同的用户群体，制定了不同的产品定价和包装策略。对于高端用户，我们推出了豪华版，配备了更多的高级功能和配件；对于普通用户，我们推出了标准版，价格更加亲民。同时，我们还通过参加家居展会、举办线上促销活动等方式，进行产品推广，提高产品的知名度和市场占有率。

#### 4. 必要时进行产品定位调整

在商业化过程中，产品经理需要根据市场反馈和竞争情况，及时进行产品定位调整。如果产品在市场上的表现不如预期，产品经理需要分析原因，调整产品的定位和策略。

比如，某个智能门锁项目，该门锁最初定位高端市场，主打高科技和高安全性。然而，在推向市场后，我们发现高端市场的竞争非常激烈，而且用户对价格的敏感度较高。面对这种情况，我们及时进行了产品定位调整，将目标市场扩大到中高端市场，并对产品的功能和价格进行了优化。我们保留了核心的安全功能，如指纹识别、密码锁等，同时增加了一些便捷性的功能，如手机远程控制、临时密码等。在价格方面，我们进行了适当的调整，使其更具竞争力。通过这次调整，我们的智能门锁在中高端市场获得了较好的市场反响，销量逐渐上升。

### 5.3.4　小结

综上所述，一款AI产品的成功，其核心技术、产品化、商业化三要素缺一不可，如图5-2所示。

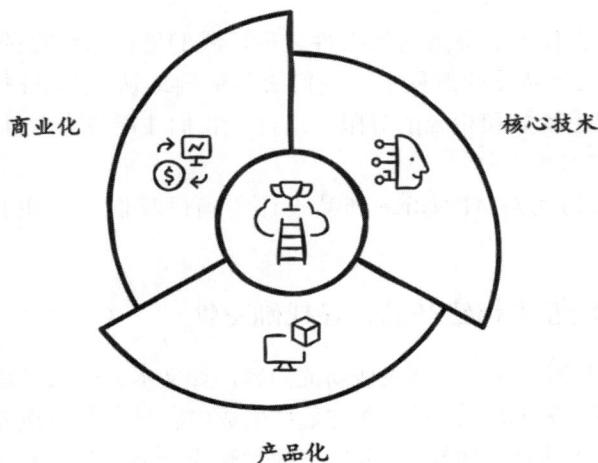

图 5-2　AI 产品成功的必要条件

以下是给产品经理的一些参考建议。

第一，核心技术的创新是产品成功的基石。这不仅为产品提供了独特的竞争优势，而且为产品在多个应用领域的拓展提供了可能性。技术的领先性和独特性是吸引用户和区别于竞争对手的关键。

第二，产品化的深入是技术转化为用户价值的桥梁。在这一过程中，建立用户信任、快速传递产品价值、保证长期的价值传递，以及培养用户对产品的依赖性是至关重要的。

第三，精准的商业化是实现产品市场价值的必要条件。产品经理需要深入理解用户场景和痛点，准确评估产品的市场价值和研发成本。在此基础上，需要制定有效的商业推广策略和合理的定价模型，同时在市场反馈和用户需求的变化中灵活调整产品定位，以确保产品的市场适应性和商业成功。

作为 AI 产品经理，我们应不断提升自己在这三个方面的能力，努力打造出既具有技术创新又能满足用户需求、实现商业价值的优秀 AI 产品，为推动人工智能产业的发展贡献自己的力量。

创新是竞争力的源泉，执行力是 AI 产品成功的基石。AI 产品的成功之路充满挑战，但也蕴含着巨大的机遇。通过把握核心技术、优化产品化过程和制定明确的商业化策略，产品经理可以引领 AI 产品走向成功。

## 5.4　创新理念：AI Native 产品设计的理念与方法

*预测未来的最好方法是去创造它。*

*——艾伦·凯（Alan Kay）*

在深入理解大模型的能力与局限性之后，我们进行系统性的梳理，以便更好地将 AI 技术融入产品设计流程中。我们必须清晰地认识到 AI 技术的能力所在，以及其适用的应用场景和相应的界限。这样，我们才能更有效地在产品设计的各个环节中应用 AI 技术。

本节讲述如何面对 AI Native 产品设计，确保我们设计出具有竞争力的 AI 产品。

### 5.4.1　在不确定性中构建产品，寻找确定性

生成式人工智能大模型能够生成新的内容，如文本、图像、音频等。这些模型基于概率分布来生成输出，这意味着它们在生成内容时存在不确定性。这里的"不确定性"指的是 AI 模型可能产生多种不同的输出，而且这些输出是不可预测的。因此，核心任务是在这种不确定性中找到和实现"确定性的输出和应用"。

- 确定性的输出：确保 AI 模型生成的结果是符合预期、可靠且一致的。这意味着输出应该是高质量的、相关的，并且能够满足特定的产品需求。
- 确定性的应用：确保 AI 模型在实际应用中的表现是可预测和可靠的，从而使得产品能够稳定地服务用户。

此外，在产品设计的实际操作中，我们面临两大挑战：一是确保 AI 能力的稳定性和可控性；二是管理用户预期。

1）确保 AI 能力的稳定性和可控性

稳定性指的是 AI 模型需要在其整个生命周期内保持性能的稳定性，不受数据

变化或外部干扰的影响；而可控性指的是开发者需要能够控制 AI 模型的行为，确保它不会超出既定的操作范围，避免产生不良后果。

为了确保 AI 能力在产品具体场景中的稳定性和可控性，我们必须精确捕捉用户意图。包括对用户输入的提示词和交互方式的深入理解，以确保系统能够准确响应应用用户指令。同时，我们需要优化处理流程，保证在产品中间环节的成本和效率处于可控范围内，防止 AI 模型运作过程中的资源浪费和效率低下。

2）管理用户预期

管理用户预期意味着需要通过沟通和教育来确保用户对 AI 产品的能力有合理的理解，包括它的局限性。

从用户的角度出发，我们需要明确产品的功能范围，让用户对产品的功能范围有清晰的认识，避免产生误解。因为用户对 AI 产品的期望可能会非常高，尤其是在了解了 AI 的强大能力之后。然而，AI 模型可能无法始终满足所有用户的所有需求。所以，我们还需设置合理的期望值，防止用户对产品抱有不切实际的期望，比如用户认为 AI 产品能够解决所有问题。

## 5.4.2　LUI 不是 AI 产品交互的唯一途径

LUI（Language User Interface，语言用户界面）指的是一种允许用户使用自然语言与计算机系统进行交互的用户界面。在 LUI 中，用户可以通过语音或文本输入自然语言命令，系统则通过自然语言处理（Natural Language Processing，NLP）技术来理解用户的意图，并执行相应的任务或提供所需的信息。

LUI 的特点如下。

● 自然交互：用户不需要遵循特定的命令格式，可以像与人交流那样自然地表达需求。

● 智能理解：系统需要具备较高的自然语言理解能力，能够解析用户的语言并准确把握其意图。

● 上下文感知：LUI 系统能够记忆对话的上下文，使得交互更加连贯和准确。

在 AI 时代，LUI 广泛应用于虚拟助手、客户服务机器人、智能家居控制系统等领域，极大地提升了人机交互的便捷性和友好性。随着人工智能技术的不断发展，LUI 也将变得更加智能和高效。

LUI 作为人工智能产品交互形态的一种具体表现，在这种模式下，用户界面通常采用对话形式，依托大模型来解析用户的意图，并根据解析结果与产品内部的不同能力和功能模块相连接，以实现用户的操作与交互。虽然 LUI 在当前广泛应用于众多 AI 产品中，但其并非唯一的交互方式。

AI 产品的交互形态远不止于此，这并非其最终形态。比如，我们很难用简洁的文字来全面描述一张内容丰富的图片，这是因为图片和文字所承载的信息量存在差异。在用户明确意图和做出交互决策之前，他们需要接收足够的信息以支撑其决策过程。

从本质上讲，产品交互是一个不断确认用户意图、期望和需求的过程。在这个过程中，我们提供给用户的信息媒介和形式所包含的信息量各不相同，因此，如何传递信息的优先级和方式，是设计中需要深入思考的要点。

在设计具体的产品交互形态时，我们应当围绕用户的旅程、需求和期望，以及交互成本进行考量。目标是设计出能够让用户通过最少、最便捷的交互步骤，以最短的时间满足其需求的产品交互模式。

### 5.4.3　以用户为中心的设计理念

在探讨 AI 技术发展与产品创新的过程中，我们深刻认识到一个核心理念：一切以用户为中心。

在 AI 技术初期，诸如 ChatGPT 这样的产品通过对话框形式，实现了用户输入文字后生成智能体来执行任务的功能。随后，许多产品开始采用 LUI 方式，即用户通过语音或文字指令来驱动产品流程或获取结果。然而，我们应当意识到，AI 的应用不应局限于这些形式。

当前的 AI 产品尚未达到最佳状态。我们需要质疑单一的对话框界面或纯文字交互是否总是最佳解决方案。特别是在涉及图像处理的场景中，一张图片所包含的信息量远远超过简短的文字描述。

因此，在使用 AI 技术时，我们要批判性地思考产品的目标，深入了解不同的 AI 模态和技术，探讨如何将其应用于产品中。同时，我们要关注用户的需求，是真正运用 AI 技术，还是通过结合不同的方式和技术，为用户提供更好的解决方案。

而在满足用户需求的过程中，我们应允许用户参与其中，结合 AI 技术，即使大模型无法直接解决问题，用户的参与也可以提供补充，共同找到解决方案。

对于产品经理来说，需注意不同的 AI 能力在应用到不同场景时会有局限性，如何权衡和安排以达到最佳效果，避免因模型的不确定性或性能限制导致用户需求未得到满足，是我们需要关注的问题。

从用户出发，为人民服务。我们要追求用户体验、效率和成本收益的最优化，这才是产品设计和创新的根本宗旨。

### 5.4.4　小结

AI 产品设计的核心挑战在于如何在不确定性中构建出具有确定性的产品。作为 AI 产品经理，需要记住以下几个关键点，如表 5-2 所示。

表 5-2 构建出具有确定性的产品

| 关 键 点 | 内 容 |
| --- | --- |
| 寻找确定性 | 在具体的业务场景中,我们的目标是提供尽可能确定的结果。这包括优化流程、降低成本、减少等待时间等多个维度。用户始终在寻找最佳、最确定的解决方案 |
| AI 技术的应用 | AI 技术为我们提供了新的能力,如知识回答。然而,我们也必须意识到,在特定专业领域,如外贸和医疗,AI 模型可能缺乏必要的知识,因此我们需要规避这些局限性 |
| AI 产品经理的视角 | 作为 AI 产品经理,在设计任何需求时,应牢记 AI 技术的能力及其限制。AI 技术是一种解决问题的工具和手段,我们需要清楚它能解决什么问题,以及它的局限性在哪里 |

创新是产品经理进步的灵魂,是 AI 产品设计的不竭动力。在当前人工智能模型和 AI 生成内容应用层出不穷的大背景下,新兴技术能力的涌现为 AI 产品设计开辟了广阔的发展空间。我们完全有潜力在 AI 时代融合先进的技术手段,以更精准地满足用户需求,打造出更为卓越的 AI 产品。这不仅是对传统产品设计理念的升华,也是顺应技术发展趋势,推动 AI 产品创新的重要途径。在此基础上,我们应积极探索,不断实践,以期在激烈的市场竞争中占据有利地位。

## 5.5 从图形到对话:一份 AI 产品需求文档重新定义 LLM AI 产品需求

对技术历史的分析表明,技术变革是指数级增长的,与常识中的"直觉线性"观点相反。因此,在 21 世纪我们不会经历 100 年的进步——它将更像是两万年的进步(按当前的速度)。

——雷·库兹韦尔(Ray Kurzweil)

作为产品开发的核心人物,AI 产品经理需要撰写高质量的产品需求文档(Product Requirement Document,PRD),以确保产品的成功开发和落地。而在 AI 时代,PRD 的形式与内涵正经历着前所未有的变革。对于 AI 产品经理而言,掌握 AI 产品独特的 PRD 设计方法,已然成为打造成功产品的关键所在。

本节将以 AI 外卖助手为例,深入剖析 AI 产品 PRD 的全新逻辑。

### 5.5.1 背景:人工智能助手"贾维斯"如何帮我点外卖

高中时期我很喜欢漫威电影,尤其痴迷钢铁侠系列电影,甚至通宵达旦缩在被窝里观看。电影里那些高科技和超现实的科幻特效,每次都能让我兴奋得心跳加速。特别是钢铁侠那个超级人工智能助手贾维斯,简直神了!不管钢铁侠什么时候喊"贾维斯",它都能立刻响应,精准地根据指令完成各种复杂事务。那时候我就想，要是现实生活中我也能有个这样的助手，该多方便啊！

随着 AI 时代的到来，我真的迎来了属于自己的"贾维斯"人工智能助手 MVP 产品。如今 AI 大模型技术越来越成熟，让这个"贾维斯"具备了听懂我意图的能力，还能实现不少软件层面的事务性操作。就拿点外卖来说吧，以前点外卖，流程很麻烦。得先手动打开外卖软件，然后在密密麻麻的餐厅列表里搜索想吃的餐厅，接着在一堆菜品里挑选，选好了还得加购，最后完成支付，一套流程下来，没个十几分钟根本搞不定。

但现在有了"贾维斯"就完全不一样啦！有一次中午我忙得晕头转向，肚子饿了，直接喊了句："贾维斯，中午的外卖再点一份。"话音刚落，"贾维斯"就听懂了我的指令，麻溜地在外卖软件平台上帮我完成了下单操作。

这是什么概念？

对于传统产品，须手动完成"打开软件→搜索餐厅→选菜品→加购→下单→支付"等步骤；而 AI 产品的理想状态是，用户仅需说"中午的外卖再点一份"，Agent 会自动完成全流程。也就是说，AI 技术重构产品交互范式，标志着用户交互从"图形操作"转向"自然对话"。

不过，要实现"贾维斯"帮我点外卖这个厉害的功能，背后的过程可没那么简单。

AI Agent 技术的发展，让用户从过去单纯的"操作者"逐渐转变为"决策者"。这就要求产品经理重新去定义需求落地的边界。比如，哪些任务可以放心交给 AI 去执行，哪些环节还必须得有人类的反馈和干预。

为了把这个功能实现得尽善尽美，作为产品经理，得依靠 PRD。PRD 可是产品经理的核心产出，它要详细阐述清楚用户的各种诉求，究竟应该通过什么样的方式来实现。

然而，AI 产品的 PRD 和非 AI 产品的 PRD 相比，差别大得超乎想象。就拿"贾维斯点外卖"这个具体案例来说，传统 PRD 的设计逻辑遇到了三大矛盾，给产品经理带来了前所未有的挑战，如图 5-3 所示。

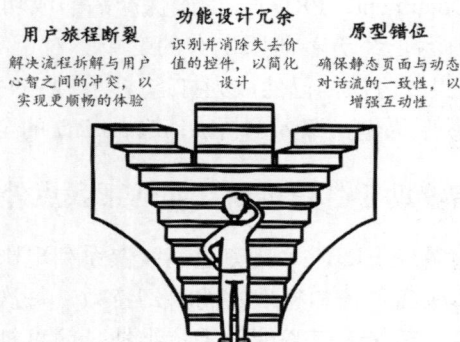

图 5-3　传统 PRD 设计中的矛盾

#### 1. 用户旅程断裂：流程拆解逻辑与用户心智冲突

传统的 PRD 在设计时，习惯将点外卖这样的流程拆解为搜索、筛选、下单等一个个独立的功能模块。然而，在用户的心智模型中，"点外卖"本质上是一个单一的动作，他们期望的是简洁流畅的服务，而非被机械地追问"选哪家餐厅；要什么菜品"。这种流程拆解逻辑与用户心智的冲突，直接导致 AI 助手在与用户交互时，体验的流畅性被无情破坏，用户原本美好的期待瞬间大打折扣。

#### 2. 功能设计冗余：90% 的页面控件失去价值

传统 PRD 中包含众多诸如筛选器、排序按钮、购物车图标等 GUI 组件。在过去以图形操作为主的交互模式下，这些组件发挥着重要作用。但在如今的对话场景中，这些组件根本无法触达用户。可有些开发团队并未意识到这一点，依旧将大量的开发资源投入设计"语音版筛选弹窗"这类无意义的功能上，不仅浪费了宝贵的人力、物力，还延缓了产品的开发进度。

#### 3. 交互原型错位：静态页面无法匹配动态对话流

传统的原型图设计重点聚焦在页面布局上，试图通过精心设计的页面元素来引导用户操作。但在 AI 产品中，用户的真实操作大多发生在对话窗口中。这就导致在关键节点，如支付确认环节，由于缺乏混合交互设计，用户常常会因为不熟悉新的交互方式而出现误操作，极大地影响了用户体验。

### 5.5.2 AI 产品 PRD 重构的三步法

#### 1. Agent 工作流设计：用"决策—执行链"替代用户旅程图

在新的设计理念下，我们需要用"决策—执行链"替代传统的用户旅程图。

1）定义 HITL 节点

HITL（Human-in-the-loop，人类在环）是指在 AI 系统的工作流程中，明确需要人类参与决策或干预的关键节点。这些节点通常涉及高价值、高风险或高不确定性的任务，AI 无法完全自主完成，必须依赖人类的判断、反馈或授权。

需要精准定义 HITL 节点，即仅在那些必须由人类反馈的环节设计交互。HITL 节点与非 HITL 节点的对比如表 5-3 所示。

表 5-3 HITL 节点与非 HITL 节点的对比

| 节点类型 | HITL 节点 | 非 HITL 节点 |
| --- | --- | --- |
| 决策主体 | 人类 | AI |
| 交互形式 | 需用户明确反馈（如点击、语音确认） | AI 自主执行（无须用户干预） |
| 案例 | 支付授权、订单修正 | 餐厅推荐、地址填写 |

在"贾维斯点外卖"场景中，HITL 节点设计如下。

（1）订单确认节点。

- 场景：贾维斯根据用户历史订单生成默认订单（如"肯德基汉堡＋奶茶"）。
- 人类干预：用户需确认是否更换菜品（如"去掉奶茶，加一份薯条"）。
- 设计要点：
  - 提供默认选项（减少用户操作）；
  - 支持自然语言修正（如"换成可乐"）。

（2）支付授权节点。

- 场景：贾维斯自动填写地址、支付方式，生成待支付订单。
- 人类干预：用户需确认支付（如指纹验证或点击"确认支付"按钮）。
- 设计要点：
  - 展示订单详情（如总价、支付方式）；
  - 提供撤销选项（如"更换支付方式"）。

2）Agent 自主执行链

Agent 自主执行链：[ 用户指令 ]→意图解析→调用历史订单→比价推荐→生成默认订单→ [ 用户修正 ]→自动支付。

以"贾维斯点外卖"为例，其 Agent 自主执行链清晰明了：从 [ 用户指令 ] 出发，经过意图解析，准确理解用户需求，接着调用历史订单获取相关信息，进行比价推荐，生成默认订单。在这个过程中，仅保留"是否更换菜品""是否立即支付"这两个决策点供用户确认，其余环节皆由 Agent 自主高效完成，大大提升了交互效率与用户体验。

**2. 提示词工程化：将功能需求转化为结构化指令**

将功能需求转化为结构化指令时，需要遵循明确的设计原则，即清晰定义角色（Role）、任务（Task）、约束（Constraints）、输出格式（Output）。

以餐厅推荐节点为例，设定角色为"美食顾问"，任务是"根据指令推荐外卖"，同时设置约束条件，如"排除用户差评过的商家""配送费超过餐费 30% 时预警"，输出格式规定为"带推荐理由的 Markdown 列表（限 3 条）"。通过这样的设计，让 AI 能够准确理解任务要求，提供符合预期的输出结果。提示词示例如下。

> Role: 美食顾问
> Task: 根据指令推荐外卖
> Constraints:
> 排除用户差评过的商家
> 配送费超过餐费 30% 时预警
> Output: 带推荐理由的 Markdown 列表（限 3 条）

**3. GUI in LUI：动态混合交互原型**

在 AI 产品交互设计中，我们倡导"GUI in LUI"（Graphical User Interface in

Language-based User Interface）的理念，也就是动态混合交互原型规则：80%的操作由自然语言完成，20%的关键节点嵌入GUI组件。

以支付确认设计为例，当用户说"贾维斯，用支付宝支付"时，系统会弹出卡片。卡片上不仅有文字确认信息"总价30元，使用尾号9330支付宝账户支付"，还配备了GUI按钮，如"立即支付""更换支付方式""取消订单"。这种设计方式既充分发挥了自然语言交互的便捷性，又在关键操作节点利用GUI组件提供了明确、直观的操作引导，降低用户误操作的可能性，提升了支付环节的准确性和用户的安全感。

史蒂夫·乔布斯（Steven Paul Jobs）曾在接受媒体采访时的表示：设计不仅仅是外观和感觉，设计是产品如何运作。（Design is not just what it looks like and feels like. Design is how it works.）这种动态混合交互原型打破了传统单一交互模式的局限，让用户在自然流畅的对话过程中，在关键节点能够获得清晰明确的操作指引，实现了自然语言交互与图形界面交互的优势互补，为用户带来更加高效、舒适的使用体验。

### 5.5.3 AI产品经理的PRD设计框架方法论

通过"贾维斯帮我点外卖"案例的分析与解决方案的探讨，我总结出AI产品经理的PRD设计框架核心公式：

$$AI\ PRD = Agent\ 工作流 × 提示词工程 × 混合交互原型$$

这个公式并非简单的数学运算，而是蕴含着深刻的产品设计逻辑。它表明，一个成功的AI产品PRD需要高效合理的Agent工作流作为基础，精准规范的提示词工程来确保AI理解并执行任务，以及巧妙融合的混合交互原型来提升用户体验，三者相辅相成，缺一不可，如图5-4所示。

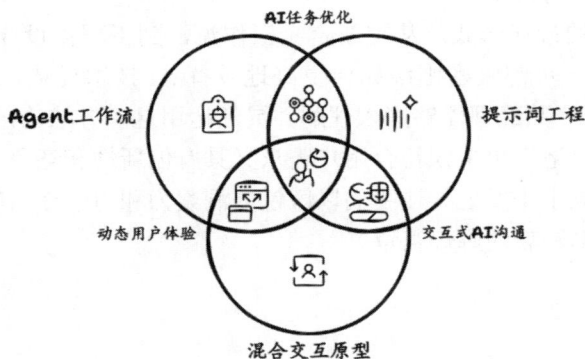

图5-4 协同AI产品设计

基于这个核心公式，我提出落地三步法，这是给产品经理的重要建议，如表5-4所示。

表 5-4　落地三步法

| 关 键 要 素 | 内　容 |
| --- | --- |
| 划边界 | 用"决策—执行链"明确人类与 AI 的分工（用户决策点 ≤ 3 个） |
| 控输出 | 将功能需求翻译为带约束条件的提示词（必须定义量化指标） |
| 融交互 | 在对话流中按需插入 GUI 组件（按钮 / 卡片 / 折叠面板） |

首先是"划边界"：利用"决策—执行链"明确人类与 AI 的分工。在设计过程中，要严格控制用户决策点，一般建议用户决策点 ≤ 3 个。这样可以避免用户在使用过程中面临过多的选择而产生困惑，同时充分发挥 AI 的自动化处理能力，提高产品的交互效率。

其次是"控输出"：将功能需求准确无误地翻译为带约束条件的提示词。这要求产品经理在设计提示词时，必须定义量化指标。量化指标能够让 AI 更精准地理解任务要求，输出符合预期的结果。比如在餐厅推荐中，通过设定排除差评商家、限定配送费比例等量化约束条件，确保推荐结果既满足用户基本需求，又具有较高的质量。

最后是"融交互"：在对话流中按需插入 GUI 组件，如按钮、卡片、折叠面板等。这些 GUI 组件要在关键节点适时出现，为用户提供清晰的操作指引，帮助用户更轻松、准确地完成操作，从而提升产品的整体易用性和用户满意度。

## 5.5.4　小结

创新就是创造新的价值。在 AI 技术持续创新与发展的浪潮下，AI 产品经理肩负着推动产品创新与优化的重任。传统的 PRD 设计方法在 AI 场景下暴露出诸多问题，但通过上述的重构三步法以及 PRD 设计框架，我为 AI 产品经理提供了一套行之有效的应对策略。

简洁是复杂的最终形式。从重新定义工作流，到工程化设计提示词，再到创新交互原型，每一步都紧密围绕如何更好地发挥 AI 技术优势、提升用户体验展开。希望广大 AI 产品经理能够深入理解并灵活运用这一方法论，在当今不断变化的技术环境中，打造出更多既符合用户需求又具有创新性和竞争力的 AI 产品，推动整个行业向更高水平发展。让我们以敏锐的洞察力和勇于创新的精神，在 AI 产品的广阔天地中书写新的辉煌篇章。

# 第 6 章

# 用户体验——提升 AI 产品的满意度

本章知识导图如下。

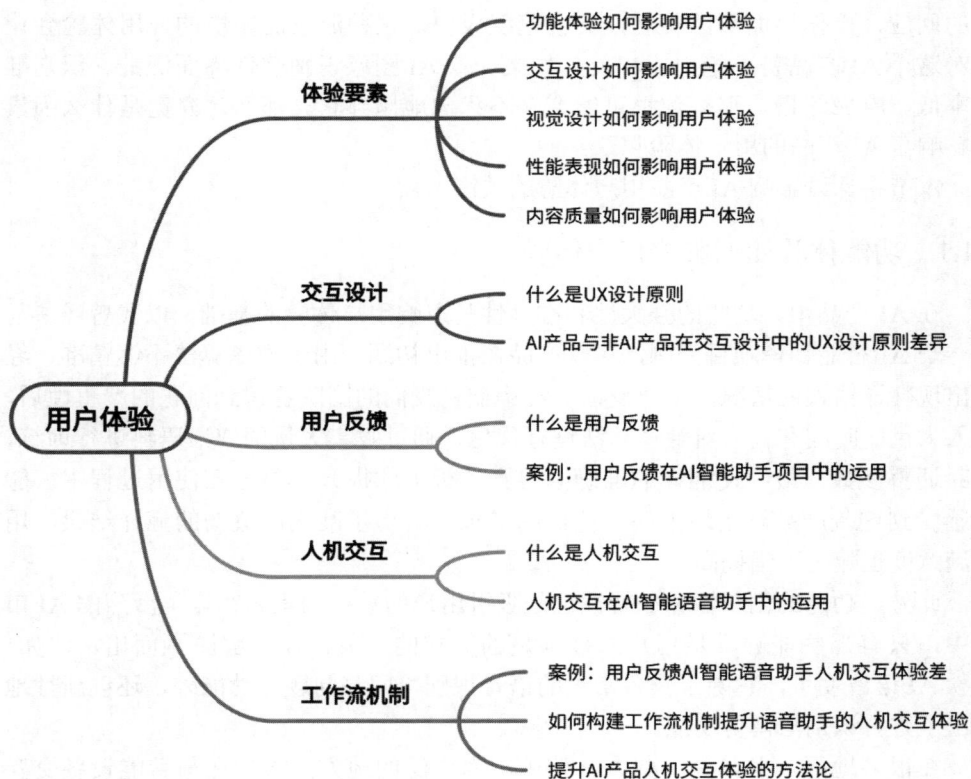

体验要素
- 功能体验如何影响用户体验
- 交互设计如何影响用户体验
- 视觉设计如何影响用户体验
- 性能表现如何影响用户体验
- 内容质量如何影响用户体验

交互设计
- 什么是UX设计原则
- AI产品与非AI产品在交互设计中的UX设计原则差异

用户反馈
- 什么是用户反馈
- 案例：用户反馈在AI智能助手项目中的运用

人机交互
- 什么是人机交互
- 人机交互在AI智能语音助手中的运用

工作流机制
- 案例：用户反馈AI智能语音助手人机交互体验差
- 如何构建工作流机制提升语音助手的人机交互体验
- 提升AI产品人机交互体验的方法论

**用户体验**

# 6.1　体验要素：影响用户体验的关键因素

用户体验包括最终用户与公司、服务和产品交互的所有方面。

——尼尔森·诺曼（Nielsen Norman Group）

在 AI 时代，AI 产品如雨后春笋般涌现，它们正逐渐改变着人们的生活和工作方式。然而，在众多的 AI 产品中，能够真正脱颖而出并获得用户青睐的往往是那些具有卓越用户体验的 AI 产品。

用户体验，这个看似抽象的概念，却在很大程度上决定着一个 AI 产品的成败。比如，当你打开一款 AI 语音助手，它能够迅速准确地理解你的指令并给出恰当的回应，操作界面简洁美观，响应速度极快，这种流畅而愉悦的使用体验会让你对这个 AI 产品赞不绝口。相反，如果一款 AI 图像识别软件界面混乱、识别准确率低、响应缓慢，那么你很可能会毫不犹豫地抛弃它。那么，究竟是什么因素在影响着 AI 产品的用户体验呢？

本节将探讨影响 AI 产品用户体验的关键因素。

## 6.1.1　功能体验如何影响用户体验

在 AI 产品中，功能的强大性和准确性是影响用户体验的基础。以我曾经参与的一个 AI 智能翻译项目为例，这款产品在推出初期，由于翻译算法不够精准，经常出现翻译错误的情况，用户反馈非常糟糕。我们的团队意识到问题的严重性后，投入大量的时间和精力对翻译算法进行优化，通过收集大量的双语语料进行训练，不断调整参数，最终使翻译的准确率得到了极大的提升。用户在使用过程中，能够感受到这款产品真正地理解了他们的需求，给出了准确而流畅的翻译结果，用户满意度也随之大幅提高。

此外，功能的创新性和独特性也是吸引用户的重要因素。在竞争激烈的 AI 市场中，只有那些能够满足用户未被满足的需求的产品，才能够脱颖而出。比如，某款 AI 语音助手，它除了具备常见的语音识别、回答问题等功能外，还创新性地推出了方言识别与模仿功能。

在很多地区，尤其是一些方言使用较为广泛的地方，人们在与智能设备交互时，可能会因为普通话不标准而导致语音助手识别不准确。这款 AI 语音助手通过大量的数据训练，能够准确识别多种方言，并以相应的方言进行回应。这一独特的功能满足了很多用户的特殊需求。

对于那些长期生活在方言环境中的用户来说，能够用自己熟悉的方言与语音助手交流，会让他们感到格外亲切和方便。比如一些老年人，他们可能不太习惯使用普通话与智能设备互动，这款具有方言识别与模仿功能的语音助手就为他们提供了极大的便利。同时，对于一些对语言文化有浓厚兴趣的用户，他们可以通过这个功能了解不同地区的方言特色，感受语言的多样性。

此外，该语音助手还可以根据用户的要求，模仿特定地区的方言进行播报或讲故事。比如用户想听一个用四川方言讲的故事，语音助手就可以用四川方言生动地讲述故事内容。这种个性化的服务让用户在使用过程中获得了独特的体验，从而吸引了大量的用户。尤其是那些经常出差或对不同地域文化感兴趣的用户，他们可以通过这个功能更好地了解当地的文化特色，增加了使用的趣味性和实用性。

总之，这款 AI 语音助手凭借其创新性的方言识别与模仿功能，在众多语音助手产品中脱颖而出，满足了用户未被满足的需求，为用户带来了全新的使用体验。

## 6.1.2 交互设计如何影响用户体验

简洁易用的操作流程是交互设计的关键。某款 AI 智能家居产品给我留下了深刻的印象。这款产品的操作界面非常简洁，用户可以通过手机 App 轻松地控制家中的各种智能设备。无论是开灯、关窗帘，还是调节空调温度，都只需要几个简单的步骤即可完成。这种简洁的交互设计让用户在使用过程中感到非常方便，不需要花费太多的时间去学习操作技巧。即使是对那些不太熟悉科技产品的用户来说，也能够轻松上手。

及时的反馈机制也是交互设计中不可或缺的一部分。在 AI 客服产品中，及时的反馈能够增强用户的信任感。当用户向客服提出问题后，系统能够立即给出回应，告诉用户他们的问题正在处理中。这种及时的反馈让用户感到自己的问题得到了重视，从而增强了他们对产品的信任。如果用户提出问题后，长时间得不到回应，他们很可能会对产品失去信心，甚至选择放弃使用。

## 6.1.3 视觉设计如何影响用户体验

美观的界面设计能够吸引用户的注意力，提高用户的使用兴趣。我曾经使用过一款 AI 图像识别软件，它的界面设计非常精美，色彩搭配和谐，图标设计简洁大方。每次打开这款软件，我都会被它的界面所吸引，愿意花更多的时间去探索它的功能。相比之下，一些界面设计粗糙的软件，即使功能很强大，也很难吸引用户的长期使用。

色彩搭配和布局的合理性也有助于用户快速找到所需信息。不同的色彩会给用户带来不同的心理感受，合理的色彩搭配可以营造出舒适的使用氛围。同时，布局的合理性也非常重要，用户希望能够在最短的时间内找到自己需要的功能按钮和信息。比如，在一款 AI 音乐播放软件中，设计师将常用的播放、暂停、上一曲、下一曲等按钮放在了界面的底部，方便用户在操作手机时随时点击。而歌曲列表和专辑封面则以简洁明了的方式展示在界面的中央，让用户一目了然。这种合理的布局设计，使用户在使用这款软件时能够更加轻松愉快，提高了用户的体验感。

## 6.1.4　性能表现如何影响用户体验

快速的响应速度是高性能表现的关键指标之一。在用户使用 AI 产品时，他们不希望在等待中失去耐心。以某款 AI 智能搜索工具为例，当用户输入关键词后，系统能够在瞬间给出搜索结果，让用户能够快速找到自己需要的信息。这种快速的响应，使用户对这款产品的满意度非常高。相反，如果一款 AI 产品的响应速度很慢，用户在等待的过程中会感到焦虑和不满，甚至可能会放弃使用这款产品。

稳定性和可靠性也是性能表现的重要方面。确保产品在各种情况下都能正常运行，对于提高用户体验至关重要。比如，某企业级 AI 数据分析工具，由于其稳定的性能，能够在大量数据处理的情况下依然保持高效运行，不会出现崩溃或错误。这使得企业用户能够放心地使用这款工具进行数据分析，提高工作效率。而一些性能不稳定的 AI 产品，可能会在关键时刻出现故障，给用户带来极大的困扰。

## 6.1.5　内容质量如何影响用户体验

准确、有价值的内容能够满足用户的需求。以某款 AI 新闻推荐产品为例，这款产品通过精准的算法，为用户推荐符合他们兴趣的新闻内容。同时，新闻的准确性和深度也得到了用户的认可。用户在使用这款产品时，能够获取到高质量的新闻信息，满足他们了解时事的需求。这种准确、有价值的内容推荐，使得用户对这款产品的忠诚度很高。

个性化的内容推荐也是提高用户体验的重要手段。比如，分析某 AI 音乐推荐产品，它通过分析用户的听歌历史、收藏夹等信息，为用户提供个性化的音乐推荐。用户在使用这款产品时，能够发现很多符合自己审美的音乐，从而提高了用户的满意度。个性化的内容推荐能够让用户感受到产品对他们的关注和理解，增强用户与产品之间的互动和黏性。

## 6.1.6　小结

对实现用户体验要固执，对实现方式要灵活。影响 AI 产品用户体验的关键因素包括功能体验、交互设计、视觉设计、性能表现和内容质量等方面，如表 6-1 所示。AI 产品经理在产品设计和开发过程中，要综合考虑这些因素，不断优化 AI 产品的用户体验。只有这样，才能在竞争激烈的市场中脱颖而出，获得用户的青睐和认可。

表 6-1 影响用户体验的关键因素

| 关 键 因 素 | 内 容 |
|---|---|
| 功能体验 | 要注重提高 AI 产品的准确性和创新性，满足用户的实际需求 |
| 交互设计 | 要追求简洁易用的操作流程和及时的反馈机制，让用户感到方便和信任 |
| 视觉设计 | 要美观大方，色彩搭配和布局合理，吸引用户的注意力 |
| 性能表现 | 要保证快速的响应速度和稳定的可靠性，让用户在使用过程中不会感到焦虑和困扰 |
| 内容质量 | 要准确有价值，并且能够实现个性化推荐，满足用户的个性化需求 |

用户体验的终极标准：用户是否愿意向朋友推荐。正如杰夫·贝索斯（Jeff Bezos）所洞察的："如果你能打造出卓越的用户体验，顾客会主动向他人讲述。口碑的力量非常强大。"这两者本质上是相通的，卓越体验是口碑的源泉。所以，在未来的工作中，我们的方向就无比清晰：不断探索和创新，全力提升 AI 产品的用户体验，为用户带来更智能、更便捷、更舒适的使用感受，最终赢得用户发自内心的推荐。

# 6.2 交互设计：UX 设计原则

如无必要，勿增实体。

——威廉·奥卡姆（William of Ockham）

交互设计作为产品与用户之间的桥梁，其重要性不言而喻。而用户体验设计原则是指导交互设计的核心准则，确保 AI 产品能够满足用户的需求和期望。

本节将深入探讨 AI 产品与非 AI 产品在交互设计中的 UX 设计原则差异，为产品经理和设计师提供有价值的参考。

## 6.2.1 什么是 UX 设计原则

UX（User Experience，用户体验）设计原则是一系列指导设计师创建有效、高效和令人愉悦的用户体验的规则和指导方针。雅各布·尼尔森（Jakob Nielsen）是一位知名的人机交互博士，毕业于丹麦技术大学。他在互联网可用性领域有着显著的贡献，尤其以提出尼尔森十大交互设计原则而闻名。这些原则广泛用于指导网站和软件的交互设计，以提高用户体验和产品的易用性。尼尔森十大交互设计原则被视为启发式的方法，用于指导设计师在创建用户界面时如何考虑用户体验。比如，其中之一是"状态可见原则"，它强调系统应让用户时刻清楚当前发生的事情，即使用户处于不同的操作状态。

然而，在 AI 产品设计中，对交互设计有了新的变化。结合我在 AI 产品领域经验，将其重新定义为"AI 产品五大交互设计原则"，以下是该交互设计原则的介绍，如图 6-1 所示。

图 6-1 AI 产品五大交互设计原则

### 1. 易用性

易用性是指产品能够让用户轻松、有效地完成任务的程度。如表 6-2 所示是易用性的几个关键点。

表 6-2 易用性的关键点

| 关 键 点 | 内 容 |
| --- | --- |
| 直观性 | 产品的设计和布局应该直观，让用户能够不假思索地使用 |
| 学习曲线 | 用户在使用产品时所需的学习时间应尽量短，理想情况下，用户无须培训就能上手 |
| 效率 | 用户应该能够快速完成任务，减少重复步骤和冗余操作 |
| 错误预防 | 设计应减少用户犯错的机会，比如通过清晰的指示、限制不适当的操作等方式 |

### 2. 可访问性

可访问性是指产品能够被所有用户使用，包括那些有残疾或特殊需求的用户。如表 6-3 所示是可访问性的几个关键点。

表 6-3 可访问性的关键点

| 关 键 点 | 内 容 |
| --- | --- |
| 视觉障碍 | 提供足够的对比度、可调整的字体大小和屏幕阅读器兼容性 |
| 听觉障碍 | 提供视觉替代品，如字幕或文本描述 |
| 运动障碍 | 设计易于操作的用户界面，需考虑到不同的输入方式（如键盘导航） |
| 认知障碍 | 使用简单明了的语言和直观的图标，避免复杂的指令和概念 |

### 3. 一致性

一致性是指在产品的界面和交互中保持一致的设计元素和行为。如表 6-4 所示是一致性的几个关键点。

**表 6-4　一致性的关键点**

| 关　键　点 | 内　　　容 |
|---|---|
| 视觉一致性 | 使用统一的颜色、字体、图标和布局 |
| 交互一致性 | 确保相似的操作在产品中产生相似的结果 |
| 品牌一致性 | 保持品牌元素（如 logo、口号、风格）的一致性 |

### 4. 反馈性

反馈是指系统对用户操作的反应，它告诉用户操作的结果。如表 6-5 所示是反馈性的几个关键点。

**表 6-5　反馈性的关键点**

| 关　键　点 | 内　　　容 |
|---|---|
| 即时性 | 反馈应该迅速，让用户知道他们的操作已被系统接收 |
| 明确性 | 反馈应清晰明确，让用户了解操作的结果 |
| 交互性 | 在适当的时候，反馈可以邀请用户进行下一步操作 |

### 5. 简洁性

简洁性是指设计尽可能简单，不包含不必要的元素。如表 6-6 所示是简洁性的几个关键点。

**表 6-6　简洁性的关键点**

| 关　键　点 | 内　　　容 |
|---|---|
| 信息精简 | 只展示对用户完成任务必要的信息 |
| 界面清晰 | 避免过多的装饰和冗余的设计元素 |
| 操作简化 | 减少用户完成任务所需的步骤和操作 |

## 6.2.2　AI 产品与非 AI 产品在交互设计中的 UX 设计原则差异

### 1. 易用性差异分析

AI 产品的自然语言交互功能确实为用户带来了极大的便利，它简化了操作流程，提高了交互效率。然而，这种便利性建立在 AI 高度的理解能力之上。若 AI 无法准确解读用户的问题，可能会导致错误的答案或不当的任务执行。同时，值得注意的是，并非所有用户都适应或偏好自然语言交互，一些用户可能仍然倾向于传统的操作方式。

易用性方面，非 AI 产品拥有其独特的优势。由于其操作方式相对固定，用户经过一段时间的熟悉后，能够较为熟练地操作。但随着市场需求和用户习惯的不断演变，非 AI 产品也需要不断地对其操作流程进行改进和优化。

以不同年龄段的用户为例，老年人可能更习惯于使用传统的按键手机，对于智能手机及其应用程序和智能助手可能会感到不适应。相反，年轻人通常更愿意尝试新兴科技产品，如智能手表、智能音箱等，并且能够迅速适应自然语言交互。

对于新手用户而言，AI产品的自然语言交互特性可能使其上手更加容易，因为他们无须投入大量时间去学习复杂的操作步骤。然而，对于专业用户或有特定需求的用户来说，他们可能更倾向于精确的操作控制，在这方面，非AI产品可能更能满足他们的需求。

此外，AI产品的易用性还受限于其训练数据和算法的优劣。如果训练数据不够全面或者算法不够精确，AI可能在某些情况下无法准确把握用户的意图，从而影响用户体验。与此相对，非AI产品的易用性主要取决于界面设计和功能布局，这些方面相对更容易被产品经理和设计师所掌控和优化。

无论是AI产品还是非AI产品，都需要根据目标用户群体的特点和需求，不断优化设计，以提高产品的易用性和用户体验。

### 2. 可访问性差异分析

AI产品的优势在于能够提供个性化的服务。通过分析用户的行为数据和偏好，AI能够为用户提供更加定制化的体验，满足他们的个性化需求。这种个性化的服务能够帮助不同用户群体更好地访问和使用产品。然而，这种个性化服务也伴随着隐私和数据安全的风险。如果用户的个人数据被不当使用或泄露，可能会对用户造成严重的伤害。

相比之下，非AI产品在可访问性方面通常通过提供辅助功能来满足不同用户的需求。比如，为视力障碍用户提供屏幕阅读器，为肢体障碍用户提供特殊的输入设备等。这些辅助功能虽然不如AI那样能够提供高度个性化的服务，但它们通常更加安全可靠，用户的隐私和数据安全能得到更好的保护。

比如，一些银行的网上银行系统为视力障碍用户提供了语音导航功能，帮助他们顺利完成各种在线银行操作。这些非AI产品的辅助功能虽然较为基础，但它们能够有效地满足特定用户群体的需求，并且在数据安全方面通常有更为严格的保障措施，不会因为提供个性化服务而增加数据泄露的风险。

对于AI产品，如智能理财助手，它们能够根据用户的财务状况和投资偏好提供个性化的理财建议。然而，在收集和分析用户数据的过程中，AI产品可能面临数据泄露的风险。一旦用户的财务数据遭到泄露，可能会给用户带来重大的经济损失。

AI产品在提供个性化服务的同时，需要特别注意用户隐私和数据安全的保护。而非AI产品虽然在个性化服务方面有所不足，但在保障用户数据安全方面具有优势。对于产品设计者来说，平衡可访问性与用户数据保护是至关重要的。

### 3. 一致性差异分析

非AI产品在一致性问题上的优势主要体现在它们经过长期的发展和优化，已经建立了一套成熟且稳定的设计规范和操作逻辑。这种一致性使得用户在接触不同的非AI产品时，能够迅速适应其界面和操作流程。

以办公软件为例,微软的 Office 系列软件在界面设计和操作逻辑上保持了高度的一致性。这意味着用户在使用 Word、Excel 或 PowerPoint 等不同办公软件时,能够轻松上手,并且即使在不同的 Office 版本之间切换,也不会感到不适应或困惑。

相比之下,AI 产品由于其不断学习和适应的特性,可能会面临一致性问题。比如,智能聊天机器人在不同的时间点可能会因为训练数据的更新或算法的调整,而在回答问题时表现出不一致性。这种变化可能导致用户在相同条件下与同一个聊天机器人交互时,接收到不同的回应,从而造成用户的困惑和不便。

非 AI 产品在提供一致的用户体验方面具有明显优势,而 AI 产品则需要额外注意保持用户体验的一致性,以避免用户在使用过程中产生混淆。对于 AI 产品的设计者来说,确保 AI 的行为可预测且一致是提升用户体验的关键。

### 4. 反馈性差异分析

AI 产品在反馈性方面具有智能化优势,能够通过多种生动直观的方式给予用户反馈,如语音提示、动画效果等。这些反馈方式不仅能够吸引用户的注意力,还能提升用户体验的互动性和趣味性。然而,AI 产品的反馈机制也存在风险,如果反馈不及时或不准确,可能会对用户体验产生负面影响。比如,智能导航软件如果未能及时提供正确的路线规划反馈,可能会导致用户迷路或浪费时间。

相比之下,非 AI 产品通常采用传统的反馈方式,如提示信息、弹窗等,来向用户传达信息。这些反馈方式虽然较为简单,但它们通常更稳定可靠,且用户对这些传统反馈模式较为熟悉。因此,非 AI 产品在提供反馈时,用户往往能够迅速理解并采取相应的行动。

在设计非 AI 产品的反馈机制时,产品经理和设计师需要特别关注反馈的及时性和准确性,确保用户能够即时了解操作的结果。而对于 AI 产品,除了确保反馈的及时性和准确性之外,还需要考虑如何利用智能化的反馈方式来提升用户体验。这可能包括个性化反馈、预测用户需求并在适当的时候提供帮助等。

AI 产品在反馈性方面提供了更多智能化的可能性,但同时也需要面对确保反馈质量和可靠性的挑战。非 AI 产品则依赖传统的反馈方式,它们的优势在于稳定性和用户熟悉度。对于产品经理和设计师而言,无论是 AI 产品还是非 AI 产品,都需要精心设计反馈机制,以优化用户的交互体验。

### 5. 简洁性差异分析

AI 产品因其能够自动处理复杂任务,往往能够提供更为简洁的界面。这种设计对于追求效率的用户来说是一个显著的优点,因为它减少了操作的复杂性,使得用户能够更快地完成目标任务。比如,智能翻译软件能够自动识别输入的语言并执行翻译,无须用户进行烦琐的配置。

然而,这种简洁性可能不适合所有用户群体。特别是那些习惯了传统操作方式的用户,他们可能会觉得 AI 产品的简洁界面缺乏必要的控制选项,从而感到不适应。比如，专业翻译人员可能需要更细致地调整翻译结果，而不是完全依赖 AI 的自动处理。

相比之下，非 AI 产品在实现界面简洁性方面，更多地依赖精心的界面设计和功能布局。设计师和产品经理需要深入分析用户需求，剔除不必要的功能和元素，以简化界面并提高易用性。

在设计过程中，产品经理和设计师必须在满足用户基本需求的同时，努力实现界面的简洁性。他们需要平衡简洁性与用户的习惯和认知水平，确保产品既简洁又不失可操作性。这意味着，设计时不仅要去除冗余，还要保留关键功能，以便用户能够轻松理解和操作。

AI 产品在提供简洁界面方面具有优势，但需要注意不要过度简化，以免忽视某些用户对控制和自定义的需求。而非 AI 产品则通过精心设计的界面和功能布局来追求简洁性，同时需要考虑用户的习惯和认知，以避免简洁性损害了用户体验。

### 6.2.3　小结

罗伯特·L. 彼得斯（Robert L. Peters）的理念指出：“设计创造文化，文化塑造价值观，价值观决定未来。”这一观点强调了设计在塑造社会和文化中的重要作用，同时揭示了 AI 产品和非 AI 产品在交互设计中的 UX 设计原则虽有共通之处，但也存在差异，AI 产品在易用性和个性化方面具有优势，但面临理解错误和隐私安全的挑战，而非 AI 产品则在一致性和稳定性方面表现较好，但在满足个性化需求上需改进。

约翰·前田（John Maeda）曾言：“实现简约最简单的方法是深思熟虑地删减。”这句话点明了设计的核心：简约源于对复杂性的深刻洞察与精心取舍。对于产品经理和设计师而言，这意味着在设计时，无论是 AI 产品还是非 AI 产品，都需要充分考量其特性与用户需求，灵活运用 UX 原则。具体来说，AI 产品设计要聚焦提升理解力、保障数据安全、确保稳定一致，并兼顾多元交互；而非 AI 产品则要持续优化界面布局，提升易用与可访问性，并融入智能化手段满足个性化需求。

简约是复杂的最终形式。通过周全删减，剥离冗余，让产品回归满足用户需求、提升用户体验的本质。最终，践行深思熟虑的简约设计，无论应用于何种产品，都将是其在市场上赢得成功的有力保障。

## 6.3　用户反馈：倾听用户的声音

我们必须让我们的产品不停地往前去适应这个时代，而不是说我们因为害怕用户的抱怨就不去改变它了。

——张小龙

作为 AI 产品经理，我们站在 AI 技术与用户的交汇点，肩负着打造卓越 AI 产品的重任。而在这个过程中，倾听用户的声音成为了打开成功之门的关键钥匙。我曾参与多个 AI 产品的开发与管理，深刻体会到用户反馈的巨大价值。

本节探讨倾听用户反馈的重要性与方法，并以一个 AI 智能助手项目为例进行说明。

## 6.3.1　什么是用户反馈

用户反馈是用户在使用产品过程中对产品的性能、功能、体验等方面提出的意见、建议和评价。它是产品改进和优化的重要依据，能够帮助产品经理更好地了解用户需求，发现产品存在的问题，提升产品的质量和用户满意度。用户反馈的类型与特点，如表 6-7 所示。

表 6-7　用户反馈的类型与特点

| 用户反馈类型 | 内　　　容 |
| --- | --- |
| 功能需求反馈 | 用户对产品功能的期望和要求，如希望增加某种特定的功能或改进现有功能 |
| 性能问题反馈 | 用户对产品性能的不满，如响应速度慢、稳定性差等 |
| 用户体验反馈 | 用户在产品使用过程中的感受，如界面设计是否友好、操作是否便捷等 |
| 用户建议反馈 | 用户提出的创新性建议，可能为产品带来新的发展方向 |

在 AI 产品中，用户反馈尤为重要。由于 AI 技术的复杂性和不确定性，AI 产品的性能和表现可能会受到多种因素的影响。通过用户反馈，我们可以及时了解 AI 模型的准确性、可靠性和适应性，对 AI 模型进行优化和调整，提高 AI 产品的智能化水平。

## 6.3.2　案例：用户反馈在 AI 智能助手项目中的运用

在 AI 智能助手项目中，用户反馈起着至关重要的作用。以下是对这个项目的用户反馈处理过程的详细说明。

### 1. 建立反馈渠道

为了更好地了解用户的需求和意见，我们在 AI 智能助手产品中设置了多种反馈渠道。

（1）在线客服是一种即时沟通的方式，用户在使用 AI 产品过程中遇到问题可以随时联系客服人员，提出自己的疑问和反馈。客服人员能够及时解答用户的问题，并记录下用户的反馈意见，以便后续的处理和改进。

（2）用户论坛为用户提供了一个交流和讨论的平台。用户可以在论坛上分享自己的使用体验，提出问题和建议，也可以与其他用户进行互动和交流。产品团队可以通过论坛了解用户的需求和意见，同时也可以及时回复用户的问题，增强用户的参与感和满意度。

（3）问卷调查是一种定期收集用户反馈的方式。我们可以通过问卷调查了解用户对 AI 产品的整体满意度、功能需求、使用体验等方面的意见和建议。问卷调查可以设计得比较系统和全面，能够收集到比较详细的用户反馈信息。

通过这些反馈渠道，用户可以方便地提交自己的反馈意见，为 AI 产品的改进和优化提供了重要的依据。

### 2. 收集用户反馈

我们定期收集用户反馈，并对反馈进行分类和整理。在这个过程中，我们发现用户主要反馈了以下几个问题。

（1）智能助手的回答有时不准确。这可能是由于 AI 模型的训练数据不足、算法不够优化或者用户的问题表述不清晰等原因导致的。

（2）响应速度较慢。这可能是由于服务器性能不足、算法效率低下或者网络延迟等原因导致的。

（3）界面设计不够简洁美观。这可能是由于设计师的审美观念不同、用户需求不明确或者 AI 产品定位不准确等原因导致的。

通过对用户反馈的收集和整理，我们能够更加清楚地了解用户的需求和意见，为后续的分析和改进提供了重要的依据。

### 3. 分析用户反馈

对用户反馈进行深入分析，找出问题的根源，是解决问题的关键。

（1）对于回答不准确的问题，我们通过优化 AI 模型、增加训练数据等方式进行改进。具体来说，我们可以通过以下几个步骤来优化 AI 模型，如表 6-8 所示。

表 6-8　优化回答不准确的关键步骤

| 关 键 步 骤 | 内　　容 |
| --- | --- |
| 收集更多的训练数据 | 训练数据的质量和数量对 AI 模型的性能有着重要的影响。我们可以通过收集更多的文本数据、标注数据等方式来增加训练数据的数量和质量 |
| 优化算法 | 算法的选择和优化对 AI 模型的性能也有着重要的影响。我们可以通过选择更加先进的算法、调整算法参数等方式来优化算法，提高 AI 模型的准确性和可靠性 |
| 进行模型评估和调整 | 在优化 AI 模型的过程中，我们需要不断地进行模型评估和调整，以确保模型的性能不断提高。我们可以通过使用测试数据集、交叉验证等方式来评估模型的性能，并根据评估结果进行调整和优化 |

（2）对于响应速度慢的问题，我们优化了服务器性能和算法效率。具体来说，

我们可以通过以下几个步骤来优化服务器性能和算法效率，如表 6-9 所示。

表 6-9 优化响应慢的关键步骤

| 关 键 步 骤 | 内 容 |
|---|---|
| 优化服务器配置 | 服务器的配置对响应速度有着重要的影响。我们可以通过增加服务器的内存容量、CPU 等硬件资源，或者优化服务器的软件配置，如数据库优化、缓存优化等方式来提高服务器的性能 |
| 优化算法效率 | 算法的效率对响应速度也有着重要的影响。我们可以通过选择更加高效的算法、优化算法的实现方式等方式来提高算法的效率 |
| 进行性能测试和优化 | 在优化服务器性能和算法效率的过程中，我们需要不断地进行性能测试和优化，以确保响应速度不断提高。我们可以使用性能测试工具、压力测试等方式来测试服务器的性能，并根据测试结果进行优化和调整 |

（3）对于界面设计问题，我们邀请专业设计师进行重新设计。具体来说，我们可以通过以下几个步骤来进行界面设计的优化，如表 6-10 所示。

表 6-10 优化界面设计的关键步骤

| 关 键 步 骤 | 内 容 |
|---|---|
| 了解用户需求 | 界面设计的优化需要以用户需求为导向。我们可以通过用户调研、用户反馈等方式了解用户对界面设计的需求和意见，以便更好地进行设计优化 |
| 进行设计创新 | 界面设计需要不断地进行创新和改进，以提高用户的体验和满意度。我们可以邀请专业设计师进行设计创新，采用更加简洁美观、易用性更高的设计风格 |
| 进行用户测试和反馈 | 在界面设计优化的过程中，我们需要进行用户测试和反馈，以确保设计优化符合用户的需求和期望。我们可以通过用户测试、问卷调查等方式收集用户对新界面设计的意见和建议，然后根据用户反馈进行进一步的调整和优化 |

### 4. 反馈处理与沟通

及时处理用户反馈并与用户进行沟通是增强用户参与感和满意度的重要环节。

对于用户提出的问题和建议，我们会尽快进行处理。如果是一些简单的问题，我们会在第一时间给予回复和解决；如果是一些复杂的问题，我们会制定详细的解决方案，并及时向用户反馈处理进度。

对于提出有价值建议的用户，我们应给予一定的奖励和感谢。这不仅可以激励用户继续提出宝贵的意见和建议，还能增强用户的参与感和对 AI 产品的认同感。

同时，我们会定期向用户反馈 AI 产品的改进情况，让用户了解我们对他们反馈的重视以及 AI 产品的不断进步。这样可以增强用户对 AI 产品的信心，提高用户的满意度和忠诚度。

### 6.3.3　小结

不要仅仅依赖用户告诉你他们想要什么，要去发现他们真正需要什么。在倾听用户反馈的过程中，我们也会遇到一些挑战。比如，用户反馈的数量庞大，如何有效地筛选和处理反馈将成为一个难题；用户的反馈可能存在主观性和片面性，需要我们进行客观的分析和判断；有时候用户的需求与 AI 产品的发展方向可能存在冲突，需要我们进行权衡和协调。

未来，随着 AI 技术的不断发展和用户需求的日益多样化，倾听用户反馈将变得更加重要。AI 产品经理需要不断地完善反馈渠道，提高反馈处理的效率和质量，加强与用户的沟通和互动，真正做到以用户为中心，打造出更加智能、更加人性化的 AI 产品。同时，我们也可以借助人工智能技术，如自然语言处理、情感分析等，对用户反馈进行更加深入的分析和挖掘，为产品的优化和创新提供更加有力的支持。

倾听用户的声音，是 AI 产品经理的必修课。正如丹尼尔·平克（Daniel H. Pink）提到的："同理心就是设身处地，以他人之心去感受，以他人之眼去观察。同理心不仅难以外包和实现自动化，还能让世界变得更美好。"真正的同理心不是猜测用户需要什么，而是与他们并肩解决问题。通过用户反馈，我们可以不断地改进和优化 AI 产品，提升用户满意度，实现 AI 产品的可持续发展。未来，唯有用心倾听用户，我们才能与用户共同塑造更美好的 AI 世界。

## 6.4　人机交互：AI 产品的可控之路

如果希望用户喜欢我们的软件，我们应该将软件设计得像一个讨人喜欢的人：尊重别人、慷慨和乐于助人。

——艾伦·库珀（Alan Cooper）

在 AI 产品的发展历程中，人机交互扮演着至关重要的角色。我见证了人机交互从最初的简单指令输入到如今的自然语言处理、手势识别等多元化交互方式的演变。在这个过程中，我们始终在探索如何实现 AI 产品的可控性，以更好地满足用户的需求，提升用户体验。

本节将探讨人机交互与 AI 产品可控之路的关系。

### 6.4.1　什么是人机交互

#### 1. 人机交互的定义与重要性

人机交互是指人与计算机之间通过输入和输出设备进行信息交换的过程。它是用户与 AI 产品进行沟通和操作的桥梁，直接影响着用户对产品的使用体验和满意度。如图 6-2 所示，一个良好的人机交互设计能够让用户更加轻松、高效地使用 AI 产品，实现人与技术的和谐共生。

图 6-2　人机交互的定义

**2. 人机交互在 AI 产品中的作用**

（1）提高用户体验：通过直观、便捷的交互方式，让用户能够快速上手并熟练使用 AI 产品，减少学习成本和使用难度。

（2）增强产品可控性：用户可以通过人机交互界面，对 AI 产品的功能、参数进行设置和调整，实现对产品的个性化定制和精准控制。

（3）促进用户参与：良好的人机交互设计能够激发用户的兴趣和参与度，让用户更加积极地与 AI 产品进行互动，为产品的改进和优化提供更多的反馈和建议。

**3. AI 产品可控性的内涵与意义**

AI 产品的可控性是指用户对产品的行为和输出具有一定的预测性和可干预性。在 AI 技术日益复杂的背景下，实现产品的可控性对于保障用户权益、提高产品安全性和可靠性具有重要意义。同时，可控的 AI 产品也能够更好地满足不同用户的需求，为用户提供更加个性化的服务。

## 6.4.2　人机交互在 AI 智能语音助手中的运用

智能语音助手作为当下人工智能领域的热门产品之一，在人机交互方面有着突出的表现。下面将对其进行详细讲解说明。

**1. 设计自然语言交互界面**

智能语音助手通过自然语言处理技术，打破了传统的键盘输入模式，让用户能够以更加自然、便捷的方式与 AI 产品进行交互。在设计交互界面时，语言的简洁性和准确性至关重要。

简洁性方面，我们要确保用户在表达需求时无须使用过于复杂的语句。比如，当用户想要查询天气时，只须说出"今天天气怎么样"，智能语音助手就能准确理解并给出相应的回答。这样的简洁表达让用户无须费力思考如何组织语言，降低了使用门槛。

准确性则是保证用户需求能够被正确理解和响应。这需要强大的自然语言处理算法和大量的语料训练。通过不断优化算法，智能语音助手可以更好地识别不同的口音、方言以及特定语境下的语义。同时，我们还提供多种语音指令和快捷操作方式。比如，用户可以通过特定的关键词触发特定的功能，如"播放音乐""查询股票"等。快捷操作方式还可以包括语音唤醒、连续对话等功能，方便用户快速完成各种任务。比如，用户在开车时，可以通过语音唤醒智能语音助手，无须手动操作手机，即可完成导航、播放音乐等操作，大大提高了安全性和便捷性。

### 2. 实现个性化设置

为了满足不同用户的喜好和需求，智能语音助手提供了丰富的个性化设置选项。

语音风格方面，用户可以根据自己的喜好选择温柔的女声、沉稳的男声或者其他特色声音。比如，一些用户可能喜欢温柔的女声在早晨叫醒自己，而另一些用户可能觉得沉稳的男声更适合在工作时提供信息。不同的语音风格能够给用户带来不同的感受，增强用户与产品之间的情感连接。

回答方式也可以进行个性化定制。有些用户喜欢简洁明了的回答，而有些用户则希望得到更加详细的解释。智能语音助手可以根据用户的设置，调整回答的长度和深度。比如，当用户询问"什么是人工智能"时，简洁回答可能是"人工智能是一种模拟人类智能的技术"，而详细回答则包括人工智能的定义、发展历程、应用领域等内容。

提醒设置也是个性化的重要体现。用户可以根据自己的生活习惯和需求，设置不同的提醒方式和时间。比如，用户可以设置每天早上的闹钟提醒、重要事项的定时提醒等。同时，用户还可以选择提醒的语音风格和音量大小，确保提醒能够在合适的时间以合适的方式传达给用户。

### 3. 提供反馈机制

智能语音助手在与用户交互的过程中，不断学习用户的语言习惯和需求，这是其能够不断提升性能和服务质量的关键。

一方面，智能语音助手通过分析用户的语音指令和问题，逐渐了解用户的常用词汇、表达方式和特定需求。比如，如果用户经常询问关于体育赛事的问题，智能语音助手就会在后续的交互中更加关注体育领域的信息，以便能够更好地回答用户的问题。

另一方面，我们为用户提供了反馈机制，让用户可以对智能语音助手的回答进行评价和反馈。用户可以通过简单的操作，如点击"满意""不满意"按钮，或者直接通过语音表达自己的意见。这些反馈信息将被及时收集和分析，用于改进产品的性能和服务质量。如果用户对某个回答不满意，我们可以通过进一步的调查和分析，找出问题所在，并进行针对性的改进。比如，如果用户觉得回答不够准确，我们可以优化算法，提高答案的准确性；如果用户觉得回答不够简洁，我们可以调整回答的方式，使其更加简洁明了。

总之，智能语音助手通过设计自然语言交互界面、实现个性化设置和提供反馈机制等方式，不断提升用户体验，实现了更加高效、便捷的人机交互。在未来的发展中，智能语音助手将继续优化这些功能，为用户提供更加优质的服务。

### 6.4.3　小结

人机交互在实现 AI 产品可控性过程中面临一些挑战，如表 6-11 所示。

表 6-11　人机交互在实现 AI 产品可控性过程中的挑战

| 挑　战 | 内　容 |
|---|---|
| 技术难题 | 目前的人机交互技术还存在一些局限性，如语音识别准确率不高、自然语言理解能力有限等。这些技术难题给实现 AI 产品的可控性带来了一定的挑战 |
| 用户需求多样性 | 不同用户对人机交互方式和产品可控性的需求存在很大的差异。如何满足用户的个性化需求，是我们在设计人机交互界面时需要考虑的重要问题 |
| 安全与隐私问题 | 随着 AI 产品的普及，用户的安全和隐私问题也日益受到关注。在实现产品可控性的过程中，我们需要确保用户的个人信息和数据安全，避免出现安全漏洞和隐私泄露问题 |

此外，未来人机交互与 AI 产品可控性的发展趋势可能会往这些方面靠拢，如表 6-12 所示。

表 6-12　人机交互在 AI 产品可控性的发展趋势

| 趋　势 | 内　容 |
|---|---|
| 多模态交互 | 未来的人机交互将更加多元化，融合语音、手势、表情等多种交互方式，为用户提供更加自然、便捷的交互体验。同时，多模态交互也将有助于提高 AI 产品的可控性，让用户能够更加灵活地与 AI 产品进行互动 |
| 智能化交互 | 随着人工智能技术的不断发展，人机交互将变得更加智能化。智能语音助手、智能客服等 AI 产品将能够更好地理解用户的需求，提供更加精准的服务和建议。同时，智能化交互也将有助于提高产品的可控性，让用户能够更加轻松地对 AI 产品进行操作和管理 |
| 安全与隐私保护 | 未来的人机交互将更加注重用户的安全和隐私保护。在实现 AI 产品可控性的同时，我们将不断加强安全技术的研发和应用，确保用户的个人信息和数据得到充分的保护。比如，采用加密技术、访问控制等手段，防止数据泄露和非法访问。同时，我们也将加强用户教育，提高用户的安全意识，让用户更加注重自身的信息安全 |

人机交互是实现 AI 产品可控性的关键。通过不断优化人机交互设计，我们可以提高用户体验，增强 AI 产品的可控性，满足用户的个性化需求。然而，在这个过程中，我们也面临着诸多挑战，需要不断地进行技术创新和探索。未来，随着科技的不断进步，人机交互将更加多元化、智能化，为用户带来更加便捷、高效的体验。同时，我们也将更加注重安全与隐私保护，确保用户在享受 AI 产品带来便利的同时，自身的权益也能得到充分的保障。作为 AI 产品经理，我们肩负着重大的责任，要不断地学习和进步，以适应不断变化的市场需求和技术发展趋势，为推动 AI 产业的发展贡献自己的力量。

## 6.5　从满足到满意：一个工作流机制提升 AI 产品的人机交互体验

开发新技术、程序和系统，使这些基本能力更好地满足社会的需求、问题和进步。

——道格拉斯·恩格尔巴特（Douglas Engelbart）

人工智能以其强大的计算能力和学习能力，正逐渐改变着我们的生活和工作方式。AI 产品如雨后春笋般涌现，涵盖了各个领域，从智能家居到智能医疗，从智能交通到智能金融。而在这些 AI 产品中，人机交互体验成为决定 AI 产品成败的关键因素之一。一个优秀的 AI 产品，不仅能够满足用户的基本需求，更能够让用户感到满意，甚至超出用户的期望。那么，如何才能实现从满足到满意的跨越呢？

本节将通过一个 AI 智能语音助手的案例，介绍一种工作流机制，帮助 AI 产品经理提升产品的人机交互体验。

### 6.5.1　案例：用户反馈 AI 智能语音助手人机交互体验差

某款语音助手旨在为用户提供便捷的语音交互服务，包括查询信息、播放音乐、设置提醒等功能。在产品推出初期，我们通过大量的市场调研和用户测试，确定了用户的基本需求，并针对这些需求进行了产品设计和开发。经过一段时间的努力，我们的语音助手在功能上已经能够满足用户的基本需求，并且在市场上获得了一定的用户基础。

然而，随着用户对产品的使用不断深入，我们开始收到一些用户的反馈，主要集中在以下几个方面：一是语音助手的回答有时过于机械和生硬，缺乏人性化的表达；二是在处理复杂问题时，语音助手的表现不够智能，需要用户多次提问才能得到满意的答案；三是语音助手的交互方式比较单一，缺乏趣味性和个性化。

为了深入了解用户反馈的问题，我们进行了一系列的用户调研和数据分析。

通过调研和分析，我们发现了以下几个核心问题。

- 回答机械生硬的原因主要是语音助手的语言生成模型过于简单，缺乏对语言的理解和表达能力。在回答问题时，只是简单地从数据库中提取答案，没有进行任何的语言优化和情感表达。
- 处理复杂问题能力不足的原因主要是语音助手的知识图谱不够完善，无法对复杂问题进行深入的分析和理解。同时，语音助手的推理能力也比较有限，无法根据用户的问题进行合理的推理和回答。
- 交互方式单一的原因主要是我们在产品设计时，过于注重功能的实现，而忽略了用户的体验需求。没有充分考虑用户的个性化需求和使用场景，导致交互方式比较单一，缺乏趣味性和个性化。

## 6.5.2 如何构建工作流机制提升语音助手的人机交互体验

针对以上问题，我们设计了一种全新的工作流机制，旨在提升语音助手的人机交互体验。具体解决方案如下。

### 1. 优化语言生成模型

自然语言处理技术中的深度学习算法为智能语音助手的语言生成带来了新的突破。通过大量的语料训练，语音助手能够更好地理解语言的含义和情感。

比如，当用户询问"今天天气怎么样"时，传统的语音助手可能只是简单地回答天气状况，如"晴天，温度××摄氏度"。而经过优化后的语音助手则可以回答"亲，今天天气很不错哦，阳光明媚，气温也很适宜，非常适合出去走走呢"，这样的回答不仅准确地传达了天气信息，还融入了情感表达，让用户感受到温暖和关怀。

深度学习算法能够让语音助手学习到不同语境下的语言表达方式，从而生成更加自然、人性化的回答。在训练过程中，可以收集各种真实场景下的对话数据，包括日常交流、客服对话、新闻报道等，让语音助手接触到丰富多样的语言形式。同时，还可以通过情感分析技术，让语音助手学会识别用户的情绪，根据用户的情绪状态调整回答的语气和内容。

### 2. 完善知识图谱和提升推理能力

智能语音助手的知识图谱是其回答用户问题的基础。对知识图谱进行全面梳理和完善，增加更多的领域知识和常识性知识，可以让语音助手具备更广泛的知识储备，能够更好地应对用户的各种问题。

比如，当用户询问"我想去旅游，有什么推荐的地方吗"时，完善后的知识图谱可以根据用户的兴趣爱好、旅游时间、预算等因素进行个性化的推荐。如果用户喜欢历史文化，知识图谱可以推荐一些历史名城；如果用户喜欢自然风光，知识图谱可以推荐一些著名的自然风景区。同时，语音助手还可以提供相关的旅游攻略和注意事项，让用户的旅游更加顺利和愉快。

引入知识推理技术可以让语音助手根据用户的问题进行合理的推理和回答。比如，当用户询问"我感冒了，应该吃什么药"时，语音助手可以根据用户的症状、年龄、过敏史等因素，结合医学知识进行推理，给出合理的用药建议。知识推理技术还可以帮助语音助手理解用户问题的隐含含义，从而提供更加准确的回答。

### 3. 丰富交互方式

单一的交互方式容易让用户感到枯燥和乏味，因此丰富交互方式对于提升智能语音助手的人机交互体验至关重要。

增加文字输入、图形界面、手势控制等交互方式，可以让用户根据自己的喜好和使用场景选择最适合的交互方式。比如，在嘈杂的环境中，用户可能更倾向于使用文字输入；在开车时，用户可以通过手势来操作语音助手。

引入个性化推荐和智能场景识别技术，可以让语音助手根据用户的个性化需求和使用场景，提供更加贴心的服务。比如，当用户在开车时，语音助手可以自动切换到驾驶模式，提供更加简洁明了的语音交互服务，如导航、播放音乐等；当用户在睡觉前，语音助手可以自动切换到睡眠模式，提供轻柔的音乐和温馨的睡前故事，帮助用户更好地入睡。

总之，通过优化语言生成模型、完善知识图谱和提升推理能力、丰富交互方式等解决方案，可以显著提升智能语音助手的人机交互体验，让用户从满足到满意，甚至超出用户的期望。在未来的发展中，随着人工智能技术的不断进步，智能语音助手的人机交互体验将会越来越好，为用户带来更加便捷、高效、智能的服务。

## 6.5.3  提升 AI 产品人机交互体验的方法论

通过以上案例，我们可以总结出以下几种提升 AI 产品人机交互体验的方法，如图 6-3 所示。

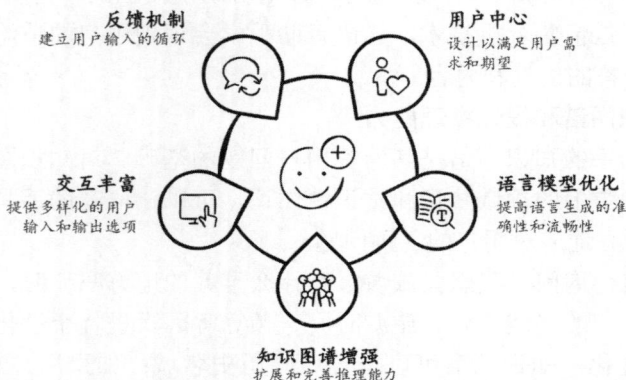

**反馈机制**
建立用户输入的循环

**用户中心**
设计以满足用户需求和期望

**交互丰富**
提供多样化的用户输入和输出选项

**语言模型优化**
提高语言生成的准确性和流畅性

**知识图谱增强**
扩展和完善推理能力

图 6-3  AI 产品人机交互体验方法论

### 1. 以用户为中心

在产品设计和开发过程中，始终以用户为中心，充分考虑用户的需求和体验。通过深入的用户调研和数据分析，了解用户的痛点和期望，以此为基础进行产品的优化和改进。比如，在设计智能语音助手时，可以通过问卷调查、用户访谈等方式，收集用户对语音助手的功能需求、交互方式、回答风格等方面的意见和建议，然后根据用户的反馈进行针对性的优化。

### 2. 持续优化语言生成模型

语言是人机交互的重要媒介，一个优秀的语言生成模型能够让 AI 产品更加人性化、富有情感。因此，我们需要不断地优化语言生成模型，提高其对语言的理解和表达能力。可以通过引入深度学习算法、增加语料库规模、进行情感分析等方式，让语音助手的回答更加自然、流畅、富有感染力。同时，我们还可以根据不同的用户群体和使用场景，定制不同的语言风格和回答策略，以满足用户的个性化需求。

### 3. 完善知识图谱和提升推理能力

知识图谱是 AI 产品的核心竞争力之一，它能够为产品提供丰富的知识储备和强大的推理能力。因此，我们需要不断地完善知识图谱，增加更多的领域知识和常识性知识，提高其覆盖范围和准确性。同时，我们还可以引入知识推理技术，让语音助手能够根据用户的问题进行合理的推理和回答，提高其智能水平。比如，当用户询问"我想去旅游，有什么推荐的地方吗"时，语音助手可以根据用户的兴趣爱好、旅游时间、预算等因素，结合知识图谱中的旅游景点信息和用户评价，进行个性化的推荐。

### 4. 丰富交互方式

单一的交互方式容易让用户感到枯燥和乏味，因此我们需要不断地丰富交互方式，为用户提供更加多样化、个性化的交互体验。可以通过引入文字输入、图形界面、手势控制、虚拟现实等多种交互方式，让用户根据自己的喜好和使用场景选择最适合的交互方式。同时，我们还可以根据用户的行为习惯和偏好，进行个性化的交互设计，比如，为经常使用语音交互的用户提供更加便捷的语音唤醒功能，为喜欢文字输入的用户提供更加智能的输入法等。

### 5. 建立反馈机制

用户的反馈是产品优化的重要依据，因此我们需要建立一个完善的反馈机制，及时收集用户的意见和建议，并对其进行分析和处理。可以通过在产品中设置反馈入口、开展用户满意度调查、建立用户社区等方式，让用户能够方便地反馈自己的使用体验和问题。同时，我们还需要对用户的反馈进行及时的回复和处理，让用户感受到我们的关注和重视，提高用户的满意度和忠诚度。

### 6.5.4 小结

AI 交互体验的提升，是一场永无终点的探索。这需要我们以用户为中心，开展优化语言生成模型、完善知识图谱、丰富交互方式、建立反馈机制等方面的工作。技术本身是中性的，但它的设计和应用却不是。正如温德尔·瓦拉赫（Wendell Wallach）所指出的："当设计过程充分考虑伦理价值时，道德层面的'操作道德'完全处于工具的设计者和使用者的掌控范围内。"通过将这种伦理意识融入产品设计的每一个环节，我们不仅能打造出更优秀的 AI 产品，让它们从满足走向满意，甚至超越用户的期望，更能确保技术发展的方向是负责任的。我们的目标不是创造最强大的 AI，而是创造真正惠及人类的 AI。作为 AI 产品经理，每一次与 AI 的互动都是一次探索，也是一次创新的邀约。我们应引领 AI 技术朝着更符合人类福祉的方向发展，为 AI 应用"最后一公里"做出更大贡献。

# 第 7 章
## 团队协作——打造高效的 AI 产品团队

本章知识导图如下。

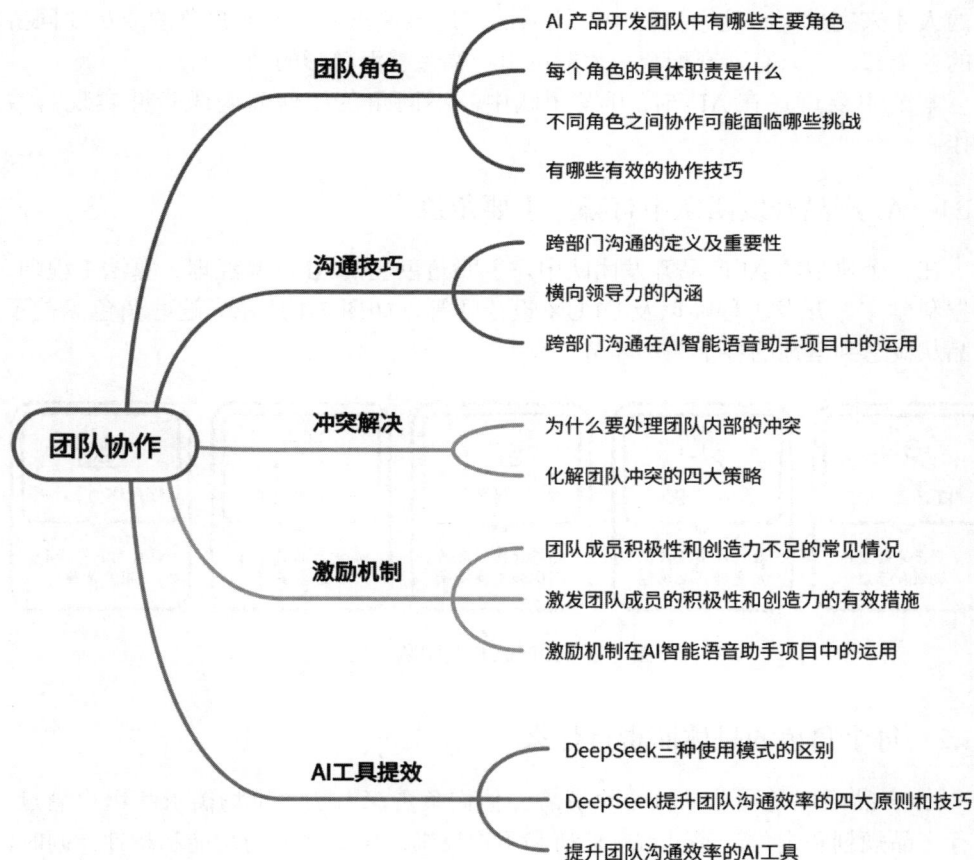

团队协作

- 团队角色
  - AI 产品开发团队中有哪些主要角色
  - 每个角色的具体职责是什么
  - 不同角色之间协作可能面临哪些挑战
  - 有哪些有效的协作技巧
- 沟通技巧
  - 跨部门沟通的定义及重要性
  - 横向领导力的内涵
  - 跨部门沟通在AI智能语音助手项目中的运用
- 冲突解决
  - 为什么要处理团队内部的冲突
  - 化解团队冲突的四大策略
- 激励机制
  - 团队成员积极性和创造力不足的常见情况
  - 激发团队成员的积极性和创造力的有效措施
  - 激励机制在AI智能语音助手项目中的运用
- AI工具提效
  - DeepSeek三种使用模式的区别
  - DeepSeek提升团队沟通效率的四大原则和技巧
  - 提升团队沟通效率的AI工具

# 7.1　团队角色：不同角色的职责与有效协作技巧

对事情的认知判断和组建团队的能力很重要。

——张一鸣

一个成功的 AI 产品背后，离不开一个高效协作的团队。团队中的不同角色各自承担着重要的职责，只有通过有效的协作，才能将人工智能的强大潜力转化为实际的产品价值。

随着人工智能技术的不断进步，AI 产品的开发变得日益复杂。从算法的优化到用户界面的设计，从数据的收集处理到产品的推广营销，每一个环节都需要专业的人才来完成。在这个过程中，团队的作用至关重要。不同角色的成员如同拼图的各个部分，只有紧密配合，才能拼出一幅完整而精彩的画面。

本节主要讲述在 AI 产品开发团队中，不同角色如何明确职责并实现有效协作。

## 7.1.1　AI 产品开发团队中有哪些主要角色

在一个典型的 AI 产品开发团队中，主要角色包括 AI 产品经理、算法工程师、数据科学家、开发工程师以及 UI/UX 设计师等，如图 7-1 所示。这些角色涵盖了产品从概念到落地的各个关键环节。

| AI 产品经理 | 算法工程师 | 数据科学家 | 开发工程师 | UI/UX 设计师 |
|---|---|---|---|---|
| 负责产品的整体规划和管理 | 设计和实现算法以支持产品功能 | 分析数据以提供洞察和支持决策 | 负责产品的开发和技术实现 | 设计用户界面和用户体验 |

图 7-1　AI 产品开发团队角色

## 7.1.2　每个角色的具体职责是什么

AI 产品经理是团队的核心协调者。他们负责深入了解市场需求和用户痛点，进行产品规划和定位。通过市场调研和用户反馈，确定产品的功能和特性。同时，他们还要协调各方资源，确保项目按时推进。在整个过程中，产品经理就像乐队的指挥，确保各个乐器演奏出和谐的旋律。

算法工程师则是 AI 产品的技术核心。他们致力于设计和优化各种算法，以实现产品的智能化功能。从机器学习算法到深度学习模型，算法工程师需要不断探索和创新，提高算法的准确性和效率。他们就像是产品的大脑，为产品赋予智能的思考能力。

数据科学家在团队中扮演着"数据魔法师"的角色。他们负责收集、整理和分析大量的数据,为算法的训练和优化提供数据支持。通过数据挖掘和数据分析,他们能够发现有价值的信息和趋势,为产品的决策提供依据。

开发工程师是将产品从设计变为现实的实践者。他们运用各种编程语言和技术框架,实现产品的功能和性能要求。他们需要与算法工程师和数据科学家紧密合作,确保技术的可行性和稳定性。

UI/UX 设计师则专注于用户体验的打造。他们通过设计美观、易用的用户界面和交互流程,提高用户对产品的满意度和忠诚度。他们需要深入了解用户需求和行为习惯,以用户为中心进行设计。

### 7.1.3 不同角色之间协作可能面临哪些挑战

在 AI 产品开发中,不同角色之间的协作面临着诸多挑战。

#### 1. 沟通不畅是一个极为常见的问题

不同角色的专业背景和思维方式差异很大,这就容易导致理解上出现偏差。以产品经理和技术人员为例,产品经理通常从市场需求和用户角度出发,提出产品的功能和特性要求。他们可能更注重产品的易用性、实用性和市场竞争力。然而,技术人员,尤其是开发工程师和算法工程师,他们更多地从技术可行性和性能角度考虑问题。当产品经理提出一些复杂的功能需求时,技术人员可能会认为在现有技术条件下难以实现,或者实现起来需要耗费大量的时间和资源。而当技术人员向产品经理解释技术限制时,产品经理可能由于缺乏技术背景而难以理解,从而导致双方在需求理解上产生分歧。

比如,产品经理要求在 AI 医疗辅助诊断产品中加入实时视频会诊功能,认为这将极大地提高产品的用户体验和市场竞争力。但开发工程师可能会指出,实现这个功能需要解决视频传输的稳定性、数据安全等一系列技术难题,而且可能会对产品的性能产生影响。如果双方不能有效地沟通,就很容易陷入僵局。

#### 2. 目标不一致也会影响协作效果

不同角色因为职责和利益的不同,往往会关注不同的目标。算法工程师可能更专注于提高算法的准确性和效率,他们会投入大量的时间和精力去优化算法模型。而产品经理则更关心产品的市场竞争力和用户满意度,他们可能会更注重产品的功能完整性、界面美观度等方面。

比如,在一个 AI 智能客服产品的开发中,算法工程师可能会致力于提高客服回答问题的准确率,通过不断调整算法参数和训练数据来优化模型。而产品经理则可能更关注产品的上线时间和市场占有率,希望尽快推出产品并进行市场推广。这种目标的不一致可能导致双方在资源分配、项目进度等方面产生矛盾。

### 3. 技术理解差异也可能成为协作的障碍

不同角色对技术的理解程度不同，这在协作过程中很容易引发误解甚至产生矛盾。比如，数据科学家可能对数据的处理和分析技术非常熟悉，但对于开发工程师所使用的编程语言和技术框架可能了解有限。同样，开发工程师可能对算法的原理和实现方式理解不深。当他们需要共同合作完成一个任务时，可能会因为对技术理解的差异而出现沟通障碍。

比如，在一个 AI 金融风险评估产品的开发中，数据科学家可能会使用复杂的数据分析算法来处理大量的金融数据，但在向开发工程师解释数据处理结果时，开发工程师可能由于对数据分析技术的不了解而难以理解数据的含义和价值。这就可能导致在产品开发过程中出现错误或者延误项目进度。

综上所述，在 AI 产品开发中，不同角色之间的协作面临着沟通不畅、目标不一致和技术理解差异等诸多挑战。为了克服这些挑战，团队需要采取有效的措施，如建立良好的沟通机制、明确共同目标、促进跨领域学习等，以提高团队的协作效率和产品开发质量。

## 7.1.4    有哪些有效的协作技巧

在 AI 产品开发过程中，团队协作面临诸多挑战，而有效的协作技巧能够帮助团队克服这些难题，实现高效的产品开发。

### 1. 建立良好的沟通机制至关重要

定期召开团队会议是一种有效的沟通方式。在会议中，团队成员可以分享各自的工作进展，让大家对整个项目的进度有清晰的了解。比如，AI 产品经理可以汇报市场调研的最新情况和用户需求的变化，算法工程师可以介绍算法优化的进展，开发工程师可以说明技术实现的难点和解决方案等。通过这种方式，成员之间可以及时发现问题并共同探讨解决方案。

沟通工具的运用也不可或缺。比如，即时通信工具可以方便成员之间随时交流，快速解决问题。项目管理工具可以帮助团队清晰地了解任务分配和进度情况，避免重复劳动和任务遗漏。文档共享平台则可以让成员随时查阅项目相关的文档资料，确保信息的一致性和准确性。

### 2. 明确共同目标是重要的前提

在项目开始前，团队成员应该共同探讨并明确产品的目标和愿景。比如，一款 AI 医疗产品的目标是提高疾病诊断的准确性和效率，为医生和患者提供更好的服务。这个目标应该被分解为各个角色的具体目标。AI 产品经理的目标是深入了解医疗行业的需求，规划出符合市场需求的产品功能；算法工程师的目标是设计出高精度的疾病诊断算法；数据科学家的目标是收集和处理大量的医疗数据，为算法训练提供优质的数据支持；开发工程师的目标是高效地实现产品的技术开发，确保产品的稳定性和性能；UI/UX 设计师的目标是打造出简洁易用、符合医疗行业特点的用户界面。

明确共同目标可以让团队成员朝着同一个方向努力，避免因为目标不一致而产生矛盾和冲突，影响项目进度。同时，在项目进行过程中，团队应该定期回顾和调整目标，确保目标始终与市场需求和技术发展保持一致。

### 3. 定期的团队会议也是促进协作的有效方式

在会议上，成员可以讨论问题，共同寻找解决方案。比如，当算法工程师遇到算法性能瓶颈时，可以与数据科学家一起探讨数据处理的方法，是否可以通过优化数据来提高算法性能；当开发工程师遇到技术难题时，可以与算法工程师一起研究技术实现的可行性，是否可以采用新的技术框架来解决问题。

会议还可以用于协调资源。比如，当某个任务需要多个角色共同参与时，可以在会议上明确任务分工和时间节点，确保资源得到合理分配。同时，会议也可以让团队成员了解其他成员的工作情况，及时提供支持和帮助。

### 4. 跨领域学习可以帮助不同角色更好地理解彼此的工作

团队可以组织内部培训和分享会等活动。比如，算法工程师可以为其他团队成员讲解机器学习和深度学习的基本原理和应用场景，让大家了解算法的工作机制；数据科学家可以分享数据处理和分析的方法和技巧，让大家了解数据在产品开发过程中的重要性；UI/UX 设计师可以介绍用户体验设计的原则和方法，让大家了解用户需求和行为习惯对产品设计的影响。跨领域学习可以帮助不同角色更好地理解彼此之间的工作。

通过跨领域学习，团队成员可以拓宽自己的知识面，增强对其他角色工作的理解和尊重。这有助于减少因技术理解差异带来的矛盾和冲突，促进团队的协作和创新。

这让我联想到亨利·福特（Henry Ford）的理念：相聚是开始，相处是进步，合作是成功。在 AI 产品开发中，团队成员应该重视协作技巧的运用，建立良好的沟通机制，明确共同目标，定期召开团队会议，积极开展跨领域学习，共同打造出高质量的 AI 产品。

## 7.1.5 小结

团队合作让梦想成真，在 AI 产品开发的征途上更是如此。正如德米斯·哈萨比斯（Demis Hassabis）在其官方博客中所言：“当不同学科汇聚在一起时，突破会来得更快。”这深刻揭示了一个成功的 AI 项目需要跨学科的深度融合。因此，团队成员应明确各自职责，积极发挥专业优势，并掌握有效的协作技巧，齐心协力打造出具有市场竞争力的 AI 产品。唯有如此，我们才能驾驭 AI 的浪潮，为用户创造更多价值，带来更多惊喜。这就是团队协作赋予我们的底气与力量！

# 7.2 沟通技巧：促进跨部门及团队有效沟通技巧

*单打独斗能做太少，携手合作成就更多。只有爱才能打破我们和幸福之间的墙。*

*——海伦·凯勒（Helen Keller）*

当今快速发展的 AI 时代，AI 产品的成功推出与持续优化离不开高效的团队协作。而跨部门沟通作为实现团队协作的关键环节，对 AI 产品经理来说至关重要。在职能分工日益精细化的当下，产品经理仅凭个人力量难以推动产品走向成功。尤其是在 AI 领域，涉及技术、数据、设计、市场等多个专业领域，跨部门沟通能力更是成为产品经理必备的核心技能之一。

本节主要讲述跨部门沟通能力，并以 AI 智能语音助手的开发为例来阐述 AI 产品经理的这些关键能力。

## 7.2.1 跨部门沟通的定义及重要性

跨部门沟通是指产品经理在组织内部与不同部门之间进行的交流与合作。在当今的商业环境中，各个部门往往有着不同的专业背景、工作目标和利益诉求。对于 AI 产品经理而言，要想成功推出一款具有竞争力的 AI 产品，就必须整合各个部门的专业知识和资源。比如，技术部门负责实现产品的技术架构和功能，设计部门关注用户体验和界面设计，市场部门则致力于产品的推广和营销。只有通过有效的跨部门沟通，才能确保各个部门之间的工作协调一致，共同为产品的成功上线贡献力量。

此外，产品经理在公司中的权力是有限的。在与财务、销售、研发等部门协作时，必须依靠出色的沟通技巧来赢得这些部门的支持和协作。如果缺乏跨部门沟通能力，产品经理将难以协调各方资源，导致项目进展缓慢，甚至失败。

## 7.2.2 横向领导力的内涵

杰伊·A. 康格（Jay A. Conger）教授是领导力研究领域的权威专家，他在传统的自上而下（垂直）领导力模式之外，提出了横向领导力（Horizontal Leadership）的概念。这一概念强调在现代组织中，领导力不仅仅依赖职位权力或层级结构，而是通过跨部门和跨层级的协作与影响力来实现目标。

在 AI 产品领域，横向领导力的提升是对杰伊·A. 康格教授理念的深度实践与超越。在 AI 产品经理的工作中，我认为以下 4 种横向领导力尤为重要，并将其重新定义为"AI 产品经理横向领导力"，如图 7-2 所示。

图 7-2 AI 产品经理横向领导力

## 1. 合作统筹能力

AI产品的开发往往涉及多个领域和专业，包括算法工程师、数据科学家、软件工程师、设计师等。AI产品经理需要具备强大的合作统筹能力，将这些不同专业的人员有效地组织起来，明确各自的职责和任务，确保项目的各个环节能够顺利衔接。也就是说，要能够整合不同专业领域的人员，使他们发挥各自优势，共同为AI产品的成功开发而努力。

在AI产品开发中，各个专业团队都有其独特的价值和贡献。算法工程师负责优化算法以实现产品的核心功能；数据科学家确保数据的质量和可用性；软件工程师保障系统的稳定运行；设计师则打造出美观且易用的用户界面。AI产品经理作为统筹者，需要了解每个团队的工作内容和特点，明确他们在项目中的具体职责和任务，避免因职责不清导致的混乱和重复工作。通过组织跨部门会议，建立沟通机制，可以促进信息的流通和共享，让各个团队了解项目的整体进展和彼此的工作情况，从而更好地协同合作。最终的目标是确保项目的各个环节顺利衔接，高效推进，以实现AI产品的按时交付和高质量上线。

## 2. 沟通协调能力

良好的沟通协调能力是AI产品经理横向领导力的核心之一。一方面，要能够与技术团队深入沟通，理解技术的可行性和局限性，将复杂的技术概念转化为易于理解的产品需求和目标。另一方面，要与市场、销售等部门密切合作，了解用户需求和市场动态，确保产品能够满足市场需求。

重点在于搭建技术与非技术部门之间的桥梁，确保产品既符合技术可行性又满足市场需求。与技术团队的沟通要求产品经理须深入了解技术知识，以便在传达产品需求时能够使用技术人员易于理解的语言，避免产生歧义。同时，要理解技术的局限性，避免提出不切实际的需求。与市场、销售等部门的合作则需要及时了解用户的需求和市场动态，将这些信息转化为AI产品的改进方向和新的功能点。在AI产品迭代过程中，不同部门可能会因为视角和目标的不同而产生分歧，此时产品经理的沟通协调能力就显得尤为重要。通过组织沟通会议，让各方充分表达观点，耐心倾听并积极协调，可以找到一个平衡各方利益的解决方案，确保产品的迭代能够顺利进行，满足不同部门的需求。

## 3. 问题解决能力

在AI产品开发过程中，会遇到各种各样的问题，如技术难题、数据质量问题、用户体验不佳等。AI产品经理需要具备问题解决的能力，能够迅速识别问题的本质，制订有效的解决方案，并协调相关人员共同实施。

这就要求产品经理能够迅速准确地识别问题根源，并采取有效的措施加以解决。在AI产品开发过程中，问题不可避免，而且往往涉及多个方面。当产品出现准确率下降、响应速度慢等问题时，产品经理不能仅仅停留在问题的表面，而要深入分析可能的原因。这需要与技术团队紧密合作，共同排查问题。可能是数据质量问题影响了算法的准确性，也可能是服务器配置不合理导致响应速度变慢。产品经理要根据分析结果，制定针对性的解决方案，协调相关人员共同实施。这种能力不仅能够及时解决产品开发过程中的问题，还能提高团队的应变能力和解决问题的效率，确保 AI 产品的质量和用户体验。

**4. 创新推动能力**

产品经理需要具备创新推动能力，不断探索新的技术应用和产品模式，为 AI 产品带来新的竞争力。因为 AI 领域发展迅速，新技术、新应用不断涌现。同时，产品经理需要时刻关注行业的最新动态和技术趋势，了解市场上的创新案例和竞争对手的动向。通过鼓励团队成员提出创新的想法和解决方案，可以为 AI 产品带来新的突破和发展机遇。在人工智能与不同领域的结合中，产品经理可以发挥创新推动作用，探索新的产品模式和应用场景。比如在医疗领域，推动开发基于 AI 的疾病预测模型，不仅为医疗行业带来新的变革，也为产品开拓了新的市场空间。这种创新推动能力能够使 AI 产品在激烈的市场竞争中脱颖而出，满足用户不断变化的需求。

## 7.2.3　跨部门沟通在 AI 智能语音助手项目中的运用

在智能语音助手的开发过程中，AI 产品经理的合作统筹能力、沟通协调能力、问题解决能力和创新推动能力发挥着至关重要的作用。接下来，我们以智能语音助手的开发为例来阐述 AI 产品经理的这些关键能力。

**1. 合作统筹能力**

智能语音助手的开发涉及多个专业领域。算法工程师需要不断优化语音识别和自然语言处理算法，以提高语音助手对用户指令的准确理解和响应速度。数据科学家要确保训练数据的质量和多样性，为算法的优化提供坚实的数据基础。软件工程师负责搭建稳定的系统架构，保障语音助手的可靠运行。设计师则要打造简洁美观、易于操作的用户界面。

AI 产品经理作为统筹者，首先要明确各个团队的具体职责和任务。比如，算法团队的任务是在特定时间内将语音识别准确率提高到一定水平，数据团队负责收集和整理特定领域的语料数据，软件团队确保系统的兼容性和稳定性，设计团队设计出符合用户习惯的交互界面。

通过组织跨部门会议，产品经理可以促进信息的流通和共享。比如，在会议上，算法工程师可以向其他团队介绍最新的算法进展和面临的挑战，数据科学家可以分享数据收集和处理情况，设计团队可以展示用户界面的设计方案，大家共同讨论如何更好地协同工作。

最终，通过合理的统筹安排，各个团队能够紧密合作，确保智能语音助手的各个环节顺利衔接。从语音信号的采集到算法的处理，再到用户界面的呈现，每一个环节都高效推进，实现产品的按时交付和高质量上线。

**2. 沟通协调能力**

在智能语音助手的开发中，产品经理需要搭建技术部门与非技术部门之间的桥梁。与技术团队沟通时，产品经理要深入了解语音识别、自然语言处理等技术知识，以便将产品需求准确传达给技术人员。比如，当提出增加特定领域的语音指令识别功能时，要使用技术人员能够理解的语言描述需求，避免产生歧义。同时，要理解技术的局限性，不能提出超出当前技术能力的需求。

与市场、销售等部门合作时，产品经理要及时了解用户需求和市场动态。通过市场调研和用户反馈，了解用户对智能语音助手的期望和痛点，将这些信息转化为产品的改进方向和新的功能点。比如，用户反馈希望语音助手能够更好地理解方言，产品经理就可以与技术团队沟通，探讨如何优化算法以提高产品的方言识别能力。

在产品迭代过程中，不同部门可能会因为视角和目标的不同而产生分歧。比如，技术团队可能更关注技术的先进性，而市场团队可能更注重产品的易用性和市场推广效果。这时，产品经理的沟通协调能力就显得尤为重要。通过组织沟通会议，让各方充分表达观点，耐心倾听并积极协调，可以找到一个平衡各方利益的解决方案，确保产品的迭代能够顺利进行，满足不同部门的需求。

**3. 问题解决能力**

在智能语音助手的开发过程中，会遇到各种各样的问题。比如，语音识别准确率下降、响应速度慢、对复杂指令理解不准确等。

当出现这些问题时，产品经理不能仅仅停留在问题的表面，而是要深入分析可能的原因。与技术团队紧密合作，共同排查问题：可能是数据质量问题影响了语音识别准确率，比如训练数据中缺乏特定场景下的语料；也可能是服务器负载过高导致响应速度变慢；或者是算法对复杂指令的处理能力不足。

根据分析结果，产品经理要制定针对性的解决方案。如果是数据问题，就协调数据团队收集更多相关数据进行训练；如果是服务器问题，就与运维团队一起优化服务器配置；如果是算法问题，就与算法工程师共同探讨改进算法的方案。

通过这种问题解决能力，不仅能够及时解决产品开发过程中的问题，还能提高团队的应变能力和解决问题的效率，确保智能语音助手的质量和用户体验。

**4. 创新推动能力**

在智能语音助手领域，AI技术发展迅速，新产品和新应用不断涌现。产品经理需要时刻关注行业的最新动态和技术趋势，为产品注入新的活力和竞争力。

关注行业最新动态，了解竞争对手的产品特点和创新之处。比如，有的竞争对手推出了支持多语言交互的语音助手，产品经理就可以思考如何在自己的产品中增加类似的功能。

鼓励团队成员提出创新的想法和解决方案。比如，技术人员提出可以利用深度学习算法提高语音助手对用户情感的识别能力，产品经理可以组织讨论，评估这个想法的可行性和价值。

　　总之，在智能语音助手的开发过程中，AI 产品经理的合作统筹能力、沟通协调能力、问题解决导向能力和创新推动能力是确保 AI 产品成功的关键。通过充分发挥这些能力，产品经理可以带领团队打造出具有竞争力的智能语音助手产品，满足用户不断变化的需求，在激烈的市场竞争中脱颖而出。

### 7.2.4　小结

　　在跨部门沟通的实践中，产品经理可能会遇到各种问题和挑战。就像史蒂芬·柯维（Stephen R. Covey）所说："大多数人倾听不是为了理解，而是为了回应。"如果沟通不畅会导致项目进度延迟，产品经理需要对这些问题进行反思，分析原因，总结经验教训。

　　随着人工智能技术的不断发展和应用，跨部门沟通在 AI 产品管理中的重要性将越来越凸显。未来，产品经理需要更加注重跨部门沟通能力的提升，以适应不断变化的市场环境和业务需求。

　　一方面，随着 AI 技术的不断创新，产品经理需要与技术部门更加紧密地合作，共同探索新的应用场景和解决方案。同时，与市场、销售等部门的沟通也需要更加及时、准确，以确保 AI 产品能够快速推向市场，满足用户需求。

　　另一方面，随着企业数字化转型的加速，跨部门协作将更加频繁和复杂。产品经理需要不断提升自己的横向领导力，以更好地整合内外部资源，推动 AI 产品的创新和发展。

　　正如詹姆斯·C. 休姆斯（James C. Humes）所说："沟通的艺术是领导力的语言。"同样的，跨部门沟通艺术是产品经理横向领导力的语言。通过不断地学习和实践，产品经理可以提升自己的跨部门沟通能力，为 AI 产品的成功贡献力量。同时，随着人工智能技术的不断发展，产品经理也需要不断地适应新的挑战和机遇，持续提升自己的能力和素质。

## 7.3　冲突解决：妥善处理团队内部冲突的策略和技巧

　　当冲突得到建设性管理时，人们可能会觉得自己被倾听且受到公平对待，这会减少冲突的个人化、旷工现象、人员流动及正式投诉。

——肯尼思·W. 托马斯（Kenneth W. Thomas）

　　大家深知在这个充满挑战和机遇的 AI 领域中，团队的协作至关重要。然而，在实际的工作过程中，团队内部的冲突却时有发生。这些冲突不仅会影响项目的进度和质量，还可能对团队的凝聚力和士气造成严重的打击。那么，如何妥善处理团队内部的冲突呢？这是每一个 AI 产品经理都必须面对和解决的问题。

本节讲述如何妥善处理团队内部冲突的策略和技巧。

## 7.3.1 为什么要处理团队内部的冲突

在 AI 产品的开发过程中，团队内部的冲突可谓五花八门。常见的团队冲突有以下三种。

### 1. 技术团队和产品团队之间常常会在功能实现上产生分歧

产品经理往往从用户需求和市场角度出发，希望产品能够具备更多的功能和更好的用户体验。而技术团队则会考虑技术实现的难度、时间成本等因素，可能会对一些功能的实现提出质疑。比如，在开发一款智能语音助手的项目中，产品经理希望能够加入更多的个性化功能，如根据用户的喜好推荐音乐和电影。但技术团队认为，这需要大量的算法优化和数据训练，可能会导致项目进度延迟。

### 2. 不同岗位对项目进度的不同期望也容易引发冲突

项目经理通常希望项目能够按照计划顺利推进，按时交付。而开发人员可能会因为技术难题或者需求变更而需要更多的时间。比如，在一个 AI 图像识别项目中，项目经理制定了严格的项目进度表，但开发人员在实际开发过程中遇到了数据质量问题，需要花费更多的时间进行数据清洗和标注，这就会导致项目进度的延误，从而可能引发双方的冲突。

### 3. 团队成员之间的个性差异和工作方式的不同也可能导致冲突

有些成员性格开朗，喜欢直接表达自己的观点；而有些成员则比较内向，不善于沟通。这种个性差异可能会在团队讨论和决策过程中引发矛盾。同时，不同的工作方式也可能会引起冲突。比如，有些成员喜欢独立工作，而有些成员则更倾向于团队合作。

这些团队内部冲突如果不能得到妥善处理，将会带来一系列的负面影响。一方面，冲突会导致项目进度延误，增加项目成本。当团队成员之间存在分歧时，决策过程会变得漫长而复杂，从而影响项目的推进速度。另一方面，冲突还会降低团队的凝聚力和士气。长期的冲突会让团队成员感到疲惫和沮丧，影响他们的工作积极性和创造力。

## 7.3.2 化解团队冲突的四大策略

团队冲突是每个产品经理都会遇到的挑战，但如果处理得当，冲突反而能成为团队成长的催化剂。我结合在产研团队中的实践经验，构建出"团队冲突解决策略"。以下是四种行之有效的策略，帮助你在冲突中找到机会，推动团队向前，如图 7-3 所示。

### 1. 建立高效的沟通机制：让信息流动起来

沟通是解决冲突的基石。定期的团队会议不仅是信息同步的场合，更是激发团队活力的舞台。在这些会议上让信息流动起来，如表 7-1 所示。

图 7-3　团队冲突解决策略

表 7-1　会议沟通内容

| 关键要素 | 内　　　容 |
|---|---|
| 同步进展 | 让每个人都清楚项目的当前状态，避免因信息不对称而产生误解 |
| 分享成果 | 通过展示阶段性成果，增强团队成员的成就感和归属感 |
| 提出问题 | 鼓励成员主动提出遇到的困难，集思广益，共同寻找解决方案 |
| 开放讨论 | 鼓励每个人表达观点，尊重不同意见，营造开放包容的氛围。记住，冲突往往源于未被倾听的声音 |

当冲突发生时，一对一的沟通尤为重要。面对面的交流能帮助双方更深入地理解彼此的需求和立场，消除误解，找到共识。很多时候，冲突的根源并不是对错，而是沟通不畅。

**2. 明确角色与职责：让每个人知道"该做什么"**

冲突常常源于职责不清或任务重叠。在项目启动阶段，明确每个成员的角色和职责是避免冲突的关键，如表 7-2 所示。

表 7-2　明确角色和职责

| 关键要素 | 内　　　容 |
|---|---|
| 清晰分工 | 确保每个人都清楚自己的任务边界，避免推诿或重复劳动 |
| 协作机制 | 产品经理、开发、测试等不同角色需要紧密配合，各司其职，才能最大化团队效能 |
| 责任到人 | 让每个任务都有明确的负责人，减少模糊地带 |

记住，清晰的职责分工不仅能减少冲突，还能提升团队的执行效率。

### 3. 培养团队合作精神：从"我"到"我们"

团队合作精神是化解冲突的润滑剂。通过以下方式，你可以让团队成员从"各自为战"转向"共同作战"，如表 7-3 所示。

表 7-3 培养团队合作精神

| 关 键 要 素 | 内 容 |
| --- | --- |
| 团队建设活动 | 通过轻松有趣的游戏或活动，打破成员之间的隔阂，增进信任 |
| 技能培训 | 提升成员的专业能力，减少因技术问题引发的冲突 |
| 合作能力训练 | 帮助成员学会如何更好地与他人协作，理解和支持彼此的工作 |

一个凝聚力强的团队，不仅能有效化解冲突，还能在面对挑战时展现出更强的韧性。

### 4. 引入第三方协调：当内部无法解决时

当冲突无法通过内部沟通解决时，引入第三方协调是一个明智的选择，如表 7-4 所示。

表 7-4 引入第三方协调

| 关 键 要 素 | 内 容 |
| --- | --- |
| 上级领导 | 他们能从更高的视角出发，提出基于项目整体利益的解决方案 |
| 冲突解决专家 | 专业的调解技巧可以帮助冲突双方跳出情绪化思维，理性看待问题，找到共赢的解决路径 |

第三方的介入不仅能打破僵局，还能为团队树立一个理性处理冲突的榜样。

团队冲突并不可怕，关键在于如何应对。通过建立高效的沟通机制、明确职责分工、培养团队合作精神，以及在必要时引入第三方协调，便可能将冲突转化为团队成长的契机。冲突是自然的，关键是如何将其转化为创造性的能量。作为产品经理，你的任务不仅是管理产品，更是管理团队的士气与方向。

## 7.3.3 小结

在团队中，我们不应该害怕冲突，而是害怕没有能力解决冲突。妥善处理团队内部冲突对于 AI 产品的成功至关重要。作为 AI 产品经理，我们要善于发现冲突、分析冲突，并采取有效的策略和技巧来解决冲突。只有这样，我们才能打造出优秀的 AI 产品，为用户带来更好的体验，为企业创造更大的价值。

AI 产品的成功不仅取决于算法，更取决于团队的协作智慧。在未来的工作中，我们还将面临各种各样的挑战和冲突，但只要我们保持积极的态度，不断学习和探索，就一定能够找到解决问题的方法，推动 AI 产品的不断发展和进步。

# 7.4　激励机制：激发团队成员积极性和创造力

最伟大的领导者不一定是那些成就最伟大事业的人，而是能激励人们去成就伟大事业的人。

——罗纳德·里根（Ronald Reagan）

我深知一个充满活力和创造力的团队对于成功开发 AI 产品的关键意义。而激发团队成员的积极性和创造力，更是产品经理工作的重中之重。在 AI 产品的开发过程中，我们面临着复杂的技术难题、激烈的市场竞争以及不断变化的用户需求。只有让团队成员充分发挥他们的潜力，才能在这个快速发展的领域中立于不败之地。

本节主要讲述通过激励机制来激发团队积极性和创造力的方法。

## 7.4.1　团队成员积极性和创造力不足的常见情况

在我的职业生涯中，曾多次遇到团队成员积极性和创造力不足的情况。比如，有些成员对工作缺乏热情，仅仅是按部就班地完成任务，缺乏主动探索和创新的精神；有些成员则在工作中表现出消极怠工的态度，影响了整个团队的效率和氛围。

经过深入分析，我发现造成这种情况的原因主要有以下几点。

第一，缺乏有效的激励机制。团队成员们的付出没有得到相应的回报，导致他们失去了工作的动力。

第二，工作压力过大。在高强度的工作环境下，成员们往往疲于应对各种任务，没有时间和精力去思考创新。

第三，团队氛围不佳。成员之间缺乏沟通和合作，各自为战，无法形成良好的创新氛围。

## 7.4.2　激发团队成员的积极性和创造力的有效措施

在打造高效的 AI 产品团队时，激励机制至关重要。为了解决这些问题，我们采取了一系列措施来设计合理的激励机制，激发团队成员的积极性和创造力。我将其构建为"激励团队成员的激励机制"，下面我将从几个方面来详细阐述有效的激励方案。

### 1. 公平合理的物质回报与增长

物质激励是激发团队成员积极性的重要手段之一。首先，奖金和福利的分配必须基于成员的贡献大小。在 AI 项目中，不同岗位的成员承担着不同的任务和责任，对项目的贡献也各不相同。因此，我们需要建立一套科学合理的评估体系，准确衡量每个成员的贡献度，从而给予相应的奖金和福利。

此外，随着团队的发展和项目的成功，我们还应该逐步提高成员的福利待遇。这不仅可以让成员们感受到自己的付出是有价值的，也可以增强他们对团队的归属感和忠诚度。比如，我们可以争取为团队成员提供更好的健康保险、带薪休假、培训机会等福利，让他们在工作之余也能享受到生活的乐趣。

**2. 注重团队成就与个人成长的精神激励**

除了物质激励，精神激励也不可或缺。精神激励可以让成员们感受到自己的价值和意义，从而激发他们的内在动力。在 AI 项目中，我们应该注重团队整体成就和个人成长的结合，让成员们感受到自己是团队的重要一员，共同为团队的荣誉而努力。

表彰和晋升机会是很好的精神激励方式。这些荣誉称号不仅可以让成员们感受到自己的努力得到了认可，也可以激励其他成员向他们学习，共同进步。同时，我们还为表现出色的成员提供晋升的机会，让他们在职业生涯中不断成长和进步。晋升不仅可以提高成员的收入和地位，也可以让他们承担更多的责任和挑战，从而实现自己的人生价值。

**3. 个性化的激励方案**

每个团队成员都有自己的特点和需求，因此我们需要根据他们的不同情况，制定个性化的激励方案。对于那些注重物质回报的成员，我们可以给予他们更多的奖金和福利；对于那些渴望得到认可和晋升机会的成员，我们可以为他们提供更多的展示平台和发展空间；对于那些在团队中默默付出的成员，我们应该给予他们适当的鼓励和支持，让他们发现自己的价值。

**4. 营造良好的团队氛围**

良好的团队氛围对于激发成员的积极性和创造力同样重要。我们应该鼓励成员之间的沟通和合作，建立开放、包容的创新文化。定期组织团队活动，增强成员之间的凝聚力和归属感。

## 7.4.3 激励机制在 AI 智能语音助手项目中的运用

在某个 AI 智能语音助手项目中，我们同样运用了有效的激励机制。在项目启动之时，我们就明确了清晰的目标和奖励体系。根据成员在不同阶段的贡献程度，给予相应的激励。

对于技术开发团队的成员来说，这个项目充满挑战。为了激发他们的积极性，我们设立了技术突破奖。当有成员成功解决了语音识别准确率低的难题，或者在自然语言处理算法上有重大创新时，我们会给予丰厚的奖励和荣誉表彰。比如，有一位工程师通过深入研究和不断尝试，成功优化了语音助手在嘈杂环境下的识别能力，极大地提升了用户体验。他不仅获得了奖金，还在团队内部得到了高度赞扬，这激励着其他成员也积极投入技术创新中。

对于产品设计团队的成员，我们注重他们与用户需求的紧密结合。设立了用户满意度奖，当用户对产品的设计、功能易用性等方面给予高度评价时，相关成员会得到奖励。比如，有产品设计师通过深入调研用户习惯，设计出了更加简洁高效的交互界面，使得用户操作更加便捷，从而获得了这个奖项。这不仅激励着产品设计团队不断追求卓越，也让他们更加深入地了解用户需求，为产品的持续优化提供了动力。

同时，我们也关注团队成员的个人成长。对于那些渴望提升专业技能的成员，我们提供培训机会和资源支持。有一位年轻的成员对机器学习算法在语音助手中的应用非常感兴趣，我们为他安排了相关的培训课程和学习资料，并给予他一定的时间进行深入研究。他在这个过程中快速成长，为项目的发展贡献了新的思路和方法。

在项目进行过程中，我们还定期组织团队分享会。让成员们分享自己在项目中的经验以及遇到的问题和解决方案。这不仅促进了知识的共享和交流，也增强了团队的凝聚力。通过这些激励措施，团队成员们齐心协力，共同为打造一款优秀的 AI 智能语音助手而努力。

### 7.4.4　小结

共同富裕，不仅仅是经济层面的均衡发展，更是一种价值观的体现。在 AI 产品开发团队中，共同富裕意味着每个成员都能在工作中获得公平的回报、成长的机会和成就感。就像卡尔·马克思（Karl Marx）提出的理论："各尽所能，按需分配。"当团队成员感受到自己的努力与付出能够带来共同的进步和收益时，他们的积极性和创造力将被极大地激发出来。

通过以上经历，我深刻认识到激励机制对于激发团队成员积极性和创造力至关重要。作为 AI 产品经理，我们可以不断探索和完善激励机制，根据团队成员的不同需求和特点，制定个性化的激励方案。就像菲尔·杰克逊（Phil Jackson）说的："团队的力量源自每个成员，每个成员的力量都来自团队。"我们也要营造良好的团队氛围，鼓励成员之间的沟通和合作，共同为实现 AI 项目的成功而努力。这样才能在 AI 领域中打造出更具竞争力的 AI 产品，为用户带来更好的体验。

## 7.5　从传统到高效：一系列 AI 工具提升团队效率

我们塑造工具，而后工具重塑我们。

——马歇尔·麦克卢汉（Marshall Mcluhan）

在商业环境中，团队效率的高低直接影响着项目的进度和成果。一个高效的团队能够迅速传递信息、准确理解任务，并协同合作以实现共同的目标。然而，传统的团队协作方式往往存在着诸多问题，严重制约了团队的发展和创新。幸运的是，随着人工智能技术的不断发展，一系列AI工具应运而生，为提升团队效率带来了新的希望。

本节讲述通过一系列AI工具来提升团队效率的方法。

## 7.5.1　DeepSeek三种使用模式的区别

DeepSeek有三种使用模式，其区别如下。

（1）深度思考（R1）：特点是能调用复杂推理能力，基于模型内部知识库（非实时），生成结构化分析；适用于需要逻辑推演和多角度分析的问题场景。

（2）联网搜索：可以实时访问互联网最新信息，整合外部数据源结果，可能附带来源引用；适用于依赖时效性或模型知识库外事件的场景。

（3）默认模式（两者都不选）：能快速生成简洁回答，依赖模型预训练知识（可能过时），无额外扩展；适用于简单事实确认或常识性问题。

## 7.5.2　DeepSeek提问的四大原则和技巧

DeepSeek是推理性大模型，具备逻辑推理能力，使用理念是"让AI适应人类，而非人类适应AI"。虽然官方有提示词库，但自然语言输入能让它有更好的回答效果。DeepSeek的提示词技巧就是没有技巧，好产品支持开放性提问。

高端的模型往往只需要最简单的提问方式。结合我在AI领域的实践，使用DeepSeek推理模型提示词有四大原则，我将其重新定义为"DeepSeek提示词精要四诀"。

- 简单直接：避免冗余表述，清晰准确地表达任务，直达重点。
- 不要示例：无须向模型提供具体做法示例，模型自身具备执行能力。
- 自然通俗：使用通俗易懂、接地气的自然语言与模型沟通，更能激发其智能潜力。
- 聚焦目标：提示词应明确给出期望的目标结果，而非具体的执行步骤。

具体场景及示例如下。

（1）简单直接。

场景：会议沟通。

示例：产品经理，会议纪要模板，200字。回答如图7-4所示。

图 7-4　DeepSeek 简单直接演示

（2）不要示例。

场景：日常与客户沟通。

示例：请用"罗永浩说相声"的风格，帮我回怼"设计一个五彩斑斓的黑的手机壳"这个甲方需求。回答如图 7-5 所示。

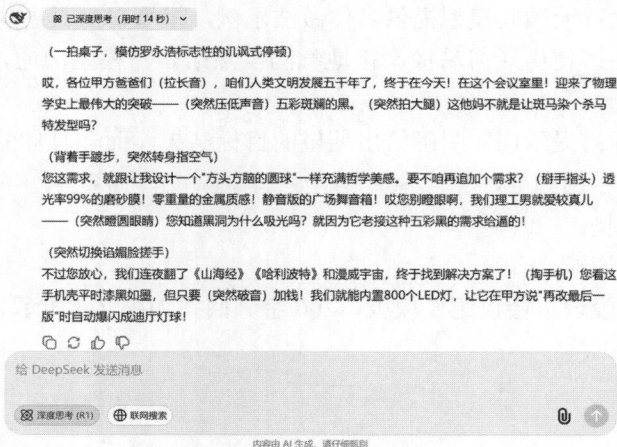

图 7-5　DeepSeek 不要示例演示

（3）自然通俗。

场景：产品比对方案。

示例：我想用 AI，简单说下 DeepSeek 和 ChatGPT 哪个更适合我。回答如图
7-6 所示。

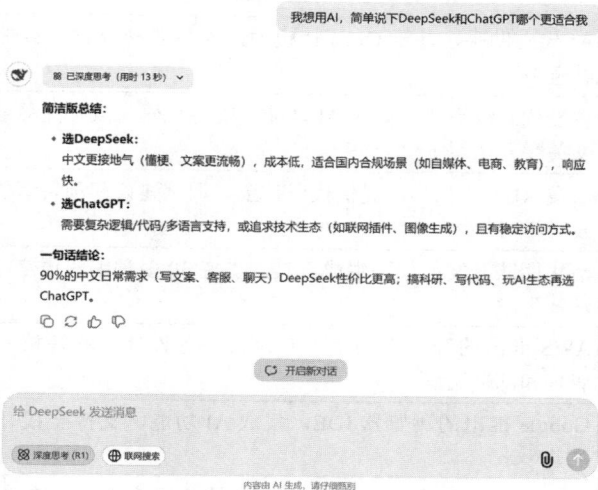

图 7-6　DeepSeek 自然通俗演示

（4）聚焦目标。

场景：宣传标语。

示例：为"智能语音音箱"写一句宣传标语。回答如图 7-7 所示。

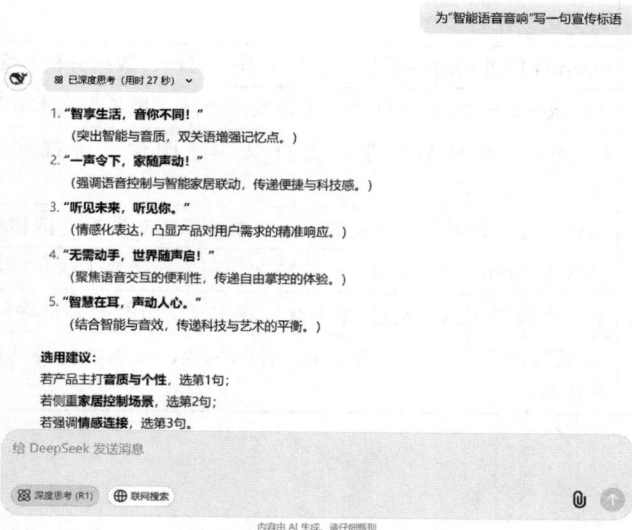

图 7-7　DeepSeek 聚焦目标演示

### 7.5.3 提升团队效率的 AI 工具

以下是 AI 工具的简单介绍和用途，如表 7-5 所示。

表 7-5　提升团队效率的 AI 工具

| 工具名称 | 简　介 |
| --- | --- |
| GitHub Copilot | AI 代码助手，基于 OpenAI 模型，支持多种语言，实时生成代码建议与补全 |
| Cursor | 智能代码编辑器，集成 AI 功能，支持代码生成、注释解释及跨文件上下文关联 |
| MarsCode | 云端 AI 编程工具，提供代码补全、调试建议和项目级优化，适合快速开发与学习 |
| CodeGeeX | 清华团队开发的代码生成工具，支持 30 多种编程语言，支持代码翻译与注释生成 |
| Amazon Q | AWS 推出的开发者助手，专为云服务设计，解答技术问题、优化资源管理和部署流程 |
| Project IDX | Google 推出的浏览器 IDE，集成 AI 功能，支持全栈开发与跨平台应用构建 |
| Cody | Sourcegraph 开发的代码助手，支持代码库搜索、自动生成文档与漏洞检测 |
| DeepSeek | 国产代码模型，专注代码生成与优化，支持中文语境编程问题解答 |
| Midjourney | 领先的 AI 图像生成工具，通过自然语言描述生成高质量艺术图像，适合创意设计 |
| Stable Diffusion | 开源图像生成模型，支持本地部署，可定制风格和细节，适合程序开发者与艺术创作者 |
| ChatGPT | OpenAI 的通用对话模型，支持问答、写作、数据分析等多场景任务 |
| Claude | Anthropic 开发的 AI 助手，强调安全合规，擅长长文本分析与逻辑推理 |
| Gemini | Google 多模态 AI 模型，支持文本、图像、音视频交互，集成于 Workspace 生态 |
| Grok | XAI（马斯克团队）开发的对话模型，以实时数据支持和幽默风格为特色 |
| Notion AI | 集成于 Notion 的 AI 助手，支持文档润色、摘要生成与任务管理自动化 |
| Kimi | 长文本处理工具，支持 20 万个汉字上下文分析与知识库问答 |
| Trae | AI 编程助手，提供代码补全、代码生成、代码解释等功能，支持多种编程语言 |

### 7.5.4 小结

AI 不是真红利，而是共富社会的智能筋骨——它解放了流水线上的双手，更要释放人之所以为人的创造灵光。当前，AI 将从"工具"进化为"人类协作者"。通过使用一系列 AI 工具，可以提升团队沟通效率，以下是给产品经理的行动清单，如表 7-6 所示。

表 7-6　产品经理的行动清单

| 关 键 要 素 | 内　　　容 |
| --- | --- |
| 优先级排序 | 从团队最痛场景切入（如先解决会议问题） |
| 小步快跑 | 用免费工具试点，验证效果后再推广 |
| 避免陷阱 | 数据隐私：避免将敏感信息输入第三方 AI 工具<br>人性化平衡：AI 辅助沟通，而非替代人际互动 |

在未来的团队中，AI 工具将扮演越来越重要的角色。随着技术的不断进步，我们可以期待更多功能强大、智能高效的 AI 工具出现。团队应该积极拥抱这些新技术，充分发挥 AI 工具的优势，不断提升团队效率，以适应快速变化的市场环境和激烈的竞争挑战。

在此，我大胆提出新理论——适者开源，智者共享，勇者破界。当 AI 突破技术奇点时，开源不再只是开发模式，而是维系技术生态系统多样性的根本机制。开源盛世，即将开启！

# 第 8 章
# 商业模式——探索 AI 产品的盈利之路

本章知识导图如下。

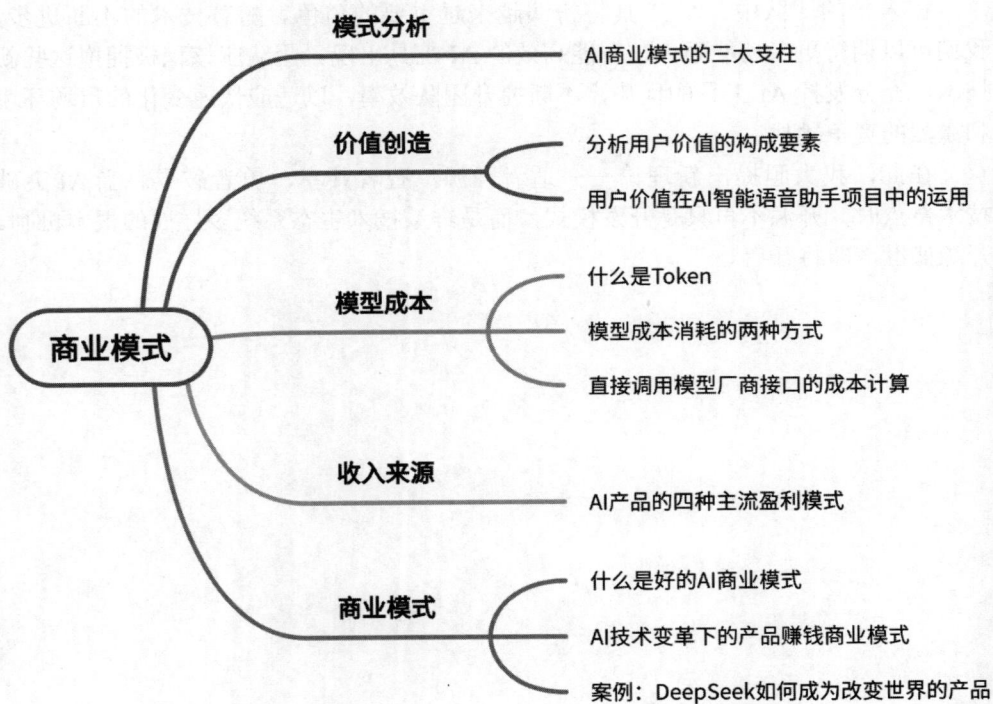

模式分析 ── AI商业模式的三大支柱

价值创造 ──┬── 分析用户价值的构成要素
　　　　　　└── 用户价值在AI智能语音助手项目中的运用

模型成本 ──┬── 什么是Token
　　　　　　├── 模型成本消耗的两种方式
　　　　　　└── 直接调用模型厂商接口的成本计算

**商业模式**

收入来源 ── AI产品的四种主流盈利模式

商业模式 ──┬── 什么是好的AI商业模式
　　　　　　├── AI技术变革下的产品赚钱商业模式
　　　　　　└── 案例：DeepSeek如何成为改变世界的产品

# 8.1　模式分析：常见的 AI 商业模式

当我们纵观经济视野，我们看到人工智能有望创造出人类历史上前所未有的财富——这应该是值得庆祝的事情。但如果任其自生自灭，人工智能还将产生全球财富分配，这种分配不仅更加不平等，而且令人绝望。

——李开复

在当今科技飞速发展的时代，AI 已成为推动各行业变革的核心力量。随着 AI 技术的不断突破，与之相匹配的商业模式也如雨后春笋般涌现。

本节将分析改变企业运营方式和发展轨迹的 AI 商业模式。

## 8.1.1　AI 商业模式的三大支柱

下文将分析 AI 商业模式的三大支柱，包括大语言模型即服务（MaaS）、Agent 即服务（AaaS）、机器人即服务（RaaS），如图 8-1 所示。它们正深刻地改变着企业的运营方式和发展轨迹。

图 8-1　AI 商业模式的三大支柱

### 1. 大语言模型即服务

大语言模型即服务（Large Language Model as a Service，LLMaaS 或 MaaS）是指将大语言模型作为一种服务提供给用户或开发者使用。这种服务通常通过云计算平台提供，用户可以通过 API（应用程序编程接口）或 SDK（软件开发工具包）等方式，方便快捷地接入和使用这些先进的语言处理能力。

如表 8-1 所示是 MaaS 的一些关键特点。

表 8-1　MaaS 的关键特点

| 关 键 特 点 | 内　　　容 |
|---|---|
| 云服务 | 用户无须在本地部署和维护复杂的语言模型，而是通过互联网访问云端的服务 |
| 按需使用 | 用户可以根据自己的需求来使用服务，按使用量付费，无须为模型的研发和基础设施投入大量成本 |
| 易于集成 | 通过 API 或 SDK，用户可以轻松地将语言模型集成到自己的应用程序、网站或服务中 |
| 强大的功能 | 大语言模型具有自然语言理解、生成、翻译、摘要、情感分析等多种功能 |
| 持续更新 | 服务提供商会定期更新模型，以提供更准确、更强大的语言处理能力 |
| 可扩展性 | 云服务可以根据用户的需求自动扩展资源，以处理更多的请求 |

大语言模型即服务的发展，极大地降低了企业和开发者使用先进语言处理技术的门槛，促进了人工智能技术在多个领域的应用，如客户服务、内容创作、教育、翻译等。同时，这种服务模式也对数据安全、隐私保护、算法伦理等方面提出了新的挑战。

**2. Agent 即服务**

Agent 即服务（Agent as a Service，AaaS）是一种云计算服务模式，它提供了一种智能代理（Agent）作为服务，这些代理能够在不需要用户直接干预的情况下执行特定任务或一组任务。AaaS 通常结合了人工智能、机器学习和自动化技术，使得代理能够自主地做出决策和执行操作。如表 8-2 所示是 AaaS 的一些关键特点。

表 8-2　AaaS 的关键特点

| 关 键 特 点 | 内　　　容 |
|---|---|
| 自动化任务执行 | AaaS 的核心是自动化，代理能够自动执行预定义的任务，如数据分析、监控、调度等 |
| 智能决策 | 通过集成人工智能和机器学习算法，AaaS 代理能够进行复杂的决策和模式识别 |
| 云基础设施 | AaaS 通常基于云平台，用户可以通过互联网访问和使用这些服务 |
| 易于集成 | AaaS 代理可以通过 API 或其他集成方式，轻松地与现有的企业系统、应用程序和服务进行集成 |
| 可扩展性 | AaaS 服务可以根据需求动态扩展，以处理更多的数据和任务 |
| 按需使用 | 用户可以根据实际使用情况付费，无须为长期的基础设施和维护投入成本 |
| 多领域应用 | AaaS 可以应用于多种领域，如客户服务、IT 运维、网络安全、智能家居等 |

AaaS 的发展是云计算和人工智能技术融合的产物，它为企业和组织提供了一种高效、灵活且成本效益高的解决方案，以实现业务流程的自动化和智能化。

### 3. 机器人即服务

机器人即服务（Robot as a Service，RaaS）是一种新兴的商业模式，它将机器人技术和相关服务作为一种订阅服务提供给客户。在这种模式下，客户可以根据需要租用或订阅机器人服务，而无须购买和维护机器人硬件和软件。RaaS 通常涉及云计算、人工智能和物联网（The Internet of Things，IoT）技术，以提供灵活、可扩展且成本效益高的机器人解决方案。

如表 8-3 所示是 RaaS 的一些关键特点。

表 8-3　RaaS 的关键特点

| 关　键　特　点 | 内　　　容 |
|---|---|
| 订阅模式 | 客户按使用时长或完成的工作量支付费用，而不是一次性购买机器人 |
| 云集成 | RaaS 通常与云服务紧密集成，使得机器人可以远程监控、配置和管理 |
| 易于部署 | 由于服务提供商负责维护和升级机器人，客户可以快速部署和使用机器人服务 |
| 灵活性 | 客户可以根据业务需求的变化轻松调整机器人服务的规模和类型 |
| 降低门槛 | RaaS 降低了中小企业使用先进机器人技术的门槛，因为它们不需要大量的初始投资 |
| 专业支持 | 服务提供商通常提供技术支持和维护服务，确保机器人系统的稳定运行 |
| 多领域应用 | RaaS 可以应用于各种行业，包括制造业、物流、医疗、零售、农业等 |

RaaS 模式的优势在于它提供了更大的灵活性和可访问性，使得各种规模的企业都能享受到机器人技术带来的好处。同时，它也推动了机器人技术的创新和普及。

## 8.1.2　小结

智能化是企业发展的必由之路。在 AI 时代，MaaS、AaaS 和 RaaS 成为企业智能化转型的核心驱动力。它们各自凭借独特的优势，为企业提供了灵活、高效的解决方案。如表 8-4 所示是它们的核心价值与应用场景对比。

表 8-4　三大 AI 商业模式对比

| 模　式 | 核　心　优　势 | 适　用　场　景 | 典　型　行　业 | 成　本　特　点 |
|---|---|---|---|---|
| MaaS | 提供强大的语言理解和生成能力，支持数据分析、内容创作等 | 数据分析、客户服务、内容生成 | 金融、零售、媒体 | 低门槛，按需付费 |
| AaaS | 灵活定制 AI Agent，支持复杂任务和多场景应用 | 业务流程自动化、智能决策支持 | 电商、医疗、教育 | 中等投入，按需扩展 |

| 模　式 | 核　心　优　势 | 适　用　场　景 | 典　型　行　业 | 成　本　特　点 |
|---|---|---|---|---|
| RaaS | 降低机器人技术使用门槛，推动生产自动化 | 生产线自动化、物流配送 | 制造、物流、仓储 | 高初始投入，长期回报 |

创新是竞争优势的源泉，而技术是创新的关键。黄仁勋曾在演讲中提道："生成式 AI 是计算史上最重要的平台转型。"MaaS、AaaS 和 RaaS 是 AI 时代的重要创新，为企业提供了通往智能化未来的便捷路径。无论是中小企业还是大型企业，都可以通过合理选择和运用这些模式，充分释放 AI 的价值，在激烈的市场竞争中占据先机。未来，随着技术的不断演进，这些模式将进一步融合，为企业创造更智能、高效的未来。

创新不是为了单纯追求新奇，而是为了解决问题和满足需求。AI 时代，产品经理需要以终为始，从业务需求出发。灵活运用 MaaS、AaaS、RaaS 三大模式，实现产品智能化和业务创新，为企业创造持续竞争力。

# 8.2　价值创造：为用户创造价值的方法

做出人们想要的东西。

——保罗·格雷厄姆（Paul Graham）

从 AI 智能语音助手的贴心服务，到图像识别软件的精准识别，AI 产品正在改变着我们的生活方式。而在这背后，为用户创造价值成为 AI 产品成功的关键。本节主要讲述用户价值的构成要素，并通过 AI 智能语音助手项目进行说明。

## 8.2.1　分析用户价值的构成要素

在 AI 产品中，用户价值的构成要素主要包括功能价值、情感价值和社交价值，如图 8-2 所示。

### 1. 功能价值

功能价值是 AI 产品的基础价值，它直接关系到产品能否满足用户的特定需求。以智能翻译软件为例，其核心功能就是进行准确快速的翻译。对于经常需要与不同语言的人交流、阅读外文资料或者出国旅行的用户来说，翻译的准确性和速度至关重要。

如果翻译软件经常出现翻译错误，或者翻译速度过慢，用户就会感到非常

图 8-2　AI 产品中的用户价值

困扰，甚至可能放弃使用该产品。因此，AI产品经理需要深入了解用户在翻译方面的具体需求，比如对不同语言的翻译需求、特定领域的专业术语翻译需求等。然后，通过不断优化算法、提升数据质量、增加语言种类等方式，提高产品的翻译准确性和速度，从而提升产品的功能价值。

比如，一些智能翻译软件通过引入深度学习技术，不断训练模型，使其能够更好地理解不同语言的语法和语义，从而提高翻译的准确性。同时，优化软件的运行效率，加快翻译的速度，让用户能够在最短的时间内得到准确的翻译结果。

### 2. 情感价值

情感价值是AI产品给用户带来的情感体验和满足感。一款设计精美的智能手表就是一个很好的例子。除了提供实用的功能，如时间显示、运动监测、消息提醒等，它还能让用户感受到时尚和自信。

从设计方面来说，精美的外观、舒适的材质以及个性化的定制选项，都可以让用户在使用产品的过程中产生愉悦的情感体验。比如，有的智能手表采用了高品质的金属材质和时尚的表盘设计，让用户在佩戴时感到更加自信和有品位。

在用户体验方面，简洁易用的操作界面、贴心的提醒功能，以及个性化的设置选项，都可以让用户感到被关注和重视。比如，一些智能手表可以根据用户的日常习惯和偏好，自动调整提醒时间和方式，让用户在使用过程中感到非常贴心。

AI产品经理需要注重产品的设计和用户体验，从用户的情感需求出发，打造出具有情感价值的产品。这不仅可以提高用户的满意度，还可以增强用户对产品的忠诚度。

### 3. 社交价值

社交价值是AI产品帮助用户建立社交关系和拓展社交圈子的重要能力。社交软件通过人工智能技术，可以为用户推荐兴趣相投的朋友，促进用户之间的交流和互动。

比如，一些社交软件利用机器学习算法，分析用户的兴趣爱好、行为习惯等数据，为用户推荐可能感兴趣的人或话题。这样，用户可以更容易地找到与自己有共同兴趣的朋友，拓展自己的社交圈子。

此外，一些AI产品还可以通过社交分享功能，让用户与朋友分享自己的使用体验、成就等，增强用户之间的互动和交流。比如，运动类的智能设备可以让用户将自己的运动数据分享到社交平台上，与朋友进行比较和竞争，从而激发用户的运动热情。

AI产品经理需要充分考虑产品的社交属性，通过创新的设计和功能，为用户创造更多的社交价值。这样可以提高AI产品的用户黏性，促进AI产品的传播和推广。

## 8.2.2    用户价值在 AI 智能语音助手项目中的运用

在 AI 智能语音助手领域，不同类型的用户价值可以通过以下方式实现。

### 1. 功能价值的实现

AI 智能语音助手通过自然语言处理技术和机器学习算法，能够快速准确地理解用户的指令并做出回应。比如，苹果的 Siri、小米的"小爱同学"、百度的"小度"等智能语音助手，用户可以通过语音指令让它们完成各种任务，如查询天气、播放音乐、设置闹钟等。

AI 产品经理为了实现智能语音助手的功能价值，需要不断优化其算法和模型。首先，要持续收集大量的语音数据，包括不同口音、语速、语境下的语音样本，以提高语音识别的准确率。比如，针对一些带有方言口音的用户，通过不断训练模型，使其能够更好地理解和识别方言，从而为更广泛的用户群体提供服务。

其次，要不断改进自然语言理解算法，让智能语音助手能够更准确地理解用户的意图。比如，当用户提出一个较为复杂的问题时，智能语音助手能够分析问题的关键信息，进行准确的回答或执行相应的操作。

此外，还需要提高智能语音助手的回答速度。通过优化算法的运行效率、提升硬件性能等方式，减少用户等待的时间，为用户提供更加高效的服务体验。

### 2. 情感价值的实现

AI 智能语音助手也可以为用户带来情感价值。以多款智能语音助手为例，它们可以通过个性化的设置和互动，让用户感受到独特的关怀。

产品经理可以设计不同的语音风格和个性特点，让用户根据自己的喜好进行选择。比如，有的智能语音助手可以设置为温柔甜美的声音，给用户带来亲切的感觉；有的可以设置为幽默风趣的风格，在与用户互动时带来更多的乐趣。

同时，智能语音助手可以根据用户的使用习惯和偏好，提供个性化的服务。比如，记住用户经常播放的音乐类型、喜欢的新闻话题等，在适当的时候主动为用户推荐相关内容，让用户感受到自己被关注和理解。

在一些特殊的场景下，智能语音助手还可以给予用户情感上的支持。比如，当用户感到孤独或压力较大时，智能语音助手可以通过播放舒缓的音乐、讲笑话等方式，缓解用户的情绪。

### 3. 社交价值的实现

AI 智能语音助手在社交方面也有一定的潜力。智能语音助手可以与社交软件进行数据整合，获取用户在社交平台上的好友列表、动态信息等。这样，用户就可以通过语音指令查询朋友的最新动态，了解他们的生活点滴。比如，当用户询问"我的朋友叶林增最近发了什么动态"时智能语音助手可以从关联的社交软件中获取叶林增的最新动态并回答用户。

语音助手也可以与社交软件合作，实现消息的推送和交互。用户可以通过语音指令发消息给朋友,接收朋友的回复,并进行简单的对话。比如,用户说"给叶林增发一条消息,问他今天晚上有没有时间一起吃饭",语音助手会将这条消息发送给叶林增,并在叶林增回复后及时通知用户。

通过以上方式,AI智能语音助手可以实现不同类型的用户价值,为用户提供更加丰富、便捷、个性化的服务体验。

## 8.2.3 小结

当前为用户创造价值的方法具有以下优势。

首先,人工智能技术的不断发展为产品创新提供了强大的动力。通过机器学习、深度学习等技术,AI产品能够不断提升自身的性能和功能,更好地满足用户需求。

其次,以用户为中心的设计理念得到了广泛的应用。产品经理更加注重用户体验,通过深入了解用户需求和行为,设计出更加符合用户习惯和期望的产品。

然而,当前方法也存在一些不足之处。比如,部分产品在追求功能创新的同时,可能忽视了用户的情感需求和社交需求。此外,由于人工智能技术的复杂性,产品的稳定性和可靠性有时难以得到充分保证。

于东来曾说过:"最好的服务是产品,不是你的人为行为。所以说,最好的服务一定是把产品做好,没有售后就是最完美的服务;不仅要把商品销售给顾客,还要传递幸福、快乐。"也就是说,最好的服务是提供优质的产品,产品本身的质量和服务体验就是对用户价值的最大创造,同时还要通过产品传递幸福和快乐。未来,AI产品为用户创造价值的趋势和方向可能包括以下几个方面,如表8-5所示。

表8-5 用户创造价值的趋势和方向

| 趋势方向 | 内 容 |
| --- | --- |
| 更加注重个性化服务 | 随着人工智能技术的进一步发展,AI产品将能够更好地理解用户的个性化需求,为用户提供更加精准的服务和解决方案 |
| 强化情感价值创造 | AI产品不仅要满足用户的功能需求,还要关注用户的情感体验,通过设计和交互等方面的创新,为用户带来更多的温暖和感动 |
| 加强社交价值挖掘 | AI产品将更加注重社交属性的打造,通过社交网络和社区建设等方式,为用户提供更多的社交机会和互动体验 |

为用户创造价值是AI产品经理的核心使命。在AI时代,只有不断探索创新的方法,为用户提供更多的价值,才能在激烈的市场竞争中立于不败之地。其实,用户不关心你的技术,他们只关心自己的问题是否被解决。对于AI产品而言,这意味着用户不关心你的模型有多复杂、算力有多强,他们只关心AI是否能真正理解他们的意图,并给出有效、个性化的解决方案。马克·贝尼奥夫(Marc Benioff)曾提到:"如果我们让客户成功,他们就会采用我们的产品,并将其融入自身文化之中。"把用户价值放在第一位,商业价值会自然到来。让我们共同努力,以用户为中心,不断提升AI产品的价值,为用户创造更加美好的未来。

# 8.3    模型成本：AI 时代的模型成本计算方式

我认为节俭会驱动创新，就像其他约束条件一样。摆脱困境的唯一方法就是通过发明创造。

——杰夫·贝索斯（Jeff Bezos）

在众多利用大语言模型的方式中，直接调用模型厂商接口成为一种常见且高效的选择。然而，要实现效益最大化，就必须深入理解其成本构成。Token，这个看似不起眼的概念，却在其中扮演着至关重要的角色。它作为语言模型处理的基本单位，犹如构建人工智能大厦的基石。不同的语言、不同的模型对于 Token 的定义和划分方式各不相同，这也为成本计算带来了复杂性。

本节主要讲述 Token 的相关概念，并通过直接调用模型厂商接口的成本计算进行说明。

## 8.3.1    什么是 Token

在大语言模型中，Token 是一个基本的概念，它指的是模型处理文本时使用的最小单元。如表 8-6 所示是对大语言模型中 Token 的详细解释。

表 8-6    Token 的详细解释

| 关键要素 | 内　　容 |
| --- | --- |
| 文本分割 | 大语言模型通常不处理原始的字符或单词，而是将输入文本分割成一系列更小的、有意义的单元，这些单元就是 Token。Token 可以是单词、子词、字符或者标点符号 |
| 子词分割（Subword Tokenization） | 在处理自然语言时，单词边界并不总是最佳的分割方式，因为存在大量稀有单词和词汇表外的单词。为了解决这个问题，许多大语言模型使用子词分割技术，将单词分解成更小的单元。这些单元可以是完整的单词、词根、前缀、后缀或者其他有意义的片段 |
| 词汇表 | 大语言模型通常有一个预定义的词汇表，词汇表中的每个条目都对应一个唯一的 Token。模型通过查找词汇表来将文本转换为 Token 序列 |
| 数字表示 | 在模型内部，每个 Token 都会被映射到一个唯一的整数 ID，这个 ID 用于模型的输入和输出。模型通过这些数字来理解和生成文本 |
| 处理能力 | Token 的数量直接影响模型处理文本的能力。模型能够处理的 Token 数量通常有一个上限，这个上限取决于模型的设计和硬件资源 |
| 上下文长度 | 大语言模型能够理解和生成的上下文长度通常以 Token 为单位来衡量。比如，如果一个模型能够处理的最大 Token 数量是 512，那么它一次能够处理的最大文本长度就是 512 个 Token |
| 性能和效率 | Token 的选择和数量对模型的性能和效率有重要影响。更有效的 Tokenization 可以减少模型需要处理的信息量，从而提高处理速度和降低对计算资源的需求 |

接下来，我以具体案例来解释大语言模型中的 Token 概念，如表 8-7 所示。

表 8-7 Token 的例子

| 关 键 要 素 | 内 容 |
|---|---|
| 文本分割 | 假设我们有这样一句话："叶林增引领产品经理改变世界！"在大语言模型中，这句话可能会被分割成以下 Token：<br>● 叶林增<br>● 引领<br>● 产品经理<br>● 改变<br>● 世界<br>● ！ |
| 子词分割 | 假设"叶林增"是一个稀有词，不在词汇表中，可以通过子词分割技术分解为：<br>● 叶<br>● 林<br>● 增<br>这样，即使模型没有见过"叶林增"这个词，也能通过组合"叶""林""增"来理解 |
| 词汇表 | 假设词汇表如下：<br>● 叶林增→ Token ID：1<br>● 引领→ Token ID：2<br>● 产品经理→ Token ID：3<br>● 改变→ Token ID：4<br>● 世界→ Token ID：5<br>● ！→ Token ID：6 |
| 数字表示 | 根据上面的词汇表，句子"叶林增引领产品经理改变世界！"会被转换为以下 Token ID 序列：[1,2,3,4,5,6] |
| 处理能力 | 如果一个模型的最大 Token 数量是 512，那么它一次能够处理的文本长度就是 512 个 Token。这意味着，如果每个单词平均被分割成 2 个 Token，那么模型大约能够处理 256 个单词的文本 |
| 上下文长度 | 如果一个模型的最大上下文长度是 512 个 Token，那么它能够理解和生成的文本长度就是 512 个 Token |
| 性能和效率 | 如果使用子词分割，稀有词"叶林增"被分解为"叶""林""增"，这样模型就不需要为"叶林增"这个单词单独分配一个 Token ID，从而减少了词汇表的大小，提高了模型的处理速度和效率 |

综上所述，Token 是大语言模型处理文本的基本单元，通过适当的 Tokenization，模型能够更有效地理解和生成文本。在这个案例中，"叶林增引领

产品经理改变世界！"被有效地转换成一系列 Token，以便模型进行处理和理解。

此外，在实际情况中，Token 的分割可能会更复杂，并且依赖所使用的具体模型和 Tokenization 算法。比如，一些模型可能会将标点符号作为单独的 Token 处理，而其他模型可能会将它们与单词结合。此外，中文 Tokenization 通常需要考虑汉字的组合和语言特性，可能不会像英文那样简单地按空格分割。

## 8.3.2　模型成本消耗的两种方式

模型成本消耗主要分为两种方式：模型推理和模型微调。这两种方式在成本构成和操作流程上有所不同。

### 1. 模型推理成本

模型推理是指使用已经训练好的模型来预测或推断新的数据点。以下是模型推理成本的详细说明。

（1）成本来源：模型推理的成本主要来自对模型接口的调用。每次调用模型接口进行推理，都会产生一定的费用。

（2）成本计算：推理成本的计算方式是模型推理接口的单价乘以推理过程中使用的 Token 数量。语言大模型推理服务费用的一种较为常见的计算方式为：

$$费用 = Token\ 使用数量 \times Token\ 单价$$

Token 是文本处理中的一个基本单位，通常一个单词或一个字符会被视为一个 Token。由于不同模型采用的分词策略不同，同一段文本可能会被转化为不同数量的 Token。

此外，在计算 Token 数时，需要考虑多种因素，如是否调用 BatchAPI、区分输入 / 输出对待，以及计算上下文和用户输入的 Token 数等。Token 数量统计因素如表 8-8 所示。

表 8-8　Token 数量统计因素

| 关 键 要 素 | 内　　　容 |
| --- | --- |
| 批量处理 API | 如果使用批量处理 API（Batch API），可以在一次调用中处理多个数据点，这可能会影响 Token 数量的计算 |
| 输入和输出文本 | 在计算 Token 数量时，需要区分输入文本和输出文本的 Token。通常，两者都需要计入成本 |
| 上下文和用户输入 | 推理过程中，除了用户直接输入的文本，模型可能还需要考虑一定的上下文信息，这些上下文信息同样会产生 Token |

### 2. 模型微调成本

模型微调是对预训练模型进行进一步的训练，使其更好地适应特定的业务场景。以下是模型微调成本的详细说明。

（1）目的：微调的目的是根据特定业务需求定制化模型，以提高模型在特定领域的性能。

（2）应用场景：比如，一个企业可能发现标准的模型输出并不完全符合其特定业务领域的需求。通过微调，企业可以调整模型以更好地满足这些需求。

然而，模型微调也存在一定的风险和成本，如表8-9所示。

表 8-9　模型微调成本的成本和风险

| 关 键 要 素 | 内　　　容 |
| --- | --- |
| 技术能力和数据资源 | 微调需要专业的技术团队和足够的数据资源来支持 |
| 时间和经济成本 | 微调通常不是一次性的过程，可能需要多次试验和调整，这会带来额外的时间和金钱投入 |
| 性能评估 | 微调完成后，需要评估模型性能是否达到预期标准，这可能涉及额外的测试和验证工作 |

模型推理和模型微调是模型成本消耗的两种主要方式。推理成本主要与接口调用和Token数量相关，而微调成本则与定制化模型的复杂性和所需的资源投入相关。理解这两种成本消耗方式对于有效管理和优化模型应用的经济效益至关重要。

## 8.3.3　直接调用模型厂商接口的成本计算

首先，直接调用模型厂商接口的成本主要取决于两个关键因素：Token的消耗和接口调用的价格。

直接调用模型厂商接口是一种常见的利用大语言模型的方式，其成本计算主要涉及多个方面。

接口调用的价格通常由模型厂商制定，一般会根据Token的消耗数量来计费。这意味着，使用的Token越多，成本就越高。在计算成本时，需要考虑以下几个方面，如图8-3所示。

图 8-3　成本计算因素

### 1. 确定 Token 的数量

（1）输入和输出的Token：在与语言模型进行交互时，输入的文本会被转换为一定数量的Token，模型处理后输出的文本也会对应一定数量的Token。通常情况下，输出的Token数量可能会比输入的多，因为模型可能会生成更多的内容来回答问题或者完成任务。

（2）上下文的影响：在实际应用中，为了让模型更好地理解问题和任务，通常会提供一些上下文信息。这些上下文信息也会被转换为 Token，从而增加成本。比如，在智能客服场景中，可能会提供用户的历史对话记录、产品信息等作为上下文，以便模型更好地回答用户的问题。

（3）数据量和实时性的考虑：如果数据量较大且实时性要求不高，可以考虑使用 BatchAPI 来降低成本。BatchAPI 允许将多个请求合并为一个批次进行处理，从而减少接口调用的次数，降低成本。

**2. 考虑接口调用的价格**

（1）不同模型厂商的价格差异：不同的模型厂商可能会有不同的价格策略和计费方式。一些厂商可能会根据 Token 的数量进行线性计费，而另一些厂商可能会采用分层计费或者其他复杂的计费方式。因此，在选择模型厂商时，需要仔细比较不同厂商的价格和服务质量，选择最适合自己需求的厂商。

（2）价格波动和优惠活动：模型厂商的价格可能会随着市场需求和竞争情况而波动。此外，一些厂商可能会推出优惠活动，如免费试用、折扣等。因此，需要关注模型厂商的价格动态，及时抓住优惠机会，降低成本。

**3. 成本控制策略**

（1）优化输入和输出：尽量减少输入的 Token 数量，避免不必要的重复和冗长的表达。同时，对输出进行适当的筛选和精简，只保留关键信息，减少输出的 Token 数量。

（2）合理利用上下文：根据实际需求，选择合适的上下文信息，避免提供过多不必要的上下文，从而减少 Token 的消耗。

（3）监控和优化成本：定期监控成本的变化情况，分析成本的主要来源和影响因素。根据分析结果，采取相应的优化措施，如调整输入 / 输出策略、选择更合适的模型厂商等，以降低成本。

总之，直接调用模型厂商接口的成本计算需要综合考虑 Token 的数量、接口调用的价格，以及各种成本控制策略。通过合理的规划和优化，可以有效地降低成本，提高利用大语言模型的效益。对于 AI 产品经理来说，需要根据实际业务情况和需求进行综合考虑和决策。

### 8.3.4　小结

统一标准是全球化语言。它消除了隔阂，让不同系统得以顺畅沟通。正如文顿·瑟夫（Vint Cerf）在谈及开发网络通信开放标准时所感慨的那样："当我参与开发计算机在互联网上相互通信的开放标准时，我曾心怀期待，但未能预见它竟会如此蓬勃发展，也未曾想到它将释放出如此巨大的人类创造力。"在当前的技术实践中，模型成本计算仍是一大痛点。首先，不同模型厂商的价格波动较大，导致成本难以准确预估。其次，Token 计数的换算比例不固定，且在不同语言和模型间存在显著差异，这无疑增加了计算的复杂性。此外，虽然微调模型被认为可能降低成本，但这其中也伴随着风险和不确定性，如微调效果未必能达到预期，并且需要投入额外的时间和精力。这些因素都凸显了建立统一透明标准的紧迫性，这对行业健康发展至关重要。建立模型成本标准将不是锦上添花，而是雪中送炭。

未来，我们期望算力成本计算方法能更加科学和稳定。随着技术的进步，模型厂商的价格可能会更加稳定，减少价格波动对成本计算的影响。同时，有望出现"书同文，车同轨"的局面，也就是统一的 Token 数换算标准，使不同语言、不同模型之间的成本计算更加便捷和准确。

# 8.4　收入来源：AI 产品的盈利途径

没有良性商业模式的持续输血，单独的大模型公司很难走远。

——朱啸虎

在 AI 的浪潮中，AI 产品经理面临着巨大的机遇与挑战。如何将先进的技术转化为可持续的商业模式，是每一个产品经理必须深思熟虑的问题。

本节将深入探讨 AI 产品的四种主流盈利模式，并通过真实商业案例，揭示其核心逻辑与落地策略。

## 8.4.1　AI 产品的四种主流盈利模式

接下来，我将分析 AI 产品的四种主流盈利模式。

### 1. API 调用计费

1）什么是 API 调用计费

API 调用计费是一种针对 API（应用程序编程接口）服务使用量进行收费的商业模式。API 是软件应用之间交互的一种方式，它允许不同的软件系统之间进行数据和功能的交换。当开发者或企业使用第三方提供的 API 服务时，通常需要按照一定的计费标准支付费用，这些标准如表 8-10 所示。

表 8-10　API 调用计费标准

| 计费标准 | 内容 |
| --- | --- |
| 请求次数计费 | 按照 API 调用的次数来收费，不论调用成功与否 |
| 数据传输量计费 | 根据 API 调用中传输的数据量（通常以字节为单位）来收费 |
| 时间计费 | 根据 API 服务的使用时长来收费，比如按月或按小时 |
| 功能使用计费 | 不同的 API 功能费用可能不同，根据使用的功能类型和复杂程度来收费 |
| 订阅模式 | 用户支付周期性费用，在周期内可以不限次数地调用 API |
| 免费额度 | 提供一定量的免费 API 调用额度，超出部分开始计费 |

如表 8-11 所示是 API 调用计费的一些常见模式。

表 8-11　API 调用计费常见模式

| 常见模式 | 内　　容 |
|---|---|
| 免费层 | 免费层（Free Tier）通常为开发者提供有限的免费 API 调用额度，用于测试和小规模使用 |
| 基本层 | 基本层（Basic Tier）对于用量不大的用户，提供相对低廉的计费标准 |
| 专业层 | 专业层（Professional Tier）针对商业用户，提供更高用量和更高级功能的计费计划 |
| 企业级 | 企业级（Enterprise Level）为企业用户提供定制化的 API 服务和使用量，通常费用较高 |

API 调用计费的具体细节通常会在服务商的服务条款中详细说明，包括价格、计费周期、支付方式等信息。用户在使用 API 服务时，应当仔细阅读相关条款，以合理规划 API 的使用，避免不必要的费用支出。

2）典型案例：OpenAI 的 GPT 系列 API

OpenAI 的 GPT 系列 API 是这种模式的典型代表。GPT 系列 API 提供了强大的自然语言处理能力，使得开发者能够轻松地在自己的应用中实现复杂的文本理解和生成功能。核心是将 AI 能力封装为标准接口，按调用量或资源消耗收费，实现"用多少付多少"的灵活变现。

（1）定价策略：OpenAI 的定价策略是基于资源消耗的，具体来说，是按照 API 调用时处理的 Token 数量来计费。比如，GPT-4 模型标准版本的收费是输入 Token 每 1000 个收费 0.03 美元，输出 Token 每 1000 个收费 0.06 美元。这种计费方式非常直接和透明，客户可以根据自己的使用情况精确控制成本。

（2）免费额度和试用：为了吸引新用户并降低他们的尝试成本，OpenAI 为新注册的用户提供了免费的 Token 使用额度。比如，用户在注册后可以获得 18 美元的免费额度，这允许他们在不承担任何费用的情况下，体验和测试 API 的功能。

（3）动态定价策略：OpenAI 还采用了动态定价策略，以适应不同用户的需求和模型的特点。比如，对于能够处理更长文本的 GPT-3.5 Turbo 的 16k 版本，其上下文长度是标准版本的 4 倍，但价格也是标准版本的两倍。这种策略不仅能够满足需要处理长文本的用户，同时也确保了 OpenAI 能够根据提供的服务价值来调整收入。

通过上述案例，我们可以看到，能力输出型模式通过精细化的定价策略和灵活的使用选项，不仅能够帮助 AI 产品提供商实现商业化的目标，同时也能够满足不同客户的需求，促进整个市场的健康发展。

**2. 行业解决方案**

1）什么是行业解决方案

行业解决方案是指针对特定行业的需求、挑战和业务流程，通过整合信息技术、行业专业知识和最佳实践，为企业提供的定制化产品和服务。这些解决方案旨在帮助企业和组织提高效率、降低成本、增强市场竞争力和满足行业特定的法规要求。如表 8-12 所示是行业解决方案的一些特点。

**表 8-12 行业解决方案特点**

| 常见模式 | 内　　容 |
| --- | --- |
| 定制化 | 行业解决方案通常是根据特定行业的特点和需求定制的，它们更加贴合企业的实际业务情况 |
| 集成性 | 这些解决方案往往将多个信息技术系统或工具集成在一起，确保数据流畅通无阻，业务流程顺畅 |
| 专业性 | 行业解决方案提供商通常对特定行业有深入的了解，能够提供符合行业特性、标准和法规要求的服务 |
| 可扩展性 | 好的行业解决方案应当能够随着企业规模的扩大和业务需求的变化而扩展 |
| 前瞻性 | 行业解决方案不仅要解决当前问题，还应当能够预测和适应未来可能出现的变化和挑战 |

不同行业的解决方案如表 8-13 所示。

**表 8-13 常见不同行业的解决方案**

| 常见行业 | 内　　容 |
| --- | --- |
| 制造业 | 智能制造、供应链管理、设备维护等 |
| 金融服务业 | 风险管理、客户关系管理、反洗钱合规等 |
| 零售业 | 电子商务、客户数据分析、库存管理等 |
| 医疗保健 | 电子病历、远程医疗、医疗信息管理系统等 |
| 教育行业 | 在线教育平台、学习管理系统、教育资源共享等 |

行业解决方案可以帮助企业更好地应对行业特有的问题，提高管理水平和业务效率，是现代企业数字化转型的重要组成部分。

2）典型案例：IBM Watson Health 解决方案

IBM Watson Health 解决方案主要面向医疗行业，特别是医院的诊断需求。通过利用 AI 技术，IBM Watson Health 提供了一套能够辅助医生进行疾病诊断的系统。核心是针对特定行业痛点打包 AI 能力，以订阅制或项目制实现高客单价变现。

（1）定制化服务与支持：IBM Watson Health 解决方案不仅仅是提供一个软件系统那么简单。它包括了定制化模型训练、私有化部署和 7×24 小时运维支持。这些服务对于确保系统的准确性和可靠性至关重要，尤其是在处理敏感的医疗数据和遵守严格的隐私法规方面。

（2）模块化订阅包：为了更好地满足不同医院的需求，IBM Watson Health 解决方案采用了模块化设计。医院可以根据自己的特定需求，选择订阅特定的病种模块，比如肿瘤筛查模块或心血管模块。这种灵活性不仅使得医院能够精准地获取所需服务，还能够在一定程度上控制成本。

（3）建立长期合作关系：IBM Watson Health 与医院建立了长期的合作关系。医院通过使用这些 AI 辅助诊断系统，能够提高诊断的效率和准确性，而 IBM Watson Health 则能够通过不断的迭代和服务，持续为医院创造价值，从而巩固这种合作关系。

总的来说，IBM Watson Health 解决方案通过提供定制化、模块化的 AI 服务，以及全面的运维支持，成功地满足了医疗行业的需求，同时也为自身建立了一种稳定且可持续的商业模式。

### 3. 效果分成

1）什么是效果分成

效果分成是一种收益分配方式，通常应用于商业合作、广告推广、产品销售等领域。在这种模式下，合作的双方或多方根据实际产生的效果或收益来分配利润或收入。效果分成的方式通常是基于如表 8-14 所示原则。

表 8-14　效果分成的原则

| 原　则 | 内　容 |
| --- | --- |
| 结果导向 | 收益分配的依据是合作产生的实际效果，如销售量、用户点击量、广告转化率等 |
| 风险共担 | 与固定收益模式不同，效果分成模式中，各方共同承担市场风险，如果效果好则收益增加，效果不佳则收益减少 |
| 激励相容 | 由于收益与效果直接挂钩，这种模式可以激励合作方更加努力地提升合作项目的表现 |

具体到不同行业，效果分成的实施方式可能有所不同，如表 8-15 所示。

表 8-15　效果分成的实施方式

| 常见行业 | 内　容 |
| --- | --- |
| 互联网广告 | 广告平台与广告主之间，按照广告的实际点击率或转化率来分成 |
| 电商平台 | 电商平台与商家之间，根据商品的实际销售额来决定平台服务费 |
| 版权合作 | 内容创作者与平台之间，根据内容的观看次数或下载量来分成 |
| 游戏行业 | 游戏开发商与渠道商之间，根据游戏下载量或玩家在游戏中的消费来分成 |

效果分成模式的优势在于能够更加公平和高效地反映各方的贡献和收益，但同时也要求合作双方对效果有明确的衡量标准和透明的数据共享机制。

2）典型案例：Taboola 内容推荐引擎

Taboola 是一个内容推荐平台，它使用 AI 算法为媒体网站提供个性化的内容推荐服务。Taboola 的内容推荐引擎通过分析用户行为和偏好，向用户推荐他们可能感兴趣的文章和视频，从而帮助媒体网站提高用户参与度和广告收入。核心是放弃固定收费，按 AI 创造的实际价值比例分成，建立深度利益绑定。

（1）收入分成模式：Taboola 采用了一种创新的收入分成模式。媒体网站在接入 Taboola 的推荐算法后，不是支付固定的费用，而是根据推荐内容带来的广告收入增长部分，与 Taboola 进行分成。这意味着 Taboola 的收入直接与其推荐引擎对媒体网站收入提升的效果挂钩。

（2）动态调整分成比例：Taboola 的分成比例并不是一成不变的。它会根据流量的质量动态调整分成比例。如果推荐内容带来了高质量的流量，即用户点击率高、停留时间长，那么 Taboola 可能会降低分成比例，以激励媒体网站继续使用其服务。这种策略有助于平衡广告主、媒体网站和 Taboola 自身的利益。

（3）双赢的合作关系：通过这种效果分成模式，Taboola 与媒体网站之间建立了一种双赢的合作关系。媒体网站通过 Taboola 的推荐服务增加了收入，而 Taboola 则根据这些收入的增长获得分成。这种模式激励了 Taboola 不断优化其算法，以最大化媒体网站的收入，同时也确保了 Taboola 自身的收益。

总的来说，Taboola 内容推荐引擎的价值捕获型模式，通过效果分成的方式，不仅为媒体网站带来了额外的收入，也为 Taboola 自身创造了一个可持续的盈利模式，这种模式在 AI 服务领域是一种创新的商业实践。

### 4. AI 应用商店分成

1）什么是 AI 应用商店分成

AI 应用商店分成模式是指人工智能应用商店（或平台）与开发者在应用收益上的分成模式。在这种模式下，开发者将自己的 AI 应用上传到应用商店，用户通过应用商店购买或使用这些应用，而应用商店则会根据事先约定的比例，从应用的销售收入或收益中抽取一定比例金额作为平台服务费，剩余的部分则归开发者所有。如表 8-16 所示是这一分成模式通常包含的几个要素。

表 8-16　分成模式要素

| 常见要素 | 内容 |
| --- | --- |
| 分成比例 | 这是应用商店和开发者之间最核心的约定。分成比例可能因不同的应用商店、应用类型、双方协商的结果等因素而有所不同 |
| 收益计算 | 如何计算应用的收益，包括但不限于下载量、订阅费、内购项目等 |
| 支付和结算 | 应用商店负责处理用户的支付，并在扣除分成后，将剩余收益支付给开发者。支付周期和方式也会在分成协议中明确 |
| 服务和支持 | 应用商店通常为开发者提供一系列服务，如市场推广、数据分析、技术支持等，这也是应用商店分成的一部分原因 |
| 版权和知识产权 | 分成协议还会涉及应用版权和知识产权的相关条款，确保双方权益 |

在中国，AI 应用商店分成模式也符合国家关于知识产权保护、市场公平竞争等方面的法律法规，有利于促进 AI 技术和产业的发展。同时，这种模式也鼓励了

创新，为开发者提供了展示和盈利的平台。

2）典型案例：NVIDIA Omniverse 应用商店

在 NVIDIA Omniverse 应用商店，开发者可以上传他们的作品，而用户则可以购买和使用这些基于 AI 的 3D 工具和应用。NVIDIA 通过收取交易佣金来盈利。每当有用户购买开发者提供的应用时，NVIDIA 都会从中抽取一定比例的佣金作为平台服务费。核心是搭建技术基础设施，通过应用交易抽佣和增值服务实现生态级盈利。

（1）激励计划：NVIDIA Omniverse 平台可能会推出一些激励措施来吸引开发者和用户，比如为早期开发者或优质应用提供佣金减免或奖励。

（2）分级抽佣体系：NVIDIA Omniverse 平台还可能采用了一种分级抽佣体系，这种体系会根据开发者的表现或应用的受欢迎程度来调整佣金比例。比如，那些表现优异或拥有高用户评价的开发者可能会享受到更低的佣金率，这种差异化的佣金结构能够激励开发者不断提升内容质量，以满足用户的需求。

NVIDIA Omniverse 应用商店不仅为开发者提供了一个充满活力的市场来销售他们的 AI 3D 应用，也为用户创造了一个丰富的资源库来寻找和购买这些应用。通过收取交易佣金和实施激励计划，NVIDIA 成功地在其平台上构建了一个自我增长和可持续的商业模式。

## 8.4.2　小结

经过对人工智能产品四种主要盈利模式的深入探讨，我们不难发现：AI 产品的商业化不仅涉及技术的比拼，更在于商业模式的创新与市场适应性的竞争。而在这个过程中，AI 产品经理的作用至关重要。就像本·霍洛维茨（Ben Horowitz）在书中提道："优秀的产品经理是产品的 CEO。"

AI 产品的商业化本质是价值分配的艺术。产品经理需要像训练神经网络一样持续优化盈利模型——既要保持足够的泛化能力以适应市场变化，又要通过正则化手段控制商业风险。记住，没有最好的模式，只有最适配当前发展阶段的选择。

在价值分配的过程中，产品经理应当以"天下为公"的精神为指导，确保技术的发展和应用能够惠及全体用户，而不仅仅是追求商业利益的最大化。通过这种方式，AI 产品的商业化不仅能够实现经济效益，还能够促进社会的公平与进步。

商业的成功不仅仅在于盈利，更在于找到盈利的模式。在人工智能发展的浪潮中，AI 产品经理承担着引领企业驶向未来的重任。需要具备远见卓识和实战经验，以确保企业在激烈的市场竞争中屹立不倒。AI 产品经理通过精准把握各种盈利模式，并结合企业实际状况灵活运用，将为 AI 产品开拓一条长远发展的商业路径。

## 8.5　从技术到变现：一个公式拆解 AI 技术变革下产品赚钱商业模式

> 这是成功的秘诀：拥有出色的产品。这是所有伟大公司唯一的共同点。
>
> ——山姆·奥特曼（Sam Altman）

AI 技术的快速发展正在深刻改变着我们的世界，它不仅推动了各行业的数字化转型，也为新产品和新服务的创新提供了无限可能。然而，随着 AI 技术的不断进步，一个核心问题也随之而来：如何在 AI 技术变革的背景下，设计出能够有效变现的产品商业模式？

对于 AI 产品经理来说，这是一个充满挑战和机遇的时代。他们需要具备对 AI 技术的深入理解，同时也需要具备商业洞察力和创新思维，才能在激烈的市场竞争中脱颖而出。

本节通过分析 DeepSeek 如何成为改变世界的产品的底层逻辑，正向引导 AI 技术变革下的产品赚钱商业模式。

### 8.5.1　什么是好的 AI 商业模式

一个好的 AI 商业模式，是建立在三个核心要素之上的：好产品、好渠道和好价格。

好产品是支点，好渠道是杠杆，好价格是催化剂，三者必须形成闭环，如图 8-4 所示。

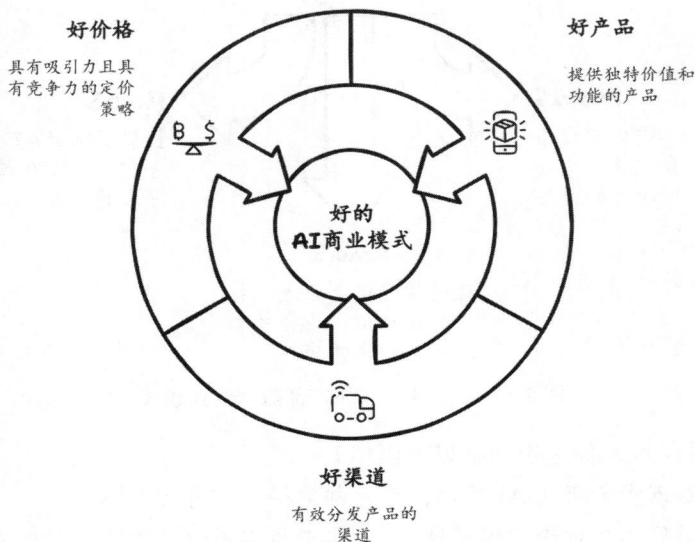

图 8-4　好的 AI 商业模式的核心要素

好产品，是指能够满足用户需求，具备差异化优势，并能够持续迭代的产品。它不仅是商业模式的基础，也是吸引用户和建立品牌忠诚度的关键。

好渠道，是指能够高效触达目标用户，具备可扩展性，并且成本可控的渠道。它能够帮助产品快速触达用户，并建立起有效的销售和服务网络。

好价格，是指具备竞争力，符合用户心理预期，并能够实现利润最大化的价格。它不仅能够吸引用户购买，也能够保证企业的盈利能力。

你可能会疑惑，为什么好的商业模式并不包括营销？

我认为，营销是一把双刃剑。如果产品本身没有价值，营销只会适得其反。在我看来，虚假营销行为，不仅会破坏市场公平性，还会损害用户体验，逐渐出现劣币驱逐良币的局面。这样的营销不仅不会真正地推动社会科技进步发展，反倒可能成为阻碍人类文明进步的祸根。

在 AI 领域，过度营销如同饮鸩止渴。比如，某头部厂商曾宣称其模型"具备人类医生水平"，却在真实医疗场景中失误频发，导致行业信任危机。

在互联网时代，我见过太多因为虚假营销导致人财两空、家破人亡的新闻案例了。如果说互联网技术可以把虚假营销的危害扩大一万倍，那么 AI 技术可以扩大亿万倍。在 AI 领域，如果虚假营销渗透进来，那将会是人类文明的史诗级灾难！

## 8.5.2　AI 技术变革下的产品赚钱商业模式

在 AI 技术的浪潮下，传统的商业模式正在被重塑。如图 8-5 所示的三种基于 AI 的服务模式正在成为新的商业趋势，它们不仅展示了 AI 技术的潜力，也为产品经理提供了新的变现途径。

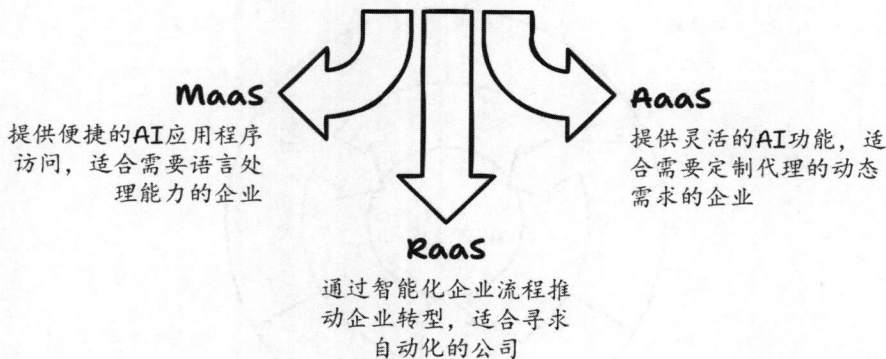

**MaaS**
提供便捷的AI应用程序访问，适合需要语言处理能力的企业

**AaaS**
提供灵活的AI功能，适合需要定制代理的动态需求的企业

**RaaS**
通过智能化企业流程推动企业转型，适合寻求自动化的公司

图 8-5　AI 技术变革下产品赚钱商业模式

作为产品经理，你是否面临以下困境？

- 投入百万资金研发 AI 功能，用户却觉得"可有可无"；
- 技术团队总在讨论"模型精度"，但老板只关心"ROI 何时回正"；
- 竞品用外包模型 3 周上线功能，你的自研路线却卡在数据标注上……

根本矛盾：技术价值≠商业价值。

解法核心：用商业模式设计，将 AI 能力转化为可量化收益。

### 1. 大语言模型即服务——低成本撬动高价值

MaaS 的本质是"算力平权"。MaaS 让中小企业能以"健身房月卡"的价格，调用"国家队级"AI 大脑。

这意味着什么呢？就好比在过去，只有大型企业或者拥有雄厚技术实力的机构才能构建和使用强大的 AI 模型，而现在，通过 MaaS，中小企业就像购买健身房月卡一样，只需支付少量的费用，就能够调用具有"国家队级"水平的 AI 大脑。这极大地降低了企业使用 AI 技术的门槛，使得更多的企业能够参与到 AI 技术的应用中来。

### 2. Agent 即服务——让 AI 成为"数字员工"

AaaS 不是买汽车，而是打滴滴。随用随走，不养团队，把固定成本变为弹性支出。

什么意思？ AaaS 不像传统模式那样购买汽车（构建自己的 AI 团队或系统），而是像打滴滴一样，随用随走。这种模式的最大优势在于企业不需要长期投入大量的资源来培养一个 AI 团队，而是将固定成本变为弹性支出。这对于企业来说，在成本控制和资源利用效率方面是一个巨大的变革。

### 3. 机器人即服务——硬件革命的"轻资产模式"

RaaS 从"买机器人"到"买服务"。RaaS 让企业像交水电费一样使用机器人，无须承担迭代风险。

也就是说，RaaS 的本质是从"买机器人"到"买服务"的转变，这就如同企业使用水电一样，只需根据使用量支付费用，而不需要承担机器人的迭代风险。这种模式让企业在享受机器人带来的效率提升的同时，大大降低了硬件方面的投入风险，使企业能够更加灵活地应对市场变化。

### 4. 商业模式选择矩阵

为了更好地助力你决策，我结合 AI 产品商业化的分析，构建出"产品经理终极决策工具"，如表 8-17 所示。

表 8-17　产品经理终极决策工具

| 维度 | 模式 | | |
|---|---|---|---|
| | MaaS | AaaS | RaaS |
| 最佳场景 | 数据驱动型业务 | 流程自动化需求 | 重资产实体运营 |
| 投入门槛 | 低（API 调用） | 中（流程改造） | 高（硬件部署） |
| 风险点 | 模型黑箱化 | 数据孤岛 | 硬件兼容性 |
| 产品经理权重 | 需求洞察力＞技术力 | 流程重构能力＞预算 | 供应链谈判力＞代码 |

AI 商业化的核心不是技术竞赛，而是"用最低成本验证市场真需求"。

### 5. 硬核长征与泡沫盛宴：商业文明的终极抉择

所有穿越经济周期的伟大产品，都是技术深度与商业敏锐的共生体。

1）科技兴国的底层逻辑

二战后的日本经济奇迹，本质上是一场持续 30 年的系统工程。从通产省的产业政策设计，到丰田"改善之父"大野耐一在车间的地面磨痕，从索尼工程师井深大在废墟中组装晶体管，到新日铁技术团队在熔炉前的日夜攻坚，日本用三代产业人的坚守完成了工业体系的范式升级。数据印证着这种实干的重量：1955—1973 年，日本制造业劳动生产率年均增长 9.5%，专利授权量增长 23 倍。

2）技术强国的基因密码

索尼工程师在晶体管收音机研发日志里留下一句话："所有投机主义者在离开时都带着钱袋，唯有工程师的指纹永远刻在元件上。"

- 丰田纺织机车间墙上挂着 1952—1967 年的"缺陷零件陈列柜"，15 年累计瑕疵品达 37 万件，却催生出 TPS 精益生产体系。
- 东芝半导体实验室保存着 1968—1983 年 12450 份失败的光刻胶配方，这些"错误标本"最终让日本 DRAM 良率超越美国。
- 京都陶瓷创始人稻盛和夫在 1966 年烧制出 0.1 毫米误差的半导体陶瓷管时，日本精密加工技术正式进入微米时代。

3）中国 AI 的冰火两重天

当我们将目光投向当今中国的 AI 战场，却看到吊诡的价值错配：OpenAI 用 8 年时间烧掉 20 亿美元才实现技术突破，而国内某些"AI 导师"三天训练营就能收割千万元学费。更值得警惕的是，2023 年知识付费市场规模突破 1000 亿元，但同期 AI 基础层企业融资额同比下降 42%。这些现象正在扭曲创新生态——最聪明的头脑在编写营销话术而非算法，最具情怀的创业者困在现金流焦虑中。

那些正在直播间兜售"三天学会 AI 绘画"的投机者们不会告诉学员，Midjourney 的底层模型历经了 1800 次迭代测试；那些鼓吹"AI 自动化躺赚"的培训导师刻意隐去了 ChatGPT 每天 70 万美元的算力成本。真正的产品金线，藏在特斯拉 Dojo 超算中心工程师的调试日志里，刻在英伟达 CUDA 架构师的代码注释中。

反观当下 AI 赛道，我们却陷入"研发投入与商业回报"的魔咒：开发通用大模型的团队在消耗 20 万元 / 天的算力成本时，"AI 创富导师"正以 2980 元 / 人的单价兜售提示词模板。知识付费市场用 3 个月制造估值 10 亿元的泡沫，而国内 AI 基础层企业三年存活率不足 17%。AI 领域吊诡的价值错配如图 8-6 所示。

历史上就没有任何国家是因为知识付费培训而成为强国的。知识付费市场崛起，不仅动摇了从业者兢兢业业的心态，也扼杀了实践出真知的创新萌芽。

当知识付费培训这把火蔓延至 AI 领域时，我不禁想起 20 世纪 90 年代日本半导体产业的教训：当金融资本吞噬掉 70% 的产业人才，日立研发工程师转身成为理财顾问时，便是日本失去存储芯片王冠的开端。

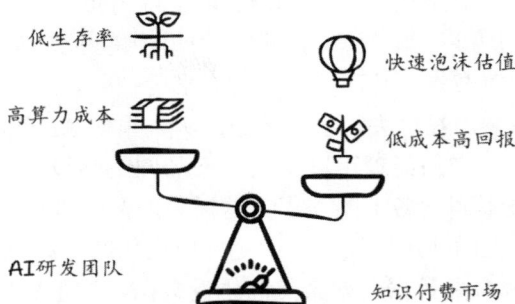

图 8-6　AI 领域吊诡的价值错配

4）为实干者立碑

在这个算力即国力的新时代，产品经理正站在历史的分水岭上。我们既要警惕成为"PPT 造芯"的共谋者，更要避免堕入"算法投机主义"的陷阱。

当技术信仰与商业现实碰撞时，请记住日本精工 1988 年的战略抉择：在石英表暴利时代，他们坚持将 60% 利润投入 MEMS 微机电研发，最终用 Spring Drive 机芯重新定义机械表。

### 8.5.3　案例：DeepSeek 如何成为改变世界的产品

2025 年 1 月 20 日，DeepSeek 发布开源推理模型 DeepSeek-R1，宣告 AI 算法变革元年的开启。DeepSeek-R1 作为开源推理模型，支持复杂任务处理与免费商用，兼具"AI+ 国产 + 免费 + 开源 + 高性能"特征。

**1. 技术拐点：AI 发展的三大里程碑**

1）算力拐点

在 AI 的发展进程中，算力一直是备受关注的关键因素。然而，DeepSeek 却通过对算法架构的革新，为算力利用带来了全新的思路。它优化了模型架构与 AI 基础设施（AI Infra），这一举措并非简单的改良，而是从根本上提升了算力利用效率。传统上，行业内普遍秉持"算力至上"的观念，认为更多的算力就能带来更好的模型性能。但 DeepSeek 打破了这种固有逻辑，让我们认识到，通过巧妙的算法架构设计，可以在不盲目增加算力的情况下，使模型发挥出更强大的性能。

同时，DeepSeek 提出的"低成本、高回报"训练范式，也是其算力拐点的重要体现。这种范式的出现，推动了整个行业从"堆算力"向"算力精算"的转型。以往，为了提升模型性能，大量的资源被投入算力的增加上，但这种方式往往效率低下。DeepSeek 的训练范式则强调以更少的资源实现模型性能的跃迁，这要求 AI 产品经理在制定产品的训练策略时，要有创新意识，学会从单纯的资源投入思维转向资源精算思维，寻找更具性价比的训练方式。

2）数据拐点

2025 年主流大模型呈现出"低参数量、高精度"的特征，这一趋势与 DeepSeek 的发展密切相关。参数量的下降使得模型能够支持本地化部署到终端设备，如手机和边缘计算节点，从而降低了对云端的依赖。这一变化对 AI 产品的部署策略产生了重大影响。在过去，由于参数量大，很多 AI 产品只能依赖云端强大的计算能力，而现在，产品经理可以探索将产品向终端设备延伸，拓展产品的应用场景，满足用户在不同设备上的需求。这需要产品经理深入了解终端设备的特性和用户在这些设备上的使用习惯，从而更好地优化产品。

DeepSeek 从依赖海量数据转向聚焦高质量数据，这是数据利用方面的重要转变。在 AI 产品开发的传统观念中，大量的数据被认为是提升模型性能的关键因素。然而，DeepSeek 让我们看到，高质量的数据对于提升模型解决垂直领域问题的能力更为重要。这就要求 AI 产品经理在数据管理方面，要更加注重数据的筛选、标注和优化，确保投入模型训练中的数据是高质量、有针对性的。比如，在开发医疗 AI 产品时，要确保数据来源的准确性和专业性，而不是单纯追求数据量的庞大。

3）技术路径循环

AI 技术的创新始终围绕着算力、数据和算法这三个核心要素进行动态循环。当其中一个要素遇到发展瓶颈时，技术创新就会转向其他要素寻求突破，如图 8-7 所示。DeepSeek 在这方面做出了很好的示范。比如，当算力的提升遇到困难时，算法创新就成为突破点。DeepSeek 通过调整模型基础结构与高效利用资源，打破了"规模定律"（Scaling Law）的单一路径，实现了性能的跃升。这一规律提醒 AI 产品经理，在产品的整个生命周期中，要时刻关注这三个核心要素的发展动态，灵活调整产品策略，保持技术要素之间的动态平衡。比如，在产品的迭代过程中，如果发现算力提升的成本过高，可以考虑从算法优化或者数据质量提升方面入手，以实现 AI 产品性能的持续改进。

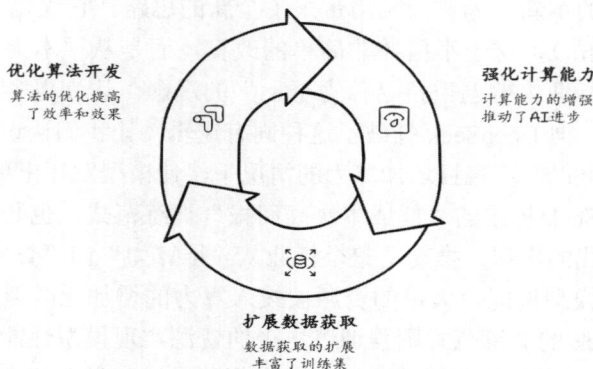

图 8-7    AI 技术创新循环

## 2. 技术范式革新：思维模式与实现路径

### 1）链式思维的特点

概率预测模型（快思考）在 AI 产品中具有快速响应即时任务的特点。它依赖预训练数据迅速生成结果，这种方式在一些对实时性要求较高的场景中具有明显的优势。比如，在线客服机器人的应用中，用户希望得到快速的答复，概率预测模型能够迅速根据已有的预训练数据给出答案。然而，这种模型的局限性在于缺乏深度的逻辑分析能力。这就意味着在一些需要深入分析和精准判断的场景下，它可能无法满足需求。AI 产品经理在设计产品时，如果涉及需要快速反馈但对准确性要求不是极高的场景，可以考虑采用概率预测模型。

与概率预测模型不同，链式推理模型（慢思考）通过逻辑链对复杂问题进行深度分析，但这需要额外的推理计算资源。在一些需要深入分析数据、解决复杂逻辑问题的场景中，如科研数据分析、复杂工程问题求解等，链式推理模型能够发挥其独特的价值。比如，在药物研发的数据分析中，需要对大量的实验数据进行复杂的逻辑分析，链式推理模型能够更深入地挖掘数据背后的关系。AI 产品经理要根据产品的性能预算和应用场景的需求，权衡是否采用这种"慢思考"模型，或者如何在产品中合理组合快思考和慢思考模型，以达到效率与精度的平衡。

### 2）慢思考的实现路径

强化学习与推理计算在实现慢思考模式中起到了关键作用。在生成结果前引入"思考"环节，动态计算增强逻辑能力，这是慢思考的一种有效实现方式。对于 AI 产品经理来说，了解强化学习的原理和应用方法是非常必要的，以便在产品中实现这种慢思考模式。比如，在个性化推荐系统中，通过强化学习可以根据用户的反馈不断优化推荐结果，提升系统的逻辑推理能力。

范式转换也是慢思考实现路径中的重要环节。从 Next Token Prediction 转向"强化学习驱动"的范式转换，解锁了 AI Agent 等新场景。这种范式转换为 AI 产品带来了新的发展机遇。比如，在智能游戏、智能助手等产品中，AI Agent 的应用可以极大地提升用户体验，而这依赖于范式转换带来的技术支持。产品经理需要深入研究如何将 AI Agent 融入产品中，以创造出更具创新性和吸引力的产品功能。

## 3. 全球影响：DeepSeek 对 AI 产业的重塑

### 1）通专融合

在大模型的发展过程中，长期存在专业性、泛化性、经济性的矛盾，这被称为"不可能三角"。如果一直沿着通用大模型的传统路线发展，如 Meta、谷歌等企业的模式，往往需要巨大的资源投入，这对于中国企业来说意味着激烈的资源竞争。DeepSeek 构建的"通用＋垂直"双能力模型，为解决这一矛盾提供了创新的解决方案。这种模型既保留了泛化性，又通过领域适配提升了专业精度，同时降低了能耗与成本。通专融合方案的意义不仅仅在于技术上的创新，更在于为 AI

产品的发展提供了新的思路，还标志着我们迈向 AGI 的步伐更进一步。正如周伯文提出的理论：通专融合是通往 AGI 的战略路径。

2）大模型"瘦身"革命

（1）OpenAI 凭借"大力出奇迹"的路线而大获成功，将规模视为大模型制胜法宝，并且这一策略屡试不爽。然而，这种模式致使 AI 大模型的发展陷入一种怪圈：为了追求更高的性能，模型的体积持续膨胀，其参数规模呈指数级增长，由此带来的算力和成本消耗令人咋舌。

与之不同的是，中国的人工智能公司运用剪枝、量化、知识蒸馏等技术，大幅削减大模型参数量，这显著减轻了运算负担，从而开启了大模型的"瘦身"进程，而 DeepSeek 在这一进程中发挥了重要的推动作用。DeepSeek-R1 在多项基准测试中的表现与 OpenAI o1 不相上下，但成本却仅为后者的 1/30，并且还能够支持消费级显卡进行本地部署。这一对比鲜明地展现出 DeepSeek 在大模型创新领域所取得的卓越成果，它证明了大模型创新不一定要依赖最先进的硬件，通过聪明的工程设计和高效的训练方法同样可以实现高性能。

（2）DeepSeek 首次实现"学生模型"接近"教师模型"性能，解决了传统知识蒸馏技术的信息损失难题。

与传统预训练有所不同，"知识蒸馏技术"是借助一个大型的"教师模型"来引导小型"学生模型"的训练。以"蒸馏"方式训练小模型时，其不再直接从训练大模型所用的海量数据中学习，而仅仅是进行模仿。

不过，知识蒸馏技术存在一个重大缺陷，即被训练的"学生模型"难以真正超越"教师模型"。这是因为简化过程会造成部分信息损失，一旦损失的是关键信息，整个系统就会崩溃。实际上，全球几乎所有大模型都曾尝试通过知识蒸馏来提升性能，但普遍收效不佳。然而，DeepSeek 凭借其创新的知识蒸馏技术，成功实现了接近原版模型的性能，成为在知识蒸馏效果方面首个取得显著突破的大模型。

DeepSeek 能够取得创新突破，离不开创始人梁文峰一直以来的初心。就像采访时他说的："过去很多年，中国公司习惯了别人做技术创新，我们拿过来做应用变现，但这并非是一种理所当然。这一波浪潮里，我们的出发点，就不是趁机赚一笔，而是走到技术的前沿，去推动整个生态发展。"

3）市场冲击

DeepSeek 的出现打破了英伟达"算力信仰"，推动行业从"规模竞赛"转向"效率竞争"，这一转变对全球 AI 产业链价值分配产生了深远的影响。这一市场冲击，使得 AI 产品能够在更公平的竞争环境中发展壮大。

**4. DeepSeek 成为新规则的定义者**

DeepSeek 的案例为我们提供了宝贵的经验和启示。在 AI 技术变革的浪潮中，产品经理不仅需要关注技术本身，更需深入思考如何将技术优势转化为商业成功。

当 DeepSeek-R1 在 GitHub 星标数突破 10 万时，其意义早已超越技术本身。这标志着中国 AI 企业首次在基础架构层定义全球标准——不再跟随 Scaling Law，而是开创"智能密度 × 商业效率"的新范式。

对于 AI 产品经理而言，这个时代最残酷的真相或许是：技术优势的窗口期正在从 3 年缩短至 9 个月。唯有那些能同时具备技术深度、商业敏锐度、伦理判断力的复合型人才，方能在算法革命与商业模式重构的双重浪潮中，成为新规则的定义者而非追随者。

正如 DeepSeek 创始人所言："不做'PPT 创新'，专注技术本质，用实干推动商业发展。"这或许是对 AI 技术商业化最深刻的注解——当算力霸权被打破，参数狂热退潮，商业的本质终将回归价值创造的初心。

在此，我大胆提出"AI 商业模式的量子跃迁"理论：当技术边际成本趋近于零时，商业竞争将从资源占有转向价值创造效率比拼。预测未来三年将出现"推理经济"新物种，2026 年将迎来 AI 商业模式大爆发。